May 7, 1932

THE CHINA WEEKLY REVIEW

321

Korean Bomb Thrower Wounds High Japanese Officials in Shanghai---One Succumbs

侵略と抵抗

—上海事変と尹《ユン》奉吉《ボンギル》—

山口 隆 著

社会評論社

はしがき

侵略があるから抵抗は起きる。原因（侵略）がなければ、結果（抵抗）も生まれない。ただし、侵略があれば必ず抵抗が行われるとは限らない。抵抗すれば武力衝突になり、多くの人が死に、街は破壊される。「犠牲者を出さないために」と侵略を受け入れ、服従を選ぶ場合もある。

そうすれば死者は少なくてすみ、破壊も少ないだろう。だが、侵略者は支配を安定させるために、見せしめとして住民を殺すだろうし、非協力者は投獄、処刑される。また、特定集団の殺戮が行われ、レイプや人身売買、強制労働、強制移住、そして侵略者側の兵士として徴兵され戦場へ送られるかもしれない。生も死も、生活も街も、すべては侵略者次第ということになる。このように、支配された者にとって、殺戮が進行する時間の幅が違うだけで、〝服従〟と〝抵抗〟のどちらを選べば犠牲が少なくてすむのかは、「歴史」とならなければ分からない。

アジア太平洋戦争の発端となった満州事変では、中国が不抵抗主義をとったため、日本軍は短期間で日本の国土の二倍以上の領土を獲得した。中国側の抵抗が少ない分、民間人の犠牲者も少なかった。しかし、日本軍の内部に「中国軍はたいしたことはない」との侮りと、「一撃論」（一撃を与えれば中国は屈服する）を生む結果となり、後々まで日本軍はこの侮蔑意識を払拭できなかった。

満州事変から四カ月後、日本軍は上海でも侵略を開始した（第一次上海事変）。不抵抗主義をとる中国国民政府は、上海を防備する中国軍に撤退を命じたのだが、これに従わない部隊が抵抗を始めた。日本軍は苦戦に陥り、司令官を三度も交代させて中国軍を殲滅しようとした。その結果、住民に多数の犠牲者が出て、上海北部は焼け野原となった。

このように上海での戦争は満州とは違って、中国軍と日本軍とが正面からぶつかった〝ほんものの戦争〟であった。しかし、日本において上海事変とは「満州国建国から列国の目をそらすための戦争」と、満州への目を他方に向けさせるための付随的な戦いとされ、重要視されてこなかった。

中国においては、初めての抗日戦争として評価はされているが、戦いの主体が中国共産党の紅軍ではなく、国民党軍であり、それも国民政府（蔣介石）の撤退命令に逆らった部隊による戦いだったことから、両党の「正史」から外れ、微妙な位置付けになっている。

満州事変は一五年にわたるアジア太平洋戦争の発端となるもので、しかも、日本側の犠牲が少ないなかで、広大な土地を占領したことから、歴史上、重要な出来事とされてきた。それに比べ上海事変は、満州事変の三倍の戦死傷者を出し、上海北部を徹底して破壊しながら、何一つ獲得できなかったことから、日本における史的評価は低い。なぜ、上海では何も獲得できなかったのか？　それは、満州ではみられなかった組織的な〝抵抗〟が行われたからであった。

本書では、この第一次上海事変（上海戦）において、通説となっている戦争目的（列国の目を満州からそらすため）が成立ち得ないことを明らかにし、それでは、上海戦とは何だったのか、日本軍は何を得ようとしたのかを解明することを第一の目的とする。

さらに、上海にいた中国軍部隊は政府の撤退命令に逆らい、なぜ抵抗を選んだのかを検証することによって、〝侵略〟に対する〝抵抗〟の持つ意義と、それによって生み出された結果について一考してみる。侵略の実態だけでなく、それに対する抵抗の実相も明らかにしなければ、戦争の全体像の解明にはつながらないと考えるからである。

侵略された結果の〝植民地支配〟においても同じことが言え、支配された人々は、支配に対して服従するか、抵抗するか選択を迫られることになる。支配を受け入れる者、服従せざるを得ない者もいれば、支配を拒否して亡命する者や、支配に抵抗し続ける者もおり、支配者は支配を維持するために神経をすり減らすことになる。

朝鮮を武力支配していた日本軍が、最も神経をすり減らしたのが、抗日独立運動家の尹奉吉《ユンボンギル》と言えよう。尹奉吉とは、上海において、上海戦の中で、日本軍への抵抗戦を展開した人物である。逮捕された尹奉吉は死刑の判決を受け、上海から日本に連行、そして石川県金沢市で銃殺された。その後、日本軍は遺体を遺族に引き渡すことなく隠してしまった。なぜ、隠したのか。遺骨が奪われて朝鮮に渡り、独立運動に火が点くこと、すなわち植民地支配が揺らぐことを怖れての湮滅であった。

また、尹奉吉が行動を起こしたのは、上海戦の最終局面であり、上海市民を巻き込んだ激烈な抵抗戦が行われたからこそ、彼の行動は中国人から賞賛されたのであって、上海戦と尹奉吉の行動は切り離すことはできない。だから、上海戦の全過程を捉え直すことで、上海戦という抗日戦争と、そこで行われた朝鮮独立運動との関連を踏まえながら、〝侵略〟に対する〝抵抗〟の持つ意味を推考してみた。

よって、本書は大きく二つに分かれる。前半は、上海戦の目的について、多くの歴史書が採用する「列国の目を満州からそらすため」との「通説」が持つ矛盾を明らかにし、日本軍は何を目的に戦争を始めたのかを検証する。日本軍の先制攻撃から始まった上海戦の特徴は、政府の不抵抗命令に従わない部隊が抵抗を始めたこと、上海市民が銃を手にして参戦したことであった。市街戦が始まると上海市民は街角から、屋上から日本軍を狙撃し始め、日本軍兵士はどこから飛んでくるかわからない弾丸にパニックに陥った。このような「軍」と「民」の抵抗は、後の日中戦争における民族的抵抗の端緒となるものであった。

後半では、上海戦の最終段階において日本軍最高司令官らを殺害した尹奉吉が行った、「もう一つの抗日戦争」に着目する。彼の行動は、「朝鮮人は日本の手先」と見ていた中国人に対して、そうではなく朝鮮人と中国人は同じ被抑圧民族として抗日の戦線に立つ仲間であることを明らかにするという重要な意味合いを含んでいた。

一方、司令官を殺された日本軍は朝鮮独立運動を壊滅しようと動いた。しかし、独立運動は生き延び、その結果、日本軍は何を怖れ、尹奉吉に対して何を行ったのかを問題にする。さらに、日本の降伏後に、尹奉吉の遺体はどのようにして発掘されたのか、その経緯を見直すとともに、遺体を隠した日本軍の行為と尹奉吉の抵抗、この二つに対して市民運動がどのように向き合ったのかを見つめ直す。

戦争は、日々の穏やかさを何より大切にする人々の、その日常を奪い、生を奪い、文化を奪い、環境を破壊するもので、最大の人権侵害になる。だから、どのような状況であっても、こちらから先制攻撃を仕掛けてはならない。過去の歴史を十分に反省していない日本の場合、特にこのことが重要になってくる。こちらが手を出さず、相手からの先制攻撃もなければ戦争は起きない。

だが、そう言った関係性が失われ、先制攻撃を受け、一方的に侵略された場合にはどうするのか？　もはや平和は望めないときに、平穏に暮らしていた誰もが、服従するのか、抵抗するのか選択を迫られることになる。侵略者は暴力を小出しに使い、相手がひるんで服従するか、それとも抵抗してくるのか探りを入れてくる。その見極めがつけば、いきなり侵攻する。それは往々にして主観的な判断になる。

相手は必ず逃げ出すとみて、侵攻を始めたのが上海にいた日本海軍であり、ひるまなかったのが中国十九路軍、そして、上海市民であった。いうなれば、「国家」に対する「個」としての人間集団の戦いがあったのが、この上海戦であり、政府の不抵抗命令に従った満州とは違い、従わなかった上海においてこそ、侵略に対する抵抗としての「抗日戦争」のはじまりを見ることになる。

〔凡例〕

●年号――第一、二部で取り上げる年代は一九〇〇年代なので、西暦の下二桁のみを表記する（例・一九三二年は三二年）。その他、一八〇〇年代などは省略しない。第三部は現代なので省略していない。

●引用文――原文が片仮名の場合は、全て平仮名に直した。「　」で示した引用文であっても、現代では使われない文言（特に接続詞や助詞など）は現代文に直してある。ただし、差別語（支那、鮮人など）は当時の社会状況を知るためにそのままにした。また、引用文には前略、後略はつけず、中略のみ…で示した。

引用文は番号を付して、部末に出典を明記した。

●注釈――＊を付して各項の末尾に解説を加えた。

●敬称――敬称は省略し、使用していない。

●満州と満蒙――当時、満州とは中国の東三省（遼寧省、吉林省、黒龍江省）を言い、これに内蒙古を加えて満蒙と呼んでいた。蒙古とはゴビ砂漠に到る地域ではなく、後に熱河省という満州国の一省になった地域をさす。京奉線（北京―奉天）の近くまで内蒙古であり、日本軍が「満蒙」とした地理的概念は現在とは違っていた（高橋正衛「満州とは日本人にとって何であったのか」別冊歴史読本七五号）。よって、本書では満州に統一し、引用文において「満蒙」と書かれているものも「満州」にした。ただし、表題だけはそのまま「満蒙」とし、内容の部分では満州に変えてある。

●反日と抗日――日本の侵略に対する個々人の反対行動や大衆的な抗議活動を「反日運動」とする。合法か非合法かは基準にしないが、多くは合法的かつ平和的手段が取られる。これに対して、日本の侵略に対して実力で抵抗しようとするものを「抗日運動」とする。多くの場合、組織的、継続的な抵抗運動が行われ、武力が用いられる場合が多い。この抗日運動が日本軍との武力衝突になり、継続して行われた反侵略抵抗戦争が「抗日戦争」と呼ばれた。

侵略と抵抗　—上海事変と尹奉吉　目次

第二部　もう一つの抗日戦争

第三部　抗日に向き合う

第一部

上海――ほんものの戦争

第一章　不抵抗の満州事変

はじめに

満州事変の四カ月後、日本は上海でも戦争を始めた。満州では中国が不抵抗主義をとったため、日本軍は短期間で日本の国土の二倍以上の土地を占領した。上海においても中国国民政府は不抵抗を命じたが、上海にいた部隊が命令に従わなかったため、激烈な市街戦が始まった。三二年一月二八日深夜のことであった。

突然銃声が響き日本製の機関銃が火をふいた。人影が一つ止まり、倒れるのを見た。その先で、中国兵が地に伏せ、建物の陰に這いこんで発砲し始めた。流しから水がひいたように道路は空になり、鉄扉が下ろされ、蛤がふたを閉じた感じで、最後の燈火が消滅した。鉄砲が空気をふるわせている…これは〝ほんもの〟の戦争であった。特派員としてわたしが目撃した日本の満州征服のように、単なる鬼ごっこと占領ではなかった…他の人と同様にわたしもまた中国人は闘うまいと思っていた。だが、あの悪臭鼻をつく路地で、第一次大戦以来、〝最大〟の闘いがこのとき始まったのである。(『目ざめへの旅』)(1)

暗闇の中を上海北部の中国人居住地域に侵攻したのは日本海軍の陸戦隊であった。日本海軍は、上海を防備する中国軍は満州と同じように逃げ出すと見ていた。ところが激しく応戦してきたため、海軍陸戦隊は各所で敗走を重ねた。日本は本土から陸軍の大部隊を派遣し、中国軍を殲滅しようとした。だが、陸軍も本格的な市街戦に苦戦し、更なる増援を求めざるを得なくなった。一方、中央政府の方針に反し、独自の判断で〝抵抗〟を選んだ中国軍部隊は、日本軍による空爆や最新兵器の前に大きな犠牲を出しながらも引くことはなかった。

この第一次上海事変（上海戦）の発端は、満州侵略に抗議する上海市民による対日ボイコットであり、この抗日運動を抑え込もうと日本が武力介入を始めると、中国軍部隊だけでなく、日・中双方の民間人が武器を手にしたこと、また、朝鮮人が参戦したことも特筆すべき事柄であった。日本はこの上海戦において、中国の軍隊だけでなく、民衆までも相手にしなければならなくなったという意味で、「抗日戦争」という民族的抵抗の始まりを認識しなければならなかった。しかし、日本軍の特色の一つである「相手を知ろうとしない姿勢」に変わりはなかった。

ここでは、こうした抵抗を生んだ上海戦とは、どのような背景で起き、日本軍は何を得ようとして侵攻を始めたのかを明らかにすることによって、日本において通説となっている第一次上海事変の「戦争目的」が成立つのか否かを検証する。

［一］飢えへの恐怖

金融緩和による投機ブーム、所得格差の拡大がもたらした消費の落ち込み、過剰生産、これらが続いたアメリカで株価が大暴落し、二九年一〇月、世界恐慌が始まった。日本にも波及した大恐慌は、最大の有業人口をかかえ、米作と養蚕を主としていた農村部を直撃した。

最初に主要な輸出産業の生糸が半値以下に暴落して養蚕農家を襲い、次いで米価の暴落が続いた。三一年は、これに凶作が加わり、北部（東北、北海道）の稲の収穫は三分の一まで減った。農村では欠食児童が続出、子どもや女性の人身売買の話が聞かれた。大地主制の日本では約五〇％が小作農で、地主は高い小作料を得るだけでなく、高利の貸付で農民を借金漬けにしたため、小作農は地主に従属させられていた。

こうした悲惨な状況におかれていた小作農の間に、「根本問題は地主制にある。土地の平等分配を」と訴える日本共産党の主張が浸透し、農民の心をつかもうとした。農民の支持を失うことは、農村を兵士の供給源としていた日本軍にとっては致命的なことであった。だから軍部も土地問題の解決策を打ち出した。その内容は共産党の主張を一部容認しつつ、しかし、「農地は絶対量が不足しているから平等配分しても十分に行き渡らない」とし、「土地が無限に眠っている外地を占拠するのが近道である。外地とは満州でありシベリアで、外地に進出できれば一戸平均一〇町歩の確保も困難ではなく、長年の貧困の問題も解決する。だが、この外征は天皇親政のもと全国民が団結しなければ成就しない」との喧伝を、軍部は三〇年から三二年にかけて全国の農村で行った。こうした軍部のわかりやすい宣伝は、共産党の主張よりも農民の耳に入りやすかった。(2)

共産党と軍部は、いかにして自分たちの教義へ農民を囲い込むかを競い合い、その結果、軍部が囲い込みに成功したわけだが、満州もシベリアも無主の地ではなく、満州には三千万もの人が住んでいた。

また、この頃、日本は人口の増加期を迎えており、人口増がこのまま続くと、将来的にも食糧の確保ができなくなると、軍部は更なる飢えへの恐怖を煽った。食糧不足を解決し、欧米列国に煩わされることなく、日本が自立するためには「自給自足圏」をつくるしかないとする軍部の宣伝は、「貧しいのは自分の努力不足のせい」「施しを受けるのは恥」との自己責任論に縛られていた人々には親和性を持って受け入れられ、農民には、大陸において広い土地を持てるのなら、食べるのに困らないだけでなく、自給自足圏をつくろうとする国のためにもなるとのバラ色の夢を抱かせた。

このような軍部の世論誘導を軽視した上で、「日本は大恐慌による飢えと不況から脱出するために、中国大陸を目指した」と、世界恐慌を契機に満州へ出て行かざるを得なかったかのように説明されがちである。だが、世界恐慌が発生する一年前の二八年には、日本陸軍の一部は「満州武力占領方針」を意思決定しており、それを陸軍全体の方針にしようと動いていたことから、こうした説明は成り立たない。

強いエリート意識を持つ陸軍の中堅層は、陸軍内外で対満州強硬策が通らないことに不満を抱き、軍内派閥として「木曜会」*を結成した。この木曜会の会合で「満州武力占領方針」を決定すると、軍の主導権を握るために主要ポストを抑えようとした。その最中に、大恐慌が発生したので、これを利用する形で、満州占領の理由に「不況脱出、土地、食糧問題の解決」を付け足し、宣伝に使った。だから、中国大陸への武力侵攻の原因を大恐慌とするのは、軍部が後から付け足した宣伝に乗ることになり、結果、日本の侵略の軌跡を不明確にし、軍の能動的な役割を過小評価する役割を果たしている。

*木曜会—二七年、統一した満州政策を決めるための東方会議において、関東軍の強硬策が陸軍省、外務省の反対により明確な方針とならなかった。これを不満とする陸軍の中堅幕僚は、同年、「木曜会」という派閥を結成した。この会は鈴木貞一を幹事役にし、会員は石原莞爾、永田鉄山、岡村寧次、東条英樹ら一八人前後で、二八年に東条英機を中心に「満州領有計画」がまとめられた。木曜会はその後、他派閥（二葉会）と合流し、四〇人ほどの一夕会《いっせきかい》となり満州領有計画はこの会に受け継がれ、[3] この一夕会が後の陸軍を主導していくことになる。

〔二〕 パリ不戦条約と満州占領

満州事変までの日本の外交は、中国の主権を前提に、満州における利権（日露戦争により日本が得た満鉄などの権益）をどのようにして守るかを論じていた。これに対して「満州それ自体の領有」を決めた木曜会は、外交を否定し、武力でこれを奪い取る方針を決定した。この方針が即、国の方針になったわけではないが、これは戦争によって決着をつけるという軍人の意思決定であり、法により政治への関与を禁止されていた軍人が、政治に介入することで、軍だけでなく国をも動かそうという重大な決意表明であった。

本来、軍人は軍事力に基づいて国家を防衛するのが任務であるはずなのに、国内危機（農民の窮乏、大不況、共産主義の浸透）から国家を守るのが自らの任務であると読み替え、「軍人の政治不関与」*を定めた陸軍刑法を都合よく解釈して、政治に関与し、権力に近づこうとした。

では、なぜ、満州を武力占領しなければならないのか。木曜会は「日本が生存するためには満州に政治権力を確立する必要がある。それにはロシアとの衝突が不可避となる。中国から必要とするものは、対ロシア戦のための物資である。中国の兵力は論ずる必要はなく…満州は中国にとって華外の地であり、彼らが国力を賭して戦うことはないだろう」(3)と、ロシアとの戦争のための資源の確保を第一の理由とした。

木曜会が満州武力占領を決めた二八年は、国際社会がパリに集まり「不戦条約」を締結した年でもあった。第一次世界大戦は国民が総動員される総力戦となり、敵国の人命と生産力を破壊しなければ勝敗が決しないことになった結果、二千万人の戦死者を出し、その半数が非戦闘員であった。これに対する反省から二〇年にジュネーブにおいて国際連盟が生まれ（四二カ国）、さらに戦争を二度と行わないために二八年、パリで不戦条約が締結された。この条約に四六カ国が合意し、中国、アメリカ、ソ連も批准した（その後六八カ国に）。日本も「不戦条約は自衛権を禁じておらず、自国の権益を守ることは認めている」と解釈して調印した。

この条約は侵略戦争のみを対象とし、自衛戦争は認めており、しかも制裁条項はなく、すでにある植民地問題を避けた宗主国本位のものであった。しかし、当時、国家政策の手段とされていた戦争を否定し、力による現状変更は認めない姿勢を打ち出すことで「戦争は違法」という規範を世界に広める契機となるもので、言論で国家間の争いを解決する体制をつくろうとするものであった。

このように、国際社会は戦争を違法とし、新しい国際秩序を形成しようとする中にあって、木曜会は旧来の発想のまま、武力による植民地獲得を打ち出した。では、どうして日本陸軍の中堅層は、世界の潮流に逆行して違法な戦争の道を選択しようとしたのか。その理由は、不況脱出や農村救済などにあるのではなく、この年、中国が国家統一を成し遂げたからであった。

＊軍人の政治不関与―陸軍刑法は軍人が「政治に関与し、演説もしくは文書をもって意見を公にした者は三年以下の禁錮に処す」と定めている。これは自由民権運動が軍隊内に波及しないよう、軍を政治から隔離するためであった。しかし、軍人が力を持つにつれて政治不関与とは「政治家の言葉にのせられてはならないという意味」と曲解し始め、さらに「政治関与は軍人の本分である」とするようになった。その後、内閣や議会に関与されない「統帥権の独立」を求めるようになり、やがて統帥権を軍が好き勝手に使える道具に変えていった。

〔三〕中国の統一

中国では、孫文が唱えた民族独立と国家統一を目指す国民革命が、孫文の死後、中国国民党と共産党を基盤とする広東国民政府に引き継がれ（国共合作）、国民党軍と共産党軍の合同軍である「国民革命軍」が、二六年、広東から北京に向けて北上し、北伐戦争と呼ばれる内戦を開始した。

革命軍の総司令に就任した蒋介石は、国家統一と不平等条約の撤廃を掲げ、市民、労働者、農民、学生らの支持を得ながら、各地域を支配する軍閥（独自勢力化した軍）を破り北上を続けた。

北伐軍が上海に迫ると、これに呼応する上海の労働者はゼネストに入り、中国共産党が組織した武装部隊が上海を支配していた軍閥を追放した。北伐軍が上海に無血入城したのはその二日後で、これは蒋介石にとって大きな屈辱であり、国民革命が共産革命に変質してしまうとの危機意識も強まり、二七年四月、蒋介石は共産党の弾圧に乗り出し、党員の逮捕、暗殺を行った（四・一二クーデター）。こうして国共合作は崩壊し、国民革命軍から共産党軍は追放され、同月、南京に入城した蒋介石は国民党単独による国民政府を樹立した。

中国が統一されたことにより国家としての権力機構が構築され、これまでのように個別の軍閥を懐柔し、利用するやり方は通用しなくなった。だから中国の統一を望まない日本の田中義一内閣は、三度にわたる山東出兵を行い、済南（山東省の省都）を軍事占領し、北京を支配していた張作霖（東北軍閥）を支援した。国民党軍は日本との対決を避け、済南を迂回して北伐戦争を続行。二八年六月、張作霖軍を破って北京に入城し、北伐を完成させた。

一応の統一を成し遂げた国民政府は「中華民国」（中国）という立憲共和制の国家の成立を宣言し、諸外国に対して不平等条約の破棄を求めた。外国が中国に植民地を持つ法的根拠は不平等条約にあるのだから、主権国家になるためには不平等条約を破棄して対等な対外関係を築かなければならず、日本もかつて同じ行動をとった。

国民政府はまず、経済基盤を安定させるため関税自主権の回復を求めた。次いで治外法権などの回収を段階的に行い、半植民地状態からの脱却を目指した。この年（二八年）、アメリカが最初に国民政府を承認し、条件付きで関税自主権を認めると、イギリス、フランスも続いた。だが日本だけは認めなかった。日本は満州に多額の投資をしていただけでなく、満州には将来の戦争のために必要とする資源があり、またソ連の社会主義から天皇制を守るためにも緩衝地帯として、どうしても満州が必要であると考えた。したがって、統一中国が力をつけ、主権回復要求を強める前に、武力によって満州を支配し、中国から分離させようというのが木曜会の「満州領有計画」であった。

同年、国民党軍に敗れたため北京を脱出し、故郷の満州へ帰る途中の張作霖を、日本軍は列車もろとも爆殺した*。暗殺を実行したのは関東軍（満州に駐屯していた日本軍）で、親日的だった張作霖を殺害し、これを国民党軍の仕業だとして軍事行動を起こして一気に満州を占領する計画であった。しかし、張作霖の側近が彼の死を隠し、負傷説を流したため関東軍は武力発動の機会を失い、謀略は失敗した。このため満州占領計画は一時棚上げとなり、計画の練り直しが行われた。

このように二八年は、国際社会が戦争を違法と決めた年であり、中国が統一を成し遂げた年であった。また、世界経済の中心はイギリスからアメリカへと移りつつあり、アメリカの主張する民族自決や軍縮、デモクラシーが世界の潮流になろうとしていた。こうした国際関係の「世界的な転換」（パラダイムシフト）が生じているにもかかわらず、日本軍の一派閥である木曜会が、大恐慌の始まる一年前に打ち出したのが「満州領有」という武力による新たな植民地獲得計画であった。

＊張作霖暗殺―張作霖爆殺を実行した関東軍の河本大作らを軍中央は処罰しなかった上に、天皇も事件の真相を公表しない方針を裁可し、事件はうやむやにされた。このとき野党だった民政党も事件の真相を知っていたのに国民に知らせようとはしなかった。このことから石原莞爾ら関東軍首脳は、政府の意向を無視して軍事行動を起こしても責任を問われることはないとの確信を得たとされる。

[四] 深まる分断

張作霖爆殺事件の真相は隠されたが、事件は日本軍にとって二つの誤算を生んだ。東北軍閥の跡を継いだ息子の張学良は、父を殺した日本への反発から南京の国民政府と連携する道を選び、日本は結果的に満州を含めた「全中国統一」を後押しすることになった。

二点目は、軍人出身で軍との関係を重んじていた首相の田中義一（政友会）が、この爆殺事件の処理にあたって天皇の不信を買い、辞職せざるを得なくなったことで、これは軍部にとって痛手であった。田中（首相）は北伐を妨害するため三回にわたり山東出兵を行い、この海外派兵に反対する反戦運動が日本各地で盛り上がると、弾圧のために治安維持法を改正し（最高刑を死刑に）、戦争反対勢力をほぼ壊滅させていた。

田中内閣の総辞職に伴い、二九年二月、野党第一党である民政党の浜口雄幸《おさち》に組閣するよう天皇の命令が出された（首相の指名は元老の推薦により天皇が命じた）。

浜口内閣は金権政治の政友会に対して綱紀粛正を行うとし、低迷する経済を立て直すために金解禁、財政緊縮、産業合理化を課題とした。さらに強硬な対中国政策は失敗したとして関係の改善を行うとした。

このとき巨額の費用を要し、国家財政を圧迫する軍艦の建造競争に歯止めをかけようと、ロンドンでは世界軍縮会議が開かれていた。財政規律を重んじる浜口内閣は、このロンドン会議に若槻礼次郎（元首相）を代表とする全権団を送り込んだ。

軍縮は軍人と軍産複合体にとって既得権益を失うことを意味し、海軍軍縮（艦船の削減）が実現すれば、次は陸軍軍縮（師団数の削減）になると判断され、日本軍全体が一致して反対する大問題となっていた。浜口内閣は総選挙（二度目となる男子普通選挙）で中国とは戦争をしないと訴えて大勝した。この民意を受け、軍部の主張「兵力量を決めるのは天皇と軍である」（統帥権の独立）*に対抗して、浜口内閣は「財政と密接に関係する兵力量を決めるのは内閣である」と押し切り、ロンドン海軍軍縮条約を締結した。軍部は反発を強め、右翼団体も各地の組織に大同団結運動を呼びかけ政府への攻撃を強めた。一方、半年間に及ぶ軍縮交渉を終えてロンドンから帰国した若槻全権団が東京駅に降りると、十数万人が出迎え、軍縮と平和を歓迎した。

軍縮を支持する人々は、国民の意向が反映される政党政治の進展を求め、民政党を支持した。民政党は現行憲法を尊重し、**議会政治によって軍をコントロールしようとした。日本は英・米に比べ経済的に大きく劣っていることを認識し、国際社会で生きていくために国際協調路線を選択した。中国問題では中国の統一を認め、満州にこだわることなく中国全土と広く貿易をした方が長期的に日本の利益になると考えた。

一方、軍拡を求める人々は政友会を支持し、天皇親政のためには「天皇制立憲主義」の「立憲」は邪魔なものとした。さらに国を守るためには軍備の増強が不可欠であり、強力な軍事力こそが正義と安全の裏付けになると考え、強力な軍事力を背景に、国際社会と対決してでも中国における日本の権益を守り、自給自足圏をつくり、ソ連やアメリカに対抗すべきだとした。

民主主義を受け入れるのか、日本には合わないと嫌悪するのか。中国人を対等な相手とするのか、蔑視するのか。国際社会と協調するのか、敵対するのか―こうした考えの違いは大きく、それはまた、時間と手間をかけてでも外交交渉によって問題を解決するのか、要求を相手に受諾させるために武力行使も是とするのかの違いでもあり、両者の対立、分断は深まっていった。

三〇年五月、浜口内閣は、これまで中国の関税自主権を認めなかった態度を改め、日・中間で新関税協定を結び、事実上、中国の主権を認めた。両国が対等な経済関係になることによって、日中友好ムードは高まり、日本の資本家は中国全土との貿易が拡大することを期待した。

当時、日本の満州権益の象徴であった南満州鉄道（満鉄）は赤字続きで、日本からの持ち出しで維持されていた。

このため、経済合理性の観点から存続を疑問視する声が出始めており、満鉄は内部（赤字体質）と外部（中国の主権回復要求）の要因により先行きは不透明となっていた。満州権益に固執する軍部と右翼団体は、問題を外部要因に絞り、「このままでは日本の権益は失われる」と危機感を煽り、満州こそ、日清、日露戦争で日本人が血を流して獲得した土地であり、それが脅かされていることを強調した。

三一年一月、国会で衆議院議員の松岡洋右《ようすけ》（政友会、前満鉄総裁）が、「満蒙は日本の生命線」と発言すると、この言葉は流行語となって瞬く間に広がり、人々は満州の権益を失えば日本は国家として存立できなくなるかのように考え始めた。

満州の権益とは、日露戦争により日本がロシアから獲得した満鉄の経営権、付属地の行政権と駐兵権、大連と旅順がある関東州（中国では万里の長城の東端を「関東」と呼んでいた）の租借権と行政権などを指した。これらの対象となる土地は満州の総面積の〇・三％にも満たないものだったが、日本はこの地に治外法権を得ているとして、関東州を管轄する「関東庁」、関東州と満鉄を防衛する「関東軍」、付属地での裁判権と警察権を行使する「領事館」をもって実効支配していた。こうした利権は日本のみが排他的、独占的に有するものだから「満蒙特殊権益」とされたが、この権益はロシアの中国侵略を受け継いだものであり、中国の主権侵害の上に成り立っていた。

三〇年一一月、浜口（首相）は東京駅で右翼に狙撃され、重傷を負った。翌三一年四月、傷が回復しない浜口に代わり若槻礼次郎が内閣を組織し、浜口は八月に死去した。この浜口首相暗殺事件は日本の政治家、官僚、宮中に、中国に対して譲歩すれば身に危険が迫ることを暗示した。さらに、世界恐慌によって日本も大不況に陥り、人々が飢えと生活苦に直面すると、軍部は好機到来と考えた。

二八年当時の木曜会は、満州占領の目的を「戦争のための資源の獲得」としていた。その後、この会に参加していた石原莞爾《かんじ》は、関東軍参謀となって満州に赴任すると、占領計画を実行するための準備を進めた。三一年五月、石原は大不況という時代背景をふまえ「満蒙問題私見」を発表した。

それによると、満州を日本の領土とした場合には次のような政治的価値があるとする。（一）満州を領有すれば北からの侵入が困難となるので、日本の負担はなくなり、中国、南洋へ向うことができる。（二）朝鮮の統治は、満州を日本の勢力下に置くことにより初めて安定する。（三）満州において日本の実力を示せば、中国に対する指導的立場に立てる。また、経済的価値として、満州の農産物は日本の食糧問題を解決し、鉄、石炭などは日本の重工業の基礎となり、日本企業の失業者を救い、不況を打開できる。将来、アメリカとの戦争になれば満州の資源だけでは足りなくなるが、現下の不況を打破することはできるとした。(4)

石原（関東軍参謀）は、資源の少ない日本が戦争をする場合、敵国が経済封鎖を行うことを考慮しなければならず、封鎖に耐えるためには、どうしても満州の資源が必要だと考え、満州が手に入れば資源なき日本は「持てる国」になり戦争を遂行できるとした。（二）の「朝鮮統治の安定」は脈絡なく出てきたように見えるが、軍事力で植民地支配を行っている軍部にとって、「朝鮮支配の安定」は長年の懸案であった。

朝鮮と満州の間には緊密な連絡網があるので、満州在住の朝鮮人の動きは直ちに朝鮮内に影響を与え、満州における朝鮮人の反日運動が強まれば、朝鮮内においても反日的言動が激しくなるので、朝鮮統治の上からも、早急に満州を日本の支配下に置かなければならず、また、満州を占領するためには経由地となる朝鮮の安定が前提条件であるという考えは、関東軍と朝鮮軍の共通認識となっていた。

石原と組んで満州事変を実行した板垣征四郎（関東軍高級参謀）も、「満蒙問題について」において、満州在住の朝鮮人は中国官憲の圧迫を受けて悲惨な状態に置かれており「彼らの民族心理も自然に悪化し、日本を頼ることはできないとの結論に到着している。したがって朝鮮統治にも重大なる影響を与え、憂慮すべき形勢にあり、結局、満州問題を解決しなければ真の朝鮮支配をなしとげることができないということは、朝鮮にいる有識者の一致した意見」(5)だとして、朝鮮統治と満州支配は一体であるとした。

＊統帥権の独立―統帥権とは軍隊最高指揮権を意味し、天皇の大権に属する権限であった。軍は政治から自由にならなければ作戦を遂行できないことを根拠に統帥権は独立しているとした。本来、兵力量や開戦、和平の決定は国力を知る政府の仕事であり、軍人は与えられた兵力で達成できる限界を明らかにし、それに基づいて作戦を遂行すべきなのに、軍人は統帥権を持ち出し、立憲的な縛りを取り除いていった。これによって軍は他の政府機関の制約から自由になったが、やがて国家総力戦の時代には軍だけでは戦争をできないことを知るに至った。しかし、最後まで軍事と政治を調整することはできなかった。

＊＊天皇制立憲主義―開国後、日本が文明国になるには、権力の分立と権利保障を備えた立憲主義の国家が必要と考え、天皇制と立憲主義を基本に大日本帝国憲法を制定した。三〇年代初めの日本は、現人神の天皇を頂点に、国民を代表する政党内閣が組織され、議会のチェックを受けて政治権力は運用されていた。陸海軍も内閣の一員として議会から法律と予算面で縛りを受ける存在であった。他方で、天皇に直属する陸海軍は独自の地位を確保しつつ、戦争を行うためには議会の縛りから自由にならなければ作戦を遂行できないと「統帥権の独立」を求めるようになる。

〔五〕朝鮮支配と満州

このとき（三一年）、日本が朝鮮を植民地にして二一年が経過していた。日本は「大韓帝国」（韓国）という国を滅ぼし、日本化を強要すれば、民族文化を消し去ることができると考え、軍事支配と同化という民族抹殺政策を続けていた。しかし、多くの朝鮮人は民族意識を失うことなく同化を拒否していたことから、植民地支配機構である朝鮮総督府や朝鮮軍は、連綿と続く抗日独立運動に悩まされるだけでなく、それを支える民衆のエネルギーと持続する反日感情に怖れを感じていた。

日本が朝鮮に対して行った民族否定の歴史は古く、日本が西洋諸国に不平等条約の改正（領事裁判権の撤廃）を求めながら、朝鮮に対しては日本の領事裁判権を認めさせ、民衆の反発を招いたのを嚆矢とし（一八七六年）、朝鮮の宗主国であると主張する清国を追い出そうと、日清戦争を始めた。朝鮮から清国の勢力を一掃した日本は、王妃（閔妃《ミンビ》）殺害事件を起こしたため、韓国（一八九七年に大韓帝国と国号を改めた）はロシアに接近した。このとき満州を事実上占領していたのはロシアで、「これ以上ロシアが南下すれば韓国の保全はできない。韓国が支配されれば、日本の存立は脅かされる」とのドミノ理論から、日本の安全のためには韓国の排他的支配が必要であるとして、日露戦争を始めた。日本が英・米の支持と外債を得たことによって、ロシアは主力軍を投入することなく講和を求め、韓国に対する日本の支配的地位を承認した。日本はアメリカのフィリピン支配、イギリスのインド支配を認めるのと引き換えに、両国に韓国の保護国化を認めさせた。

この過程で、武力を伴って韓国に乗り込んだ伊藤博文は、保護条約を強要し、韓国の外交権を奪い、植民地化の基盤を作ろうとした。これに反発する民衆が義兵となって立ち上がり、各地で武装抵抗を始めた。*この義兵戦争では「〇七年八月から一一年六月の間に、義兵が日本守備隊、憲兵、警官と衝突した回数は二八五二回にのぼり、義兵の数は不確実な統計でも一四万一八一八人を数えた」[6]とされ、その死者は一万七六八八人を上まわったという。このとき義兵として日本軍と戦っていた安重根《アンジュングン》は、ロシアとの交渉のため満州のハルビンにいた伊藤博文を射殺した。

義兵を完全制圧することなしに韓国を併合することはできないと考えた日本は、日露戦争以上の兵力を動員して三年がかりで義兵戦争を制圧、一〇年八月、韓国を植民地とした（韓国併合）。このとき、義兵の再興を怖れる日本は、軍事支配を制度化し、憲兵が警察を兼ね、行政の末端まで支配する武断統治を行った。

一七年のロシア革命の成功は世界中へ衝撃を与え、社会主義を掲げるソ連が「すべての民族が自分たちの国の在り方を選ぶ権利を持つ」と民族自決の原則を宣言したことで、朝鮮人や中国人は民族意識を高め、日本においても米騒動や様々な社会運動が広がる契機となった。

一九年三月一日、朝鮮で三・一独立運動が起きた。京城（ソウル）のパゴダ公園（タプコル公園）に集まった数万の民衆の前で「威力の時代は去り、道義の時代が来た」との独立宣言が読み上げられると、独立を求める声は瞬く間に朝鮮全土に広がり、各地で集会やデモ行進が行われた。これに対して日本軍警は、全土に増派を行い徹底した弾圧を加え七五〇九人の死者と多数の負傷者、逮捕者を出した。植民地支配をする日本は、朝鮮人を独自の文化を持つ〝他者〟であることを認めようとせず、日本へ同化させ、他者性を消し去ろうとした。この三・一運動は朝鮮民衆が自らの他者性を表明することで、日本への同化を拒否する意思表示でもあった。

三・一運動にみる広範な民衆の自発的行動は、日本軍警の武力によって抑え込まれたが、この独立運動を契機に朝鮮社会は大きく変わった。自らの意思で運動に参加した民衆は、それぞれの場所で抵抗精神を維持しつつ運動の継続と組織化を図った。被差別民である「白丁」の解放を目指す衡平社が組織され、労農総同盟や女性同友会がつくられ、朝鮮共産党も再結成された。こうした組織的なものだけでなく、個別に小作争議や労働争議が行われ、多くの夜学(私塾)が開かれた。夜学は文字を教えるだけでなく、民族意識の大衆的な広がりを生んでいった。また、こうした社会の潮流は儒教の身分差別、家父長制の下での男性による差別、植民地支配による民族差別と三重の差別に苦しんでいた朝鮮女性の中に、「新女性」と言われる「伝統社会に存在しなかった近代式の教育を受け、ファッションなどの外見から思想、結婚、人生まで旧来の価値観とは異なる新しい道を模索する人」(7)が、新たな社会勢力として登場する契機となった。

政治面では、ソウル、シベリア、上海にあって政府を名乗る組織が、三・一運動を契機に統合が図られ、一九年、上海のフランス租界に世界中から千人と言われる独立運動家が集まり、大韓民国臨時政府(臨時政府)を樹立した。臨時政府は臨時憲章を制定し、「大韓民国は民主共和制とする」と定めて多様性を維持しつつ、独立運動の核になろうとした。

こうした状況は日本の強権支配の修正を迫り、日本は言論統制を緩め、農民団体などの結成を認めざるを得なくなった。このため右派と左派が合同した「新幹会」が結成され、合法団体ながらも民族差別に取り組んだことから、植民地教育に反対する運動（光州学生運動）が全国に広まった。

日本は朝鮮人の不満のはけ口として、ある程度の民族運動を容認しながらも、抗日独立運動は非合法として取り締まったことから、民族主義者や共産主義者、宗教者などの独立運動家は、シベリアや満州に活動の場を求めた。特に、一〇年代の義兵戦争以来、間断なく抵抗運動が続いている「間島」は、民族解放運動の希望の地とされ、三・一独立運動以降、激しい弾圧を逃れた人々は間島を目指した。

＊義兵戦争―義兵が主な攻撃目標にしたのは日本が敷設した鉄道であった。日本軍は線路を破壊した義兵を捕まえると、見せしめのために銃殺にした。一一年に鴨緑江までの線路が完成し、日本軍は釜山から中国まで一本の鉄道で行けるようになった。

〔六〕中・朝国境地帯―間島

中・朝国境地帯にある中国領の間島《カンド》（吉林省延辺）は、豆満江《トマンカン》（図們江《トウメン》）によって朝鮮と境を接し、ソ連の沿海州とも連なっていた。一九世紀の後半からこの地に移住してきた朝鮮人は、中国人から山林や荒れ地を購入し、何年もかけて開墾して水田に変えていった。こうした開拓者を頼って、朝鮮から新たな移住者がやって来て小作農となり、人口は増え続けた。さらに日本の植民地支配によって土地を奪われた朝鮮人は、南に住む人々は日本へ、北の人々は満州へ渡り、三〇年には「間島省では住民の七六％を朝鮮人が占め、その数三九万人、満州全体では約六一万人にも達した」(8)という。ただし、日本の関東軍は満州全体の朝鮮人を一〇〇万人としており、もっと多いとして二〇〇万人とする説もあった。

このような経緯から間島の朝鮮人には、日本人には実質的に認められていなかった土地商租権（租借権）が認められており、中国の法が適用されていた。ところが日本は朝鮮を植民地にすると、間島に住む朝鮮人を「日本臣民（天皇に統治される民）になった」と称して、日本の領事館警察を間島に駐在させ、朝鮮人の取り締まりにあたった。中国東北政権は日本の主張に対して主権の侵害だと反発、朝鮮人に中国へ帰化するよう求め、土地商租権も帰化者だけに認めた。このため、朝鮮人は続々と帰化し、中国の主権下に入った。ところが日本は朝鮮人の国籍離脱を認めなかったため、朝鮮人は二重国籍者となり、その結果、日本と中国の双方から圧迫を受けるようになる。

こうした状況にあった間島で、三〇年五月、武装蜂起が起き、電信、電話、鉄道など日本関連施設への攻撃が行われた。これは中国共産党と朝鮮共産党が合流して行ったもので、中国共産党の「都市蜂起」*の一環として行われた。蜂起はそれほど大規模ではなかったが、日本側が情報をつかんでいなかったため目的はほぼ達成された。これに対して日本は朝鮮から軍隊を出動させ、不法に国境を越え、「六月一〇日から七月までに…（朝鮮人）八五名を検挙する徹底弾圧を加え、暴動委員会は壊滅状態に陥って、それ以上の闘争の拡大は不可能になってしまった」[9]。一方、反共の立場をとる中国東北政権も暴動の後、「朝鮮人九六〇人、中国人二〇人が共産分子として逮捕され、約六〇人の朝鮮人が射殺された。東北官憲の朝鮮人農民への圧迫は峻烈をきわめた」[10]ため、多くの朝鮮農民が間島から、さらに満州の内部へと逃れ、避難民となった。

この暴動において日本が危機感を募らせたのは、間島が共産主義者や民族主義者によって武装化が進み、それが朝鮮本土に跳ね返り、植民地支配に混乱が生じることであった。しかし、中国領である間島での抗日独立運動の取り締まりには限界があった。朝鮮から朝鮮軍（朝鮮を支配するために駐屯していた日本軍二個師団）を出動させて国境を超えると、中国側から主権の侵害と抗議され、それを無視して出動したとしても、抗日独立運動家たちは満州の内部へと隠れるので効果は上がらなかった。

そこで朝鮮軍は、中国領である間島を武力占領し、朝鮮に編入させる計画を立てた。間島一帯を武力占領すれば、間島の抗日独立運動を根絶できるだけでなく、新たに朝鮮の領土を拡大したとして、朝鮮内の民衆の不満を和らげ、結果、親日派が増えるであろうと考え、朝鮮軍の単独行動としての「間島領有計画」を実行しようとした。朝鮮軍は「間島竜井村の特務機関長と相談、会寧、竜井間の鉄道を爆破させ、これを機に朝鮮軍の一部を間島に入れ、外務省警察（領事館警察）を排し、朝鮮警察の支配下に入れることを計画した。この計画は一〇月頃実施を目標に準備されていたところ、九月に満州事変が勃発したため実行に移されずに終わった」(11)。

＊間島五・三〇事件―間島を領域として独自に活動していた朝鮮共産党はコミンテルンの一国一党の原則に従って解党し、中国共産党に吸収された。このとき中国共産党は李立三路線（李立三は中国各地に散在していた共産軍に農村を離れて大都市で蜂起せよと命じた）をとっており、間島でも朝鮮人が主体となり都市蜂起が行われた（李立三は三〇年九月、誤りを犯したとしてソ連から批判され失脚した）。この蜂起は朝鮮共産党が、中国共産党に吸収されたことにより、中国共産党に忠誠を示す必要から、日本と中国東北軍閥の両方から収奪され、悲惨な状況に置かれていた朝鮮農民を暴動に駆り立てたもので、朝鮮農民をさらに窮地に追い込んだとの見方もある。

［七］万宝山―仁川～平壌

中国吉林省の長春市には、間島での武装蜂起に加わった者や嫌疑者に対する日・中双方の過酷な弾圧から逃れた朝鮮人が多数流入していた。この避難民を利用したのが郝永徳（中国人ブローカー）で、行き場を失った朝鮮農民に水田を開墾させようとした。一般的に中国農民は畑作を中心としていたので、稲作技術を持つ朝鮮農民に水田を開拓させれば高い地代を得ることが可能であった。

郝永徳は長春市郊外の万宝山の一二人の地主から、約百万坪の荒れ地を一〇年の期限付きで借り受け、九人の朝鮮人に転貸した。九人とも間島に居住していた者で、日本領事館の監督下にある金融機関から開墾費用を調達し、二〇〇人の同胞を集め、水田の開墾を始めた。

三一年四月、朝鮮農民は水田に必要な水を引くために、郝永徳の許可の下、水路の掘削を始めた。それは川から一六〇〇メートルの水路を通す工事であったが、郝永徳は水路が通る土地の地主（四〇人）の承諾を得ていなかった。地主たちは吉林省政府に、工事は不法であるから取り締まるよう求め、出動した中国警察は工事の中止を命令するとともに朝鮮農民九人を拘束した。

この事態に素早く反応したのが田代重徳（長春領事）で、これを見過せば日本の満州進出に悪影響を及ぼすとして警官隊を現地に派遣し、朝鮮農民に工事を続行させた。万宝山は肥沃な土地であり、この引水工事を完成させ、水利権を主張すれば三万から五万人の入植者を呼び込めるとの考えがあった。

日本の警官隊に守られる中、水路は完成し、川をせき止める段階になった。七月一日、川がせき止められれば上流部で氾濫がおきると、万宝山一帯の中国農民五〇〇人が農具を持って集まり、実力で水路の埋戻しに取り掛かった。翌二日も大勢の中国農民が押し寄せ、水路に土を投げ入れたため、日本側は武装警官を出動させて中国農民を排除し、朝鮮農民に水路を修復させた。この日、「朝鮮日報」は号外を出し、事件を朝鮮内へ一報した。四日にも「中国官憲八〇〇余と朝鮮人二〇〇余衝突し、負傷」と大々的に報じた。「京城日報」も三日に「中国官憲に率いられた農民が大挙して押し寄せ発砲し、朝鮮農民を負傷させた。領事館警察では押さえきれず軍隊の出動が要請されている」[12]と報じた。こうした誇大な報道をきっかけに七月三日、仁川で朝鮮人による中国人襲撃が発生した。

当初は数十人が中国人経営の理髪店や料理店に投石する程度だったが、時間とともに人数は増え、数百人が中国人商店を襲撃し始め、夜になると数千人に達した。襲撃は京城（ソウル）、新義州にも飛び火した。平壌では特に激しい暴動が発生し、中国人家屋は棍棒などを手にした無数の朝鮮人に襲われ「略奪、破壊、放火は文字通りほしいままに行われ、この間、華僑の殴打、惨殺されたもの一〇九人、負傷者も一六〇余人に達するという無残な状態になった。平壌華僑の財産はほとんど全滅したといっても誇張ではなく、市内医学講習所に収容された避難中国人は多いときには五〇〇〇人を越え、続々と帰国するにいたった」[13]。

この事件に対して中国東北政府は、日頃、日本の警察は朝鮮内において朝鮮人に対する監視を厳しく行っていて、人々が集まるのを禁じている。それなのに、数千もの人が、武器を手に暴動を行ったのは決して偶然に発生したものではなく、日本が指図し、日本が故意につくり出したものであるのとして、中国人被害者に対して国家責任に基づく賠償金の支払いを求めた。日本側は慰問救恤金なら支払うが賠償金は支払わないとし、結局、何も支払われないままとなった。

この朝鮮における中国人虐殺の報を受け、また、中国居留民（華僑）が朝鮮から続々と帰国するのを見た中国人は、「朝鮮人が日本の庇護のもとで暴虐を行った」と判断し、朝鮮人に対する感情を悪化させた。朝鮮人と中国人の間に憎悪が持ち込まれ、民族間に分断の楔が撃ち込まれた。

本来、朝鮮人と中国人は、日本から圧迫を受ける同じ立場の被抑圧民族であり、抑圧を取り除くために連携しなければならないはずが、この事件によって中国人は朝鮮人を「日本の手先」と見るようになった。

［八］前夜の上海（第一次ボイコット）

この万宝山事件（満州の万宝山での水を巡る争いと、朝鮮内での中国人虐殺を総称）によって、朝鮮人に対する見方を急激に悪化させた中国人であったが、根本問題は満州から手を引こうとしない日本であるとして、中国各地で反日運動が開始された。特に上海では三一年七月一三日、上海市商会を中心に「反日援僑委員会」がつくられ、対日ボイコットを決定した。

同会は日本製品の流通を妨害するために日貨登記制（登記料一〇%）をつくり、上海各所に検査所を設け、未登記の商品の検査、没収を行った。このことは、第一次世界大戦によって欧米製品の輸入が減少したことから中国民族資本が育ち、自己主張するまでに力をつけたことを意味した。

中国における対日ボイコット（日貨排斥運動）は、〇八年が最初とされ、三回目は日本が突き付けた「二一カ条要求」*に反対するもので、中国人は「日本は、韓国のように中国も植民地にしようとしている」と考え、ボイコットは各地に広まった。万宝山事件を契機として行われた上海のボイコットは一〇回目となり、国民政府が今はまだ「安内攘外」（国内を統一してから外敵と戦う）の時期であり、万宝山事件は地方の出来事にすぎないとしたため、上海市民は、自ら行える対抗手段は日本商品の不買運動しかないと対日ボイコットを開始した。

このとき、中国での外交のトップにいた重光葵《まもる》（三一年八月臨時代理公使から正式に公使になった）は、国民政府が「革命外交」と称して、全中国の権益を回収するプログラムを決めたとの情報をつかんでいた。それは、「革命外交実現の時期を五期に分けて、第一期に関税自主権の回収、第二期には治外法権の撤廃、第三期には租界の回収、第四期は租借地の回収、第五期には鉄道利権、内河航行権、沿岸貿易権の回収などとなっていた。日本が重光臨時代理公使の情報で、中国が回収を要求している租借地のうち、大連、旅順などの関東州も含まれることや、鉄道利権のうち、満鉄も含まれることを確認したのは三一年四月頃のことであった」(14)。

三一年の五月には、第一期に続き、第二期（治外法権の撤廃）を実施する目的で、国民政府は領事裁判権を有する外国は中国の裁判所の管轄を受けなければならず、中国は特別裁判所を設置して、外国人の民事、刑事事件を受理するとした（在華外国人管理条例）。これに対して英・米は中国の司法制度の不備を指摘して反対したが、上海における領事裁判権を留保するなどの妥協案で合意した。日本は英・米と同様に合意するので、満州における日本の権益を中国が認めるようにとの交換条件を出したため、中国はこれを拒絶した。

中国の国権回復第二期（領事裁判権回収）に日本が合意しないまま、重光（公使）は国民政府に対して万宝山事件に伴う対日ボイコットを取り締まるよう要求した。この要求を受け入れた国民党中央は、全国の党部に対して、運動の鎮静化と併せて反日運動を国産品愛用運動へと転換させるよう命じた。

上海では、村井（総領事）が張群（上海市長）に対して、ボイコットを続ける上海の反日援僑委員会を取り締まるよう求め、上海市長はこれを承諾した。簡単に了承したのは、党中央の方針に従ったからであったが、これに満足しなかったのが上海に駐屯する日本海軍であった。

日本海軍は、反日援僑委員会が日本商品を没収し始めたのを知ると「艦隊命令」を出し、各部隊に日本商品が没収された場合には、兵力を派遣し、取り締まるよう命じた。これに対して村井（総領事）は、総領事館の了解のないまま海軍が直接行動に出るならば、責任はすべて海軍がとらなければならないとし、反日援僑委員会は中国商人が買った日本商品を、その中国商人から没収しているので、「純然たる日貨排斥」とは言えないと行動の自粛を求めた。村井は、上海市長が約束通り反日団体の取り締まりに乗り出しているので、問題を大きくせず中国側に処理を委ねるべきとした。

反論できなくなった海軍は、総領事館の要請があれば出動し、単独では動かないとして、振り上げた拳を降ろし、力による解決を断念した。

＊二一カ条要求―一五年、第一次世界大戦に参戦し、ドイツ軍を中国から追い出した日本は、代償として中国に対して第一号から五号、合わせて二一カ条の要求を突きつけた。二号では満鉄の経営権を九九年間延長させ、五号では中国政府に日本人顧問を入れること、新たな警察制度を導入し、布教の自由を認めて各地に神社をつくるなど植民地化への長期戦略が存在していたため、中国側は五号に反対。日本が軍事的圧力をかけても五号だけは拒否し、あとは受け入れた。

〔九〕満州事変

三〇年末に現地、満州において石原莞爾（関東軍参謀）らが「満蒙占領計画」を具体化させたのを受け、三一年六月、東京の陸軍中央で永田鉄山（軍事課長）らが「満蒙問題解決方策の大綱」を作成し、二八年に木曜会が目標とした「満州武力占領」を陸軍の方針として決定した。

関東軍と軍中央の共同謀議によって進められた満州占領計画であったが、一つだけ不一致点があった。武力行使の時期がそれで、軍中央は内外の根回しと世論操縦のために「一年間の自重」を求めた。しかし、現地では既に満州各地の実地調査を行い、動員計画を策定し、日本から高性能大砲を持ち込み、軍事訓練も終えていたので、関東軍は「即時決行」を求めた。

関東軍が決行を急いだ背景には、（一）新国家建設の途中であるソ連が軍事的に弱体な間に満州を占領しなければならないとの思いがあったこと。（二）七月に揚子江（長江）の大洪水で中流域の十六省が水につかり、数千万人という被災者が出て、コレラなどが発生、混乱が広がっていたこと。（三）中国国民党軍三〇万が江西省の共産党軍への攻撃を開始し（第三次掃共戦）、東北軍の張学良は蔣介石の命令で北京の防衛を任され、満州には留守部隊が残るのみで、この留守部隊を攻撃しても蔣介石は援軍を送れないであろうとの読みがあった。

こうした客観情勢と周到な準備があるのに、関東軍には出兵の口実がなかった。関東軍は当初、多数の日本人を雇って張学良軍の服装をさせ、日本領事館や駐屯軍などを攻撃させて、軍事介入の口実を得ようとしたが、この策略が漏れたため[15]、急遽、少人数で行う「満鉄線路の爆破」に変更した。

三一年九月一八日、関東軍兵士七人は柳条湖（奉天駅から東北約七キロ地点）の満鉄線路上で小規模な爆発を起こし、これを合図に、夜間演習を行うとして出動していた部隊が中国東北軍の兵営を攻撃した（満州事変、九・

一八事変)。

夜襲を受けた東北軍は、張学良から不抵抗の命令を受けていたため、ほとんど戦わずに撤退した。張学良は蒋介石から「日本の挑発には乗らないように」と命じられていたのだが、関東軍の目的は「挑発」どころか、満州全土の「制圧」であった。

自作自演によって行われた日本の軍事侵略は、第一次世界大戦の反省から二度と戦争が起きないようにと不戦条約を締結し、軍縮を進めてきた国際社会に対する挑戦であり、九カ国条約*に対する明確な違反行為であった。さらに、国土の一部を奪われる事態に直面した国民政府は、進めていた「外国人管理条例の実施を延期する」と発表せざるを得なくなり、国権回復の第二段階は頓挫した。

事件の一報を受けた若槻内閣は緊急閣議を開き、力による現状変更は認められないと不拡大方針を決定し、本庄繁(関東軍司令官)に伝えた。しかし、関東軍は政府の方針には従わず、日本居留民を救うという名目をつくり、吉林省に出兵した。この兵の移動により奉天(瀋陽)が手薄になったとして、かねてからの打ち合わせ通り朝鮮軍に応援を求めた。

陸軍刑法は「司令官、外国に対し故なく戦闘を開始したるときは死刑に処す」(三五条)と定めていた。そのため朝鮮軍は、関東軍が行動を起こした次の日には軍中央に電報を打ち、国境を越えての出兵許可を求めていた。朝鮮軍の一部は鴨緑江を越えて奉天に向かい、一部は豆満江を渡り間島に兵を進める計画で、軍中央は双方とも許可した。ただし、天皇の裁可が下りるまで待つように待機命令を出し、朝鮮軍は国境に留まっていた。

天皇に対して軍の出動命令を出すよう要請できるのは参謀総長で、それには閣議決定が必要とされた。九月二〇、二一日と開かれた閣議では幣原《しではら》喜重郎(外相)らの反対により朝鮮軍の派兵は了承されなかった。広い満州を支配するには関東軍だけでは兵力不足で、満州占領の成否のカギは朝鮮軍の増派であると部下から突き上げられた林銑十郎(朝鮮軍司令官)は、二一日、閣議決定と天皇の命令がないまま独断で国境を越え、奉天に向かった（間島への出兵はこれ以上問題を複雑にしないために軍中央が止めた）。

この満州武力占領の報を受けた多くの日本人は、広大な領土を手に入れたと絶賛し、「これで不況や閉塞感から抜け出せる」と喝采を送ったことから、強い態度を示せなくなった若槻内閣は事後承認の形で「朝鮮軍の増兵には賛成できないが、派兵の事実はこれを認めて経費を支出する」との閣議決定をした。天皇も「比度は致方なきも将来充分注意せよ」と重大な軍規違反を不問にした。短期間で満州を占領した結果を前にして、天皇と内閣は命令を無視した関東軍と、死刑に相当する朝鮮軍司令官の行為を厳しく問うことなく、これを追認した。

＊九カ国条約―二一年、海軍軍縮と東アジアの安定を柱とするワシントン会議が開かれ、日本の中国への二一カ条要求や第一次世界大戦で日本が獲得した中国における排他的権益は否定され、ドイツから奪った租借地などが中国へ返還された。これにより二二年、「中国に関する九カ国条約」が締結され、中国の門戸開放を前提に、中国の主権、独立を尊重すること、中国の国家建設を妨害しないことを約定した。調印国は、米・英・日・中・仏・伊・オランダ・ポルトガル・ベルギーで、以降、ワシントン体制と呼ばれる国際秩序が形成された。

［十］先行クーデターと政権交代

満州事変は武力による現状変更であり、他国への侵略、国際秩序への挑戦であった。それだけではなく、日本国内へは〝先行クーデター〟として大きな影響を与えるものとなった。

軍部は以前より戦争を行うには、その前に国内の改造が必要と考えていた。戦争を遂行する上で足かせとなるのは「権力の統制」と「国民の権利の保障」を基本とする立憲主義であった。軍部はこれをクーデターで葬り去り、憲法を停止し、軍事政権を樹立すれば効率よく戦争が出来るとした。さらに、「国民の権利の保障」を大幅に制限できることになるので、国民を戦争に動員しやすくなると考えた。しかし、政党、政府、宮中、それに軍縮を支持する民衆や戦争反対勢力が一定数存在していたので、クーデターによる権力奪取はそう簡単ではなかった。そうであるなら、国内でのクーデターに先行して、海外で軍事行動を起こし、速やかに成果をあげれば国民は熱狂し、戦争に反対する勢力は孤立するから権力奪取は成功するだろうと、国内クーデターに先行する形で陸軍は満州事変を起こした。ようするに、軍部は国内での政権奪取を中断し、対外戦争に打って出て、その勝利を受けて国内改造に雪崩れ込む方針に転換したのである。

満州事変直後、政府が不拡大方針を決めると、すぐに国内でのクーデターの噂が流れ始めた。「陸海軍の兵士、民間の右翼団体を総動員して武装決起し、政財界の要人を殺害した上で、荒木貞夫（教育総監部本部長）を首班とする軍部内閣を樹立する」と、一部の青年将校が派手に動き回ったために計画は露見し、軍中央は首謀者を軟禁、事態の収拾を図った（十月事件）。

この政権奪取の計画は杜撰なものであったが、関東軍の軍事行動と連動する十月事件の威嚇効果は大きく、特に暗殺リストに載った要人を黙らせることになり、軍部内の穏健派、宮中、政界が満州事変容認へと傾き、財閥も暗殺の恐怖のなか、軍の意向には逆らえないと戦争支持へと舵を切り始めた。

さらに、関東軍は政府の不拡大方針に逆らい、東北政府の張学良が政府を移した錦州を空爆した。* こうして不拡大方針が次々に破られた若槻内閣は総辞職し、軍部は民政党内閣の排除に成功した。代わって犬養毅内閣（政友会）が成立し（三一年一二月）、新しい陸軍大臣には十月事件で担ぎ出されるはずであった荒木貞夫が就任した。**

荒木（陸軍大臣）は、すぐさま民政党政府時代に不拡大方針に同調した参謀総長を交代させると、満州への兵力増強を決めた。三二年一月、荒木は関東軍参謀の板垣と石原を東京に招き、最大の賛辞と勲章を与え、天皇は関東軍の「果断迅速の力闘」を称賛する勅語を出した。これにより満州事変は国策となり、「東洋平和の基礎を確立する正義の戦い」とされた。

＊錦州爆撃―三一年一〇月八日、関東軍機一一機は、張学良が満州から拠点を移した錦州を空爆し、張政権を壊滅しようとした。この空爆は第一次世界大戦での都市爆撃の記憶が残るヨーロッパの人々に大きな衝撃を与えただけでなく、錦州は満鉄線路から一五〇キロも離れており、「満鉄の保護」という満州事変の目的を逸脱しており、「自衛のための軍事行動」との説明を日本軍自らが無効化するもので、イギリスやフランスは日本政府に騙されたと、抗議した。

＊＊荒木陸相の就任―これまで陸軍の実権を握っていた宇垣一成派は政治介入には慎重であり、国際協調路線をとっていた。政友会の犬養内閣で陸軍大臣に就任した皇道派の荒木貞夫は、軍首脳から宇垣派を一掃し、一夕会の会員に取り替えた。この権力転換は重要な歴史的意味を持った。すなわち、この時点から陸軍の性格が大きく変わり、やがて強大な発言力を持ち、戦争を主導していく「日本陸軍」はここから始まったと言える(川田稔『昭和陸軍全史一』)。

〔十二〕民主化の終焉

関東軍の満州侵略に対して、日本国内には「中国軍が線路を爆破し、日本軍を攻撃してきたので自衛のために応戦し、制圧した」と偽りの報道がなされたことから、多くの日本人は「日本は被害者で中国が加害者」と信じ、「中国を懲らしめろ(支那膺懲《しなようちょう》)」と叫び、世論は戦争支持へと急旋回し、日本の社会は大きく変わり始めた。

二〇世紀の初頭から始まった民主主義や市民的自由を求める気運(大正デモクラシー)は、護憲や普通選挙といった政治的な要求から、自由教育、女性解放、被差別部落の解放(全国水平社)、労働総同盟や農民組合の誕生など多様な社会問題の解決を求める民衆運動へと発展した。同時に、映画、演劇、歌などの大衆文化が古い日本的道徳からの解放を目指した。さらに、学問、研究、文学、芸術の分野においても新しい創造が生み出され、自由と熱気にあふれた時代が到来した。

二一年のワシントン会議を受けて、軍縮と平和が日本でも潮流となり、モダンな消費文化やカフェーやダンスといったアメリカ文化が流行し、民本主義や立憲主義が論壇を賑わせた。しかし、関東大震災が発生すると、震災による経済的ダメージと、在日朝鮮人、中国人、社会主義者らが軍警と自警団によって虐殺された事件を利用する形で、変化を求める者や異質な者を排除しようとする動きが強まり、「震災は天が国民に与えた咎《とが》め（譴責《けんせき》）である」との説が広められ、「悪い思想（デモクラシー）」からの脱却が求められた。

「思想善導」の掛け声のもと個人主義が否定され、日本的共同主義への回帰と日本の美や伝統の復活が求められた。二〇年代には洋装、短髪の女性をモガ（モダンガール）と呼んで、因習を断ち切って自由に生きようとする女性として肯定的に捉えていた社会は、三〇年代になると軽薄で享楽的な女性という否定的な評価へと変わり、女性を家父長制*の中に閉じ込めようとした。

また、満州事変によって一気に排外主義が強まると、個人よりも国家を至高とする国家主義にデモクラシーは瞬く間に呑み込まれていった。こうした全体的な転向現象が起こった理由として、民主化の底が浅かったこと、総じて貧しかったこと、国内において民主化が行われる一方で、この民主化が国外においては他民族、特に植民地の人々に強権支配を強要することにより、初めて形成されるという二重構造**にあったことが挙げられる。

このようにして古い封建体制から脱却し、民主主義国家を出現させようとする社会は大きく変貌し、これまで低かった軍人の社会的地位が高まり、同時に発言力も強め、その軍人を国民が熱気をもって支持することで、権力分立と個人の権利を保障する立憲主義が相対的に優勢だった時代は終わりを告げた。

加えて「天皇」と「国家」が私生活の領域にまで入り込むようになり、異論を許さない社会、みんなが同じ方向を向く社会が目指され、軍事独裁体制への扉が開かれようとした。こうした中で、日本人の多くは満州への軍事侵攻を侵略と認識することなく、加害の側であるにもかかわらず、攻撃を受けた「被害者」として、中国と向き合うことになった。

＊家父長制―家長として父（戸主）が家族を支配する家父長制は、男性の支配に女性が従属するだけでなく、天皇制と結びついて、家では家長に従い、国家の下では現人神である天皇に従えば、天皇を頂点とする一つの家と同様になれるとする国家体制（国体）ができるとした。さらに、家長と天皇の下で一致団結できる日本人は世界的にみても特別な存在であり、アジアの盟主、ひいては世界の盟主になれるとした。

＊＊二重構造―「外に帝国主義、内に立憲主義」と表現されるもので、具体例として、朝鮮の三・一独立運動において「朝鮮の独立だけでなく、道を誤った日本も救う」との独立宣言がなされたのと同じ日に、東京では普通選挙法制定を求めるデモが行われていたのだが、日本国内でデモクラシーを求める動きは、朝鮮でのデモクラシーを求める動きには無関心、無反応であった。それは結果的に日本の植民地支配を是認するものとなった。

[十二] 国民党の分裂と十九路軍

満州事変を起こした関東軍は、今なら満州で軍事行動を起こしても、中国国民党政府は南で内戦を行っており、満州まで援軍を送ることはできないと予測し、侵攻を開始した。この読みは的を射ていて、この年（三一年）の五月から中国の政局は大きく動いていた。

二八年の全国統一の後、蔣介石は「軍政の時代」は終わり、これからは「憲政の時代」になるとした。しかし、すぐに憲法を制定して選挙を行おうとしても政治的に未熟であった国民は事態を認識できないから、当面は国民を訓練する「訓政時期」だとし、この間は国会を開かず国民党による独占的な政権運営を行った。三〇年頃になると、国民党の目的は三民主義による政治を行うことであったのに、蔣介石は「訓政時期」を名目に、立憲を拒否し専制政治を行い、国民の権利を抑圧しているとの声が出始めた。そこで蔣介石は、現段階は「訓政時期」であることを法的に確定させるため、国民会議を開こうとした。この会議は、蔣介石の個人独裁を強めるものになるとして、開催に反対した胡漢民（立法院院長）を監禁した上で、会議を強行した蒋介石は、国民政府主席のまま行政院長を兼任して軍と政とを握った。

この監禁事件と国民会議の強行開催に反発した国民党広東派は、蒋介石から離反し、広東に国民政府を樹立し、五月、国民党は南京派と広東派に分裂した。

分裂した広東政府に「合流するものはその後も続出した。蒋介石が広東対策にあたって頼みとしていた十九路軍も、陳銘枢ら擁蒋派の必死の工作にもかかわらず、擁蒋を拒否して、掃共戦にだけ参加する意思を明らかにした」(16)。このとき、国民党軍の一部隊である十九路軍は、蒋介石の側近の陳銘枢の説得にもかかわらず、蒋介石の側につくことを拒否したという。ただし、掃共戦だけは参加するとしたので完全な決別ではなかった。

陳銘枢は孫文とともに活動を始め、北伐戦争のときは国民革命軍第十一軍長になり、このときの部下に蒋光鼐、蔡廷鍇がいた。この部隊は主として広東省出身者で構成されており、北伐戦争ではソ連軍事顧問団の教育を受け、幾多の戦場で戦果をあげ「鉄軍」と呼ばれるようになった。国共合作が崩壊した後、陳銘枢は南京政府の蒋介石の側につき、二九年に広東省主席になった。三〇年に国民党軍の改変で陳銘枢の部隊は十九路軍となり、蒋光鼐を総指揮、蔡廷鍇を軍長とする体制となった。だから、もともとは陳銘枢の軍隊であった十九路軍は、その陳銘枢の説得にもかかわらず、蒋介石の下につくことを拒否し、反蒋介石の立場を明らかにしたことになる。

国民会議で独裁的地位を確立した蒋介石は、この会議で決定した内戦を行うために、三一年五月、一五万の国民党軍を出動させた（第二次掃共戦）。目的は江西省の共産党の打倒であったが、蒋介石はその先の広東まで進み、離反した広東政府までをも倒そうと計画していた。

迎え撃つ共産党軍（紅軍）は三〇年の李立三路線による都市蜂起の失敗によって三〇％の兵力を失っていたが、農民と結びつくことによって急速な立ち直りを見せていた。それでも兵力の差は大きく、紅軍は主力戦を回避し、巧みなゲリラ戦を展開することで国民党軍を撃退した。

第一次に続き第二次掃共戦も敗退した蒋介石は、威信回復のために二カ月後の八月、第三次掃共戦を命じ、蒋介石が総指揮となって三〇万の国民党軍を動かした。このとき、紅軍は一四万人で、前回の掃共戦において国民党軍から大量の小銃、迫撃砲などを奪っており、戦力を飛躍的に増強させていた。しかし、大軍相手の戦闘は長引き、九月七日、紅軍はこれまでのゲリラ戦術を転換し、江西省の興国で十九路軍を攻撃し、掃共戦開始後、初めての主力戦とされる激しい戦闘を展開した(17)。この間隙をついて日本軍は満州侵攻を始めた。

日本の軍事侵攻が満州全域へと広がると、中国では「内戦をしている場合ではない」と、日本への抗戦を求める声が湧き上った。南京、長沙、上海、南昌、北平（北京）において、いずれも一〇万から二〇万人の抗日救国市民大会が開かれ、南京政府に対して日本と戦うよう求めた。急遽、第三次掃共戦を中止して南京に戻った蒋介石は、いま、日本と全面対決しても勝ち目はなく力を蓄えるときだとして、あくまでも不抵抗を貫き、共産党との内戦での勝利が先決だとした。

他方、日本の軍事侵略が始まった現実と対日抗戦を求める国民の声を無視できなくなった国民党内部に、国難にあたって党が分裂しているときではなく、一致協力すべきだという機運が生まれ、南京派と広東派との間で分裂の発端となった胡漢民の監禁解除や、蒋介石の下野について話し合いがもたれた。

三一年一一月、蒋介石は陳銘枢を京滬衛戍司令（京は南京、滬《こ》は上海）に任命し、首都と商都の防衛を担当させた。蒋介石は、自身に対する国民の怨嗟の声が高まっていること、さらに手詰まり状態であることから、一時的に下野することで当面の難局を広東派に処理させようと考え始めていた。「一一月三〇日以後、蒋介石の下野がしきりに話題にされ始めた。また当時、陳銘枢が京滬衛戍司令に就任し、その指揮下の十九路軍は、蒋光鼐、蔡延鍇、戴戟の指揮の下に上海、南京一帯に移駐しつつあったが、かれらの間には反蒋気運が濃厚であり、一二月初旬に入って、広東派と気脈を通ずる動きが出てきたため、蒋の下野はいっそう決定的になった」(18)。

この記述では、蒋介石派の陳銘枢が京滬衛戍司令になったので、彼の指揮下にあった十九路軍が南京—上海に移駐してきたと読める。が、五月の国民党の分裂の際に、陳銘枢の説得にもかかわらず、蒋介石の側に就くことを拒否した十九路軍が、陳銘枢の指揮下にあったとは考えにくい。彼の指揮下にあったのなら、命令通りに蒋介石の下に就いていたはずである。

では、どのような理由で、反蒋介石の立場を鮮明にしていた十九路軍が、政治（南京）と経済（上海）の中枢へ移動してきたのか。これは、後の展開における重要な要素になるので、次のように考える。

蒋介石は下野するにあたり、広東派との協議のため、自らの代理として広東と関係が深い陳銘枢*を送り、交渉にあたらせた。広東派は、蒋介石の下野後、新政権を担うために首都（南京）へ行くには、南京—上海を防備している蒋介石の直系軍が最大の脅威だとした。かつての胡漢民監禁事件の轍を踏まないために、広東派は蒋介石直系軍の南京—上海間からの退去を求めた。その上で広東派は、反蒋介石の立場を明らかにしており、なおかつ掃共戦において紅軍と主力戦を戦った十九路軍を南京—上海に呼び寄せ、直系軍と交代させるよう提案した。陳銘枢は、自身がかつて率いていた十九路軍なら直系軍と交代させてもよいと同意したので、広東派が南京に入ることになり、政権交代の条件が整った。これにより陳銘枢は京滬衛戍司令として十九路軍に対し、南京—上海への移駐命令を出したと考えるのが合理的だろう。

このように、十九路軍は国民党軍の中にありながら、五月の南京派と広東派の分裂のときには蒋介石の側につくことを拒否し、一二月には、広東派による新政権の後ろ盾として南京—上海に移駐してきたわけだが、このような行動をとる理由が十九路軍にはあった。

*陳銘枢は、五月の国民党の分裂の際に、南京派の蒋介石を支持する一方で、広東派との対立を回避するために広東省政府主席を辞任し、外遊に出た。帰国後、彼は蒋介石に呼ばれ、第三次掃共戦の右翼軍総司令になり、その後、京滬衛戍司令になった。

〔十三〕 十九路軍と第三党

二七年に蒋介石がクーデターを起こし、国共合作が崩壊した後、孫文の三民主義の継承を訴える人々が国民党臨時行動委員会を発足させ、国民党でも共産党でもない新たな党の創設を模索した。

中心となったのが国民党左派の鄧演達で、国民党は農民の側に立って土地問題を解決すべきだと国民党中央に訴えたが、大地主を擁護する党中央に拒絶されたことから、国民党を離れた。そこで彼は共産党に接近を試みた。中国共産党はスターリンの「中間勢力主要打撃論」により、社民主義者や民族資本家という中間層は「蒋介石よりも悪質で、民衆に対する欺瞞性は大きい」としていたので、受け入れを拒否した。

国民党に対する失望と共産党に対する不信から、鄧演達は両者への批判を強め、「第三党」を結成した。彼は中国革命の主体は農民と労働者ではあるが、民族資本家や自作農まで追放する共産党のやり方は、これらの人々を反革命に追いやり、なおかつ大衆の生活を低下させることになるとして、コミンテルン（国際共産主義運動）の道具となった共産党の目的は、中国革命を犠牲にしてソ連を擁護することであり、民族解放の障碍になっているとした。

この第三党は社会民主党と称される場合があるが、第三党自身は社民党を名乗ってはいない。鄧演達は第二インターナショナル（国際労働運動）が掲げるプロレタリア独裁の否定、議会を通じての社会主義の実現には賛同するが、反帝国主義ではないので、抑圧された民族としては、その外交政策には反対するとして「社会民主主義の党」を名乗らず、国民党でも共産党でもない「第三党」とした。

三〇年八月、第三党は全国会議を開き鄧演達を代表に選び、党本部を上海に置いた。中国は封建勢力に支配された前資本主義段階にあり、同時に帝国主義にも支配されているから社会主義革命の条件は整っていないとして、搾取されている平民（農民と労働者）の団結で封建主義を一掃し、帝国主義を倒して自由と独立を獲得するのが第三党であるとした（いわゆる二段階革命論）。

鄧演達は政権を奪取するためには軍事力が必要であると、軍事の重要性を認識していたので十九路軍と接触を始めた。これによって十九路軍の中に第三党の党員が入り込み、十九路軍側もこれを受け入れ、両者は良好な協力関係にあったという。このことから第三党の政治思想（反帝国主義、反蒋介石、民主主義的価値観）が徐々に十九路軍に浸透していったとみてよいだろう。

国共合作時代に鄧演達は、黄埔軍学校（北伐のための軍人養成学校）の教育長を務め、北伐戦争のときには国民革命軍総司令部政治主任であったことから、国民党軍の将校の中に多くの教え子や部下がいた。そのため第三党の党組織は全国に広まり、国民党軍内にも広く浸透していた。三〇年に第三党は党の外郭団体として「黄埔革命同学会」を設立し「そのメンバーと共鳴者はおよそ六〇〇〇名おり、当時、黄埔系軍人の六割を占めていた。たとえば、蒋介石直系の十八軍司令官陳誠を含めその部下六〇名が第三党に入り…南京政府統治下の都市において、中共（中国共産党）の組織を凌ぐ存在となり、これは蒋介石にとって大きな脅威となった。このため、三一年八月…武装蜂起の計画を進めている最中に鄧演達は（蒋介石によって）逮捕され、一一月二九日の深夜、秘密裡に銃殺された」(19)。

鄧演達が逮捕されると同時に四〇人の党指導部も逮捕され、第三党は壊滅的打撃を受けた。そのために、黄琪翔を新しい代表に選び、第三党は組織の存続を図った。黄琪翔は一時期、宋慶齢（孫文夫人）の秘書をしていたこともあり、結党時からのメンバーであった。この黄琪翔と十九路軍の蔡延鍇（軍長）は共に広東省の出身で、かつては陳枢銘の部下として同じ軍団の同僚であったことから、十九路軍の上海移駐後、再び二人の交流が始まった。

〔十四〕広東派の政権放棄

三一年一二月一五日、蔣介石は国民政府主席を辞任するとの下野声明が発表された。下野して故郷に戻った蒋介石であったが、江蘇省、浙江省、江西省に直系軍を配置し、部下を使って軍事委員会の実権を保持していた。彼の強みは民族資本家、特に上海の銀行団の支持を取り付け、経済的な基盤を保持していることであった。

一二月二二日、国民党は、国民政府主席に林森、行政院院長に孫科を任命し、広東派中心の人事を決めた（新政府の正式発足は三二年一月一日）。

一二月二三日、満州を支配した関東軍が南下し始め、錦州への攻撃を開始した。広東派の新政府は、東北軍の張学良に対して徹底抗戦を命じた。しかし、政府が援軍を送らなかったことから、張学良は戦闘を回避し、関東軍は三二年一月三日、錦州を占領した。

錦州が占領されると中国では、戦わなかった張学良に対する非難が巻き起こった。張学良はこの非難を支援しなかった新政府に転化し、自らの兵力を温存したことを正当化した。また、新政府はこの事態を国際連盟に訴えようとしたが、外交は機能せず、国連はすぐには動かなかった。さらに、上海の民族資本家が新政府への財政支援を拒否したため、新政府は、発足からひと月ももたずに行き詰った。

三二年一月二一日、広東派新政府の要請により、蔣介石は南京に戻った。一月二八日、広東派ながら対日融和論の汪兆銘が行政院院長に就任、蔣介石は軍事委員長として復権した（汪蔣合作）。

新政権の後ろ盾として、十九路軍が南京－上海に移駐を終えたのが三一年一二月末であった。上海北部の閘北一帯に部隊が到着してから二〇日余りで、十九路軍は新政府の崩壊を知らされ、「新政府の安全保障」という任務と守るべき対象を失った。

自らの存在理由を失った十九路軍とその兵士たちが、上海に移駐してから目の当たりにしたのは、日本の満州侵略に抗議する上海市民による激しい対日ボイコットであった。

第二章　抵抗の上海事変

[一] 経済断交（第二次ボイコット）

三一年九月一八日、日本の満州侵略が始まると、二二日には上海で反日市民大会が開かれた。この大会で、七月の万宝山事件を契機に結成された「反日援僑委員会」は、自らの名称を「上海抗日救国委員会」と改めた。そこには商会、工会、農会、市民連合会など八〇余りの団体が集まり、その下に「対日経済絶交実施委員会」（抗日会）が設置された。二四日には上海の荷役労働者が港湾ストに入り、郵便、水道、電気など多くの労働者がこれに続き、日本の紡績工場の中国人労働者も同盟ストに入り、次々と職場放棄を行った。一〇月三日、抗日会は対日経済断交を決議した。

一、日貨を買わず、売らず、運ばず、用いず。
一、原料及び一切の物品を日本人に供給せず。
一、日本船に乗らず、荷役せず、積荷せず。

一、日本銀行券を受け取らず、取引せず。
一、日本人と共同せず、日本人に雇われず。
一、日本新聞に広告せず、中国紙に日貨の広告を載せず。
一、日本人と応対せず。

この決定に基づき懲罰委員会が設置され、抗日会は日本製品を扱った中国商人の商品を没収し、拘禁の上、街を引き回した。当初は商品を没収される中国商人の反対もあったが、日本商品の不買運動は上海市民の間で大きな広がりを見せ、中国銀行業界が日本人との取引を停止すると、不買運動にとどまらず、日本と関わる経済活動は全面的にストップした。

三〇年の上海の輸入総額の一九％を日本商品が占めていたのに、三一年一一月にはわずか三％に低落した。その結果、中国沿岸と揚子江航路の日本海運業は大打撃を受け、日清汽船などは持船全部の停止を余儀なくされた。上海における日本人経営工場は主なものだけでも一二五を数えたが、三一年一〇月からは操短または休業しなければならないものが続出し、一一月末には諸工場の八割が休業し、一二月末には九割の工場が閉鎖した。[20]

こうした経済面だけでなく、満州侵略に対する抗議行動はあらゆる階層に広がり、上海市内には反日ポスターが溢れ、街頭演説が行われ、反日演劇が上演され、映画も上映された。電話は交換手が日本人との接続を拒否したため通じにくくなり、日本人宛の郵便物の一部は留め置かれ、バスの車掌は日本人客に冷たい態度を取り、人力車夫は日本国旗で車輪を拭いた。[21]

信夫淳平(海軍法律顧問)は、このような激しい反日運動は中国人が自由意思で、自発的に行っているのではなく、国民政府の命令に従って行っていると考え、「これは事実上の宣戦である…経済断交の形式による、この宣戦が武力による、それよりも安値でやれるものだから、好んでこれをやる」[22]と国民政府を非難した。上海市民の場合、日本の満州侵略に対する怒りだけでなく、自国政府の不抵抗政策に対する批判も含まれており、「中国人は自らの意志ではなく、政府の命令で動いている」とする信夫の捉え方は、「国民とは国の命ずるままに動くもの」という思い込みによるものと言えよう。

反日運動が上海だけでなく中国全土に広がると、日本政府は揚子江沿いの各地に居住する日本人を漢口、上海に集め、同地で一括保護することを決定した。これがさらに、日本への全面引き揚げに繋がるのを怖れた上海日本商工会議所は、日本政府に対して「引き揚げは自らの権利を放棄するもので、長年の努力の結晶である我が経済上の基礎を破壊する結果となる。政府は引き揚げではなく、中央と現地官憲にて日本居留民の生命財産を保護し、万一の場合は自衛権を発動せよ」との決議文を送付した。日本政府は、この「引き揚げは権利の放棄」「自衛権を発動せよ」とする上海日本商工会議所の決議文に囚われて、事態が緊迫しても引き揚げ命令はもちろんのこと避難勧告も発することができず、多くの日本居留民を残留させる結果となり、このことが、日本海軍に「居留民の生命財産の保護をするために」という出兵の口実を与えることになったとの指摘もある。(23)

〔二〕上海の日本人（日本居留民）

中国にありながら中国ではない植民都市〝上海〟には、外国が治外法権を持つ「租界」があり、これにはイギリス・アメリカ・日本が支配する「共同租界」と、フランスが独自で支配する「フランス租界」があった。共同租界はイギリス租界に端を発し、アメリカ租界が合わさり広大な租界になった。日清戦争以後、日本も独自の租界を得ようとしたが果たせず、共同租界の北部で中国人と混住していた。

共同租界で強大な権限を持つのは工部局の参事会で、参事は選挙で選ばれていた。選挙権は人間ではなく「不動産」と「納税額」を基準に与えられ、イギリス五人、アメリカ二人、日本二人で構成されていた。日本人は人口が最も多かったが財産を持っていなかったので二人以上増やすことができず、日本居留民は数が多いのに意見が反映されないと不満を募らせていた（共同租界で納税額が大きい中国人の五人が「形式的」に参事に加えられていた）。

共同租界の北部、虹口《ホンキュー》地区には日本人の店が並び、ダンスホール、旅館、料理屋、売春宿、市場、神社とあらゆるものが持ち込まれた。二三年に上海―長崎間に定期航路が開設されると、パスポートなしで行ける近代的な大都市にいろいろな人間が渡るようになり、短期間のうちに共同租界の中の外国人数は日本人が一番多くなっていた。ただ、虹口地区が日本人街になるのは先のことで、この頃は基本的に中国人街であり、そこに中国人と日本人が混在しながら居住し、商店を営むなど、双方で賑わいと繁栄をもたらしていた。

共同租界の中心部（バンド）にはイギリス資本のビルが立ち並び、三菱銀行、三井物産、日本郵船、日本綿花などの日本の大資本の会社もあり、ここに居住する日本人は「会社派」と呼ばれていた。これに対し、北部の虹口や租界外の閘北《ザッポ》に住む大多数の日本人は「土着派」と呼ばれ、歴然とした格差社会を形成していた。

上海に住む日本人はすべて、上海居留民団―上海日本人各路連合会―町内会に組織されており、これを基礎として自警団が生まれた。対日ボイコットによって真っ先に影響を受けたのが土着派で、抗日会は日本人を相手とする中国人の米屋を逮捕するなどしたため、一部の地域では食料品が入手できなくなった。

また、大恐慌の後に進出した日本の中小商工業者は、経営基盤が脆弱であったところへボイコットが追い打ちをかけ、更には競合する中国民族資本との競争に敗れ、経営が行き詰るところが出始めた。中国人経営の工場で働く日本人技術者もボイコットの一環として解雇され、総領事館や居留民団は中小企業への緊急融資だけでなく、失業者に対しても生活資金を援助せざるを得なくなった。こうした生活困窮者の一部が中国人の反日運動に対する憎悪をつのらせ、暴力団や右翼、在郷軍人会と結びつき「日本浪人」と呼ばれる武装集団を形成することになる。

上海には日本総領事館があり、その下には日本居留民の治安の維持と朝鮮独立運動の監視のために外務省警察、

通称、領事館警察があり、五〇人ほどの警察官を擁していた。これとは別に、外洋ならびに上海が面する黄浦江から、南京方面の揚子江の河上警備を担当していたのが日本海軍で、軍艦を上海港に停泊させ、租界防衛と権益の維持を任務としていた。

租界全図　出典：『上海歴史ガイドマップ　増補改訂版』木之内誠編著（二〇一一年　大修館書店）許可を得て転載。原図はカラー

〔上海の日本人社会〕

二八年の上海の全人口は二七一万七四二三人（中国人二六六万九六六三人、外国人四万七七六〇人）で、外国人中の日本人は二万六五一八人であり、共同租界に一万九八五三人、租界外中国人街に六三九九人、フランス租界に二六七人が住んでいた。この日本人の中には、朝鮮人が六五九人、台湾人が四九二人いた。「居留民団法」により総領事の監督を受ける自治団体としての「居留民団」は日本人学校を運営するなど行政の一部を担っていた。この中に会社派と土着派という区別生まれ「相当激烈な競争があり居留民団も紛糾を見るようになった」のは二〇年代に入ってからであった。居留民団理事会は、維持費を多く負担する会社派が実権を握っていたが、九〇％を占める土着派の不満をかわすために居留民団の代表（行政委員長）は土着派から出し、二八年から虹口で医師をしている河端貞次が就任していた。

〔三〕フランス租界の大韓民国臨時政府

朝鮮の三・一独立運動後、日本の弾圧から逃れて朝鮮を脱出した独立運動家たちは、上海のフランス租界に集まり、一九年、大韓民国臨時政府（臨時政府）を樹立した。フランス租界には日本の警察は手出しできないのと、欧米との連絡の利便性があるとしてこの地が選ばれていた。

王室を排し、民主共和制を採用し、男女、貴賤の区別なく一切の平等を説いた臨時政府は、統治する国土を持たない亡命政府であったが、朝鮮内の民衆に民族解放の希望を与えた。当初、臨時政府は朝鮮内との間に秘密の行政機関をつくり、税を徴収し公債を募集したりしていた。しかし、日本によって次々と秘密機関が潰されると、臨時政府は財政難に陥った。二三年、上海に各独立運動団体の代表一四〇余人を集めて「国民代表大会」を開き、臨時政府の在り方と今後を話し合った。この大会では親米か親ソか、外国の力に頼るか自力闘争に重点を置くのか、文治か武闘かなどで対立し、分裂したため、共産主義者と民族主義者が「抗日独立」で一致し、協働していた時代は終わり、多くの独立運動家は臨時政府から離れてしまった。

独立運動の結集体としての機能を喪失する中、二六年に臨時政府の代表になった金九《キムグ》は政府の制度改革を進め、幅広い民族主義者を集めて韓国独立党をつくり、これを与党として臨時政府の存続を図った。しかし、凋落傾向と財政難は続き、政府事務所の家賃も払えない状況になり、金九は政府機能を維持するため、アメリカ在住の同胞に資金援助の手紙を書くのが仕事になっていた。自身は政府事務所で寝泊まりし、仕事を持っている上海在住の同胞の家を巡り歩いて食事をするなど、まるで乞食《ママ》同然の生活をしていたと自伝に記している。[24]

金九は万宝山事件によって、中国人が朝鮮人を見る目を変えたことに気付いていた。中国人の認識が、「朝鮮人は、中国人と同じように日本から抑圧されている民族」から、「朝鮮人は日本の手先」へと大きく変わったことは、中国の地で亡命政府を維持できなくする可能性を予見させた。さらに、上海市民による徹底した対日ボイコットの鉾先が、「日本の手先」と見られるようになった朝鮮人にも向けられて、朝鮮人排斥運動が起きれば在中朝鮮人の生活も危うくなる。臨時政府の存続と在中朝鮮人の生活維持に危機感を持った金九は、行動に出る決断をした。

三一年一〇月、金九は臨時政府に影響が及ばないようにと、別組織として「韓人愛国団」をつくった。組織は小さく、資金もなかったので、出来うることは少人数による直接行動しかなかった。ただ、満州事変により中国人の反日感情が高まっている今こそ、朝鮮人と中国人は日本という共通の敵を持っていることを、明確にさせる絶好の機会であることは明らかであった。金九は、内田康哉（満鉄総裁）が南京を訪問するのを狙い、暗殺のために団員を派遣した。しかし、団員は何もできずに空振りに終わった。

そうした中、上海からアメリカに手紙を出し続けていた金九の努力は報われ始め、アメリカの同胞から援助資金が届くようになった。金九は一年前に「私のような者でも独立運動ができるでしょうか」と言ってきた李奉昌の住まいを訪ねた。

〔四〕桜田門事件

李奉昌《イポンチャン》は〇〇年、京城（ソウル）の竜山に生まれ、竜山駅の駅員になった。彼は日本人職員に対して朝鮮人職員は不当な扱いをされているとして駅員を辞め、二五年に日本に渡った。二八年に住友伸鋼所で常用人夫となり、比較的安定した生活を送れるようになった。この年の一一月、天皇の代替わり（大正から昭和）による即位の礼が京都で行われると聞き、天皇の顔を見たことがなかったので一度見ておこうと休暇を取り、同胞三人と京都へ向かった。

拝観席で待っていると警官による身体検査が行われ、同行の二人はパスしたが李奉昌は朝鮮語の手紙を所持していたために警察署に連行された。一一日目にようやく釈放された彼は、何も悪いことはしていないのに「朝鮮人なんかに生まれるから、こんな圧迫や差別を受けるじゃないか。やはり僕は朝鮮人だ。朝鮮人の〝クセ〟、日本の陛下なんか拝む必要はないじゃないか。それだから罰が当たって留置場を拝むようになったのだ」と、彼の心に一生のキズとなって残ることになった。その後、彼は思い直して日本人に化けて生活してみようと、大阪で日本人として店員の生活を始めた。朝鮮人との交際を一切絶ち、朝鮮語しか話せない客が店に来ても通訳せず、日本人のふりをしていた。しかし、心は晴れず「なぜ自分は日本人に化けているのだろう—日本人に化けていると多少は苦痛を逃れた生活が出来ると思ったが、やっぱり苦痛がある。鮮人は鮮人で通らなくちゃ嘘だ」(25)と思うようになった。

こうした苦悩が続く中、上海のイギリス資本の電車会社の車掌は朝鮮人が多く、朝鮮人を厚遇していると聞いて、三〇年一二月、上海へ渡った。李奉昌は大韓僑民団の事務所を訪ね、電車会社への就職の斡旋を依頼した。彼は日本語を喋れたが英語ができなかったために採用されず、やむなく日本人商店に勤めた。

一方この頃、金九は臨時政府とは別に、経営難に陥っていた上海の大韓僑民団を戸口調査するなどして立て直し、団長を兼ねていた。ある日、金九はその民団事務所に頻繁に出入りする李奉昌が事務員とかわす会話を耳にした。

「あなた方は独立運動をすると言いながら、どうして日本の天皇を殺さないのですか」

「文官や武官を一人殺すのも難しいのに、天皇をどうして殺せるものかね」

「私は去年、天皇が行幸するのを道端で這いつくばって見ていましたが、その時私は、いま私の手に爆弾が一個あったら、天皇を殺すだろうと思いました」[26]

李奉昌を訪ねた金九は、彼の意思を確認した。彼は「人生の快楽はおおよそ経験し尽くしたから、永遠の快楽のために独立運動に身を捧げたい」と語った。三一年一二月、李奉昌は韓人愛国団の団員としての宣誓式を行った。

金九から爆弾二個とアメリカから送られてきた金を渡航資金として受け取った李奉昌は、三一年一二月二二日、東京に着いた。彼は新聞で、年頭に行われる「陸軍始《はじめ》観式」に天皇が出席することを知り、コースを下見した。このとき乗った自動車の助手(タクシーにはドアを開閉するために助手が同乗)に「陸軍始観式を見てみたい」と言ったら、これが入場券の代わりになると「東京憲兵隊曹長」の名刺をくれた。この時、彼は原宿駅を決行地点に決めた。

三二年一月八日、李奉昌は早朝より原宿駅で待機した。しかし、警官が大勢いたので断念、場所を変更しようと移動し、桜田門の警視庁正面玄関まで来ると、警備の警官に止められ尋問を受けた。彼は貰った「憲兵」の名刺を見せることで通り抜け、道路沿いで行列を待った。やがて天皇の行列が来ると、二両目の馬車に天皇がいると思い、李奉昌はポケットから手榴弾を取り出し、投げた。その馬車には宮内大臣が乗っており、爆弾は破裂したが威力は小さく、馬車の底を傷つけただけだった。李奉昌は二個目の爆弾を投げようとしたが、警官に取り押さえられた。*（桜田門大逆事件）

金九は爆弾が天皇にあたらなかったことに失望した。しかし、周囲の人々は「我が民族が日本に同化されていないということを証明したのだから、今度のことは成功したとみるべきだ」と評価した。李奉昌は大逆罪で死刑の判決を受け、一〇月、市ヶ谷刑務所で処刑された。

＊「私は死を覚悟して天皇陛下の御命を頂戴しようと思っておりましたのに、爆弾の威力が少なかったために遺損じましたことを残念に思っております」（李奉昌の予審尋問調書）。

[五]「自衛権を発動せよ」

東京桜田門での天皇襲撃事件の翌日、中国、青島の「民国日報」は「韓人李奉昌狙撃日皇不幸不中」と報じた。「不幸不中（不幸にして当たらず）」とは日本を侮辱するものと怒った青島の日本居留民は、民国日報社に乱入し、機械を破壊して三階建の社屋に火を放った。

上海の「民国日報」も「不幸にして僅かに副車を炸く」と伝えると、天皇に当たらなかったことを不幸とするのは許すことはできない「不敬」事件であり、侮辱だと怒る上海の日本居留民は、村井（総領事）を動かして、上海市長に対して謝罪、記事の取り消し、責任者の処罰を求めた。日本居留民は外国の地で、外国人にまで「不敬罪」*を適用しようとしたわけだが、李奉昌による天皇襲撃事件が日本居留民に与えた影響は大きかった。

「民国日報」の記事を「日本国民として忍ぶことができない嘲笑的侮辱」と受け取った上海の日本居留民は、対日ボイコットに対するこれまでの受け身の立場から攻勢に転じた。皇室を侮辱されたと怒る日本居留民は「居留民大会」を開き（通算四回）、声高に報復を叫んだ。この天皇問題の発生こそが「上海の日本人居留民社会の世論を会社派と土着派の対立を越えて、武力発動による膺懲《ようちょう》支那論へと一気に結合し、これまで隠忍自重論を唱えていた村井総領事も『日本国民である以上、自分としても憤慨者の一人で、諸君とともに満足なる解決のために努力』を約束せざるを得ず、以後、土着派民衆の暴走を阻止し得なくなる」(27)のであった。

さらに一〇日後（一月一八日）、共同租界と閘北《ザッポ》との境界にある三友実業社の前で日本人僧侶一行が襲われ、僧侶一人が死亡する事件が起きた。翌日の深夜、「犯人はこの工場の者」と叫ぶ日本の右翼結社の三〇人が、武装して三友実業社を襲撃し、建物に放火した。襲撃後、三〇人は租界内へ引き揚げる途中、駆け付けた租界警察と衝突し、中国人巡査一人と右翼一人が死亡した（この僧侶殺害事件が上海戦に火を点けたとされている。第一部三章三項参照）。

中国の新聞による「不敬」記事と、日本人僧侶が殺されたことに激怒する日本居留民は、居留民大会において「満州での線路爆破よりも、天皇への侮辱事件と日本人殺害の方が重大である」、「軍事行動をすべき状況は既に出来上がっている」として、日本政府に決断を求めた。特に、一月二〇日の居留民大会では「陸海軍を派遣して自衛権を発動せよ」と決議し、「中国を懲らしめろ」と殺気立った参加者千人は会場を飛び出し、中国人商店、電車、バスに投石し、あちこちで中国人に暴力をふるい、これを制しようとした租界警察との間で流血をみた。

こうした騒然とした事態に対して重光（公使）は、対日ボイコットの原因は日本が武力によって満州を制圧したからで、これまで以上に中国人の対日感情は悪化しているので、日本は自重する必要があるとして、力ではなく交渉による解決を求めた。これを聞いた日本居留民は、重光を「腰抜け」「売国奴」と罵り、排斥運動を起こし、本国政府に更迭を訴えた。特に強硬になっていたのは上海の日本人中小商工業者で、ボイコットによる経営難から極端な排外主義に陥り、「今こそ日本の力を示し、中国人を成敗する」よう求めた。

一月二一日、村井（総領事）は、呉鉄城（上海市長）を訪問し、（一）日本人僧侶殺害に対する市長の謝罪（二）犯人逮捕（三）慰謝料の支払い（四）抗日団体の解散を求めた。この四項目要求に対して上海市長は、僧侶殺害事件の謝罪や補償はするが、抗日団体は民間だから制止できないと難色を示し、（四）については政府と協議したいから回答は三〇日まで待つよう求めた。

一方、中国の上海市民連合会（市商会と学生の連合団体）は大会を開催して、「抗日会の解散反対。日本海軍の上陸拒絶。中国軍に対して抗日戦準備を請願する」と決議して上海北部や西部の租界境界付近に土嚢を積み上げ始めた。ここにおいて上海の反日運動は実力行動を伴う抗日運動へと転換を遂げ、国民党上海支部によって抗日義勇軍の編成が呼び掛けられると、市民一万七千人以上の参加がみられた。

このように、日本居留民は重光（公使）の姿勢を弱腰と非難し、自衛権の発動＝武力行使によって中国人による抗日運動を弾圧するよう求めた。一方の上海の中国人は不抵抗主義をとる国民政府を批判し、日本の満州侵略に対して抗戦するよう求め、上海における中国人、日本居留民の双方が「力による解決」を求めるようになっていた。

＊不敬罪―天皇、皇族に対し、その名誉を毀損する言説を処罰する法で、天皇制に対する思想弾圧に使われた。当初は自由主義に対するもので、その後、社会主義や新興宗教にも適用された。三〇年代になると治安維持法を用いて思想弾圧するようになったことから、不敬罪の犯罪件数は減ったが、後には、厭戦的な市民を摘発するためにも使われた。

〔六〕上海の日本海軍

この頃、日本軍は仮想敵を二つ設定していた。日本陸軍は仮想敵国をソ連とし、海軍はアメリカとし、それぞれが違う未来像を想定していたので、両者の意見はかみ合わず、「二つの国が張り合っている」と言われるような対抗関係になっていた。そのため、独自の航空部隊をつくり、違った飛行機を製造し、別々に運用するなど、国益よりも組織第一で競い合っていた。

三〇年代の初めも両者の対立関係は基本的に同じであったが、中国大陸においては、それぞれの縄張りが決められており、陸軍は満州と華北。海軍は華中、華南、台湾を管轄とし、お互いの主導権を認め合っていた。これは交通事情によるもので、鉄道で兵員を大量輸送できるところは陸軍（朝鮮半島経由して満州の各地）、船で兵員輸送するところは海軍と棲み分けが行われていた。

日本海軍は、中国の揚子江流域とそれより南の沿岸を第一艦隊の管轄とし、拠点を上海と漢口に置き、軍艦（安宅）と三隻の砲艦、そして、陸上戦闘用に訓練された海軍陸戦隊が上海に六七〇人、漢口には二〇〇人駐屯していた。

上海に駐屯する第一艦隊を率いていたのは塩沢幸一（司令官）で、彼は艦隊の指揮だけではなく、同じように上海に駐留する英・米・仏・伊海軍との調整、租界の外国人との交流、各国ジャーナリストとの対応を行っていたことから、外国人からは「日本提督」と呼ばれていた。

三二年一月二一日、塩沢（司令官）は本国の海軍省に対して、総領事が上海市長に要求した四項目（僧侶殺害事件の謝罪・犯人逮捕・慰謝料支払い・抗日団体の解散）を中国側が受け入れなかった場合、（一）中国商船の封鎖（二）抗日団体への攻撃（三）飛行機による示威（四）租界外の日本居留民の現地保護（五）呉淞《ウースン》砲台（上海郊外の中国の軍事基地。黄浦江と揚子江の合流地点にある重要な砲台）の占拠を許可するよう申し出た。

海軍中央は、塩沢の申し出のうち（二）（三）（四）を認め、諸外国とのトラブルになる（一）は認めなかった。中国軍の呉淞砲台を占領しなければ（一）は実行できなかったことから、戦争につながる（一）と（五）は許可しなかったことになり、海軍中央としては上海で戦争を始めるつもりはなく、現地軍に対して「抗日運動の停止」と「日本居留民の保護」だけを求めたことになる。しかし、中国領の閘北にある抗日会を攻撃すれば、そこにいる十九路軍がどう動くかは全く想定されておらず、場合によっては（二）も戦争につながる可能性は大きかった。この時点では、海軍中央も現地の塩沢（司令官）も、閘北に駐屯する十九路軍は蒋介石の不抵抗命令に従い撤退するから、民間団体である抗日会を攻撃するのは簡単で、即座に壊滅できると考えていたと推測できる。

海軍の本来の任務の一つに海上封鎖があった。海軍中央としては、アメリカがマニラからアジア艦隊を呼び寄せ、揚子江の封鎖に対抗しようとしていることから、河上封鎖を実行すればアメリカと衝突する可能性があった。だから、これを認めるわけにはいかず、代わりに（二）の「抗日団体への攻撃」を実行するために必要だとする塩沢（司令官）の求めに応じて、海軍中央は日本から巡洋艦（大井）、第十五駆逐隊、空母（能登呂）、第一水雷隊を派遣し、陸戦隊を二倍に増強した。その結果、上海港の日本軍艦は四〇隻、陸戦隊は一八三三人となった。

［七］最後通牒

このとき、共同租界に隣接する中国領の閘北から郊外の一帯に展開していた十九路軍の総指揮は蒋光鼐であったが、病床にあったので、軍長の蔡廷鍇が指揮を執っていたと言われている。

蔡廷鍇（軍長）は掃共戦に参加して、紅軍と戦う中で、紅軍の戦闘能力と統率力を評価し始め、あくまでも内戦を優先する蒋介石の方針に疑問を持つようになっていた。そんな彼のもとに、日本の錦州攻撃で混乱する新政府から、日本海軍の動きに関する情報は一切なく、放置されたような状態になっていたとされる。だから、十九路軍は上海に移駐し終えた後も、上海港に日本海軍の軍艦が増えるのを見ながら、その意図をつかめないでいた。

一月一四日なると、十九路軍は自分たちが得た情報をもとに、日本海軍の侵攻はあるのではないかと考え始めた。一九日には衝突は避けられないと判断して、応戦の準備に入った。そう判断した理由は明らかではないが、十九路軍は中央政府に依拠することなく、独自の判断で外敵と戦うことを決めたことになり、この時点において、十九路軍側には先を読んでの〝戦略〟があったわけではなく、迫りくる危機にどのように対応するのかという〝戦術〟しかなかったと考え得る。

一月二一日、日本総領事は上海市長に四項目要求を突きつけた。

一月二三日、十九路軍司令部は緊急会議を開き「不抵抗に反対し、団結抗日を擁護する」と決定し、各部隊に「日本軍が攻撃してきたら全力を挙げて、これを撃滅すべき」という密命を出した。これにより各部隊の担当地区の明確化と指揮系統が定められ、抗戦の準備が整えられた。(28) 広東派による新政府の政権放棄が明らかになったのが一月二五日で、この新政府を蒋介石の直系軍から守るために上海に移駐してきた十九路軍は、守るべき対象を失ったわけだが、その二日前に、独自の判断で対日抗戦を決定していたことになる。

一月二五日、村井（総領事）は呉鉄城（上海市長）を訪問し、四項目要求に対する回答を求めた。上海市長は僧侶事件に対する謝罪、犯人逮捕、慰謝料の支払いは認めていたので、村井は残る懸案である抗日運動を中止させる具体策として、抗日団体への解散命令の発布、押収された日本製品を所有者に返還する手続き、マスコミの抗日記事を取り締まる手順を問いただした。

一月二七日、村井（総領事）は抗日会の解散に関して、「三〇日までに回答する」という上海市長に対して、「二八日の午後六時」までに明確な回答を示すよう通告した。村井にとっては単なる政治的な駆け引きに過ぎなかったとか、海軍に無理強いされたとか言われる、この期限付きの最後通牒は、上海の緊張を一気に高めた。

軍事衝突は翌日の午後六時になると見た租界の外に住む中国人は、大挙して安全な租界へ押しかけ、租界はパニック状態に陥った。租界内に逃げ込むだけでなく、その南の中国人街（南市）へ移動しようとする人々に、昨年の揚子江の大洪水による避難民も加わり、上海租界には大勢の人が押し寄せ、凄惨な状況が発生した。

〔八〕イギリス―暗黙の支持

村井（総領事）が上海市長に最後通牒を突きつけた日（二七日）、共同租界は租界防備委員会を招集した。イギリスを議長にアメリカ、イタリア、日本の軍司令官と租界の治安部隊で構成されるこの委員会で、日本は中国側が期限内に回答しなかった場合には独自に行動するので、租界は混乱する可能性があるから戒厳令を布告するよう要請した。

この租界防備委員会は四〇日前の会議（三一年一二月一八日）で、日本の防備分担区域が北四川路の東までと限定されていたのを、北四川路の西方六四〇メートルの鉄道線路（上海―呉淞線）まで拡張するよう日本が要求したので、これを認めていた。この地域には日本居留民が多く住んでいるからとの理由であったが、この地域は純然たる中国の管轄地域であった。「防備委員会が日本側の、この不合理な主張を容認したことが、すでに不可解であるが、その上、奇妙なことに租界当局は防備委員会からこの改定についての報告を受けながら、これを中国側に通告しなかった…この点はスチムソン（米国務長官）も租界当局の失態と指摘している」。(29)

共同租界においては、以前よりイギリスが防備を担当する西方と、日本が担当する北方は租界の境界線を大きくはみ出していた。租界当局は意図して租界の外側に広い道路を延伸し、その周囲に建物を建て、「越界道路地域」*と呼んで租界に準じる扱いをした。中国側は違法である旨の主張をしたが、租界当局は強くこの地域の防衛権を主張したため、中国側もこれを既成事実として黙認していた。しかし、四〇日前の防備委員会で、新たに日本の分担地域に編入された閘北の一部（北四川路の西側）は、越界道路地域にさえ含まれない中国の領域であり、租界当局が防衛権を主張することは中国の主権侵害以外の何ものでもなかった。

租界当局としては、中国側に通告すれば不法性を指摘されるので通告しなかったのだろうが、共同租界の実質的支配者であるイギリスは租界を保持し続けるために、日本が中国軍を租界から離れた地域まで撤退させることを望み、日本に対して秘かに便宜を図っていた。

阿片と茶と綿の貿易で巨万の富を得たイギリス人が築いた上海。イギリスは中国においては、香港や上海のように数隻の軍艦で支配できる〝点〟を確保して貿易を行い、〝面〟の支配には拘らなかった。こうして獲得した富を〝点〟の整備に使い、湿地にすぎなかった上海を大都市につくり変えた。当初、中国人の居住を認めなかった租界だったが、相次ぐ戦乱により避難民が大量に流入すると、租界当局もこれを止めようがなく、中国人の居住を認めた。すると中国人を相手とする不動産業でも儲かるようになり、先住者であるイギリス人は広い屋敷に住み、大勢の使用人を抱え、王侯のような生活をしていた。

エドガー・スノーによると、租界の商人、特に不動産業者たちは租界の地位を永久的に安定させ、その境界線を中国領土内に広げようとした。例えば、租界中心から半径三二キロについては中国政府に司法権を放棄させ、外国軍の保証によって非武装地帯にするというもので、イギリス、アメリカ、日本に賛同者が多かった。このように考える者を中国人は〝頑固派〟と呼び、この頑固派は上海外国人居留民協会で主流派であった。特に古典的な植民地主義に凝り固まったイギリス人は、その考えが時代遅れになっていることが分かっておらず、三二年一月に日本海軍の塩沢が中国に高圧的な要求を出したとき、頑固派は大喜びし、塩沢を上海に対する外国支配を永久に確立する救世主と見た。(30)

日本居留民だけでなく租界の外国人もまた、中国統一による主権の回復要求を権益喪失の危機と捉え、徹底した対日ボイコットを続ける上海市民の主権者意識の高まりに驚いていた。そうした中で新参者だが力をつけてきた日本が、中国人に警告を与えるのはよいことで、日本とイギリスは植民地を保有する帝国主義国として同じ立場にあると考え、租界のイギリス人は日本に対して好意的な態度を取っていた。

＊越界道路―「租界延長道路」とも言われ、共同租界は租界を拡大するために西と北で道路を建設し、その道路のみならず周辺一帯を租界に準じて取り扱った。租界外なので中国側は違法性を主張したが、租界当局はそれを無視して防衛権を設定し、租界警察の管轄下に置いたので、中国側は沈黙せざるを得なかった。その面積は本来の租界よりもはるかに大きく、共同租界五八五三エーカー（六七〇万坪）に対して、西部越界道路七六四〇エーカー（九二〇万坪）、北部越界道路二八二エーカー（四〇万坪）で、この北部の中に日本海軍陸戦隊本部や虹口公園があった。

〔九〕戒厳令と塩沢声明

一月二八日、租界へ流入する避難民が続く中、新政権が自壊した中国では、蔣介石が軍事委員長として復権すると、まず決めたのが洛陽への遷都で、蔣介石ら政府要人は南京を去った。

この日の夕方、塩沢（司令官）は「ニューヨークタイムス」のアーベンド（特派員）に「私は閘北の現状に満足していない…今夜一一時に同胞を保護し、秩序を保つために、陸戦隊を閘北に送る…ご承知のように日本陸軍は満州で我々の利権を守っている。したがって、ここでは海軍が陸軍に代わって同様の任務を担わなければならないだろう」と語った。(31)

塩沢の、この発言から「満州における陸軍の活躍をうらやんでいた海軍にとって、上海の事端はまさに天与の好機であり、これを利用して十九路軍を粉砕し、帝国海軍の存在を赫々たる武名で飾ろうと試みたのである」(32)とされている。確かに満州での陸軍の成功に影響され、「今度は海軍の番」との功名心に突き動かされたのは事実だろう。これが上海戦の戦争目的であると断言する史料もあるが、果たして「武名」や「功名心」を得るためだけが目的であったのだろうか。

最後通牒を受け取った上海市長は、同日の午後三時一五分、日本総領事館に対して、日本側の要求を全て受諾すると回答し、村井（総領事）は満足の意を表した。上海市長は、四項目要求のうち僧侶事件に関しては既に受諾していたので、残された懸案である抗日団体の解散を命じると、抗日会が押収した商品の返還手続きに入った。さらに、上海市当局が抗日会の建物を封鎖しはじめると、これに反発した学生たちは上海市政府を占拠した。

中国側が全面屈服し、これで問題はなくなったにもかかわらず、租界当局は日本の求めに応じて午後四時、租界に戒厳令を発令し、英・米・伊の各国軍が決められた分担区域の警備についた。これにより軍隊の出動は租界防衛のための共同行動の一環となった。しかし、日本だけは出動せず、担当区域の警備につかなかった。

戒厳令の布告があれば、義務として担当区域の警備に就かなければならないのに、動かない塩沢（司令官）は、突如、「布告」を出した。「戒厳令に伴い、担当地域の警備をすることになったので、当地域においては集会を禁止し、必要と認める諸件を執行する」との短い布告だが、「諸件の執行」とは何を示すのか、布告そのものが何を意図するものなのか不明であり、海軍の法律顧問である信夫淳平でさえも、「租界内の集会停止の権限は工部局にあり、司令官はいかなる権限でそれを代行できるのか…戒厳とはいかなる意義、性質のものと司令官は理解したのか疑う」(33)とした。

午後八時三〇分になっても担当区域の警備につかない塩沢（司令官）は、今度は、次のような「声明」を出した。

【声明】

帝国海軍は多数日本人の居住する閘北一帯の治安維持に関し、不安と認めるので、兵力を配備し、保安の任務に就く。本官は、閘北方面に配備している支那軍隊の敵対施設を速やかに撤退することを支那側に要望する。昭和七（三二）年一月二八日午後八時、第一艦隊司令官

中国領の閘北で、そこに駐留する権利を有する中国軍が軍事的脅威だからと撤退を要求し、日本の占領地でもない地域に日本軍を配備して治安に任ずると宣言しても、それは不法な侵略予告でしかなかった。意味不明な「布告」に次いで出された塩沢の「声明」、これを租界の人々は「閘北占領宣言」と受け止めた。

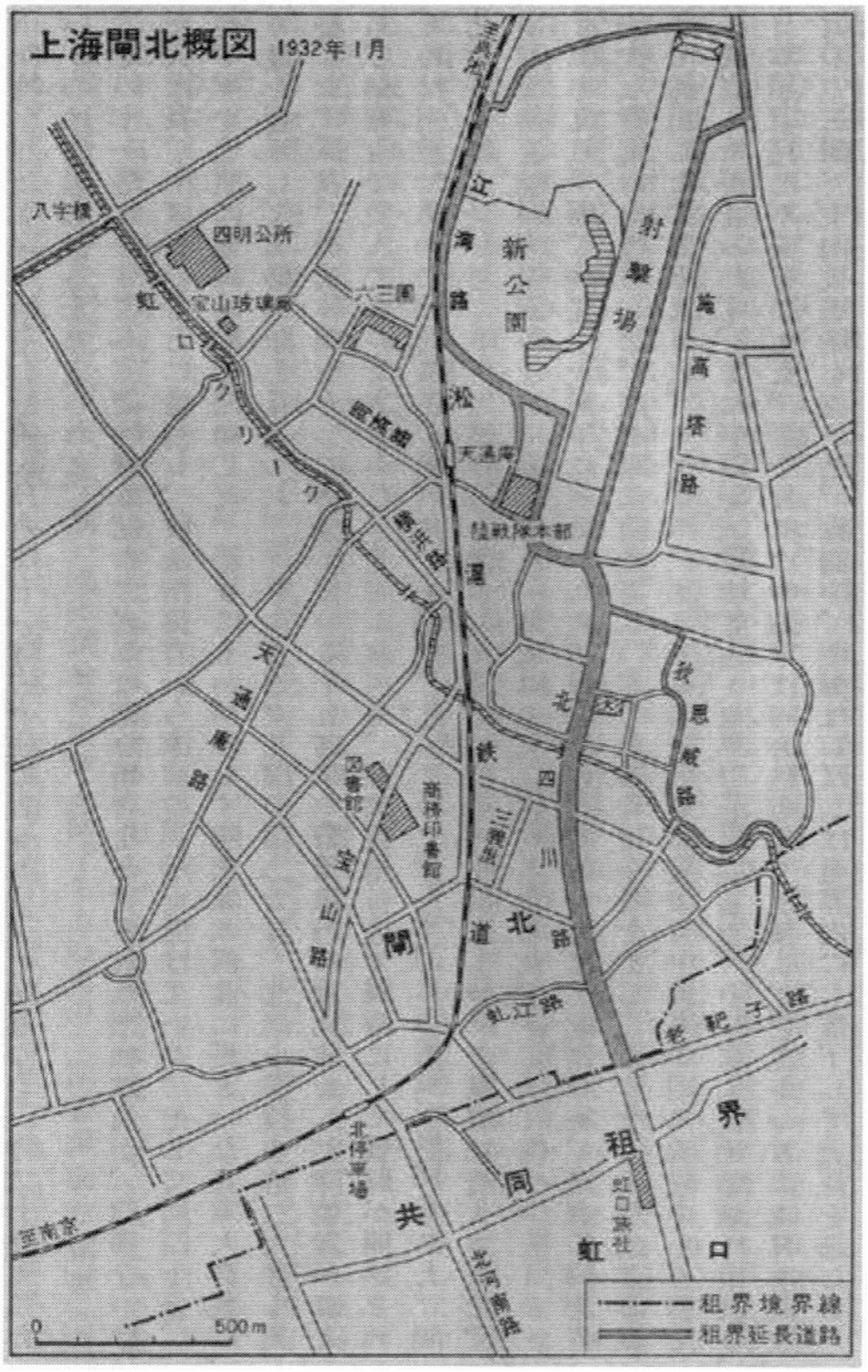

上海閘北概図　出典：臼井勝美著『満州事変：戦争と外交と』（中央公論新社　1974 年）

信夫は、この「声明」にも疑義があるとし、日本居留民が居住するのは閘北一帯ではなく北四川路周辺であり、担当警備区域も鉄道線路より東（防備委員会で拡大が決められ、中国側に通告されていない地域）までであり、広い閘北全体を意味しない。日本の占領地でもない閘北一帯に日本軍を配置し保安を維持しようとしても国際法上無理があるとした。ただし、信夫は『閘北一帯』の文字は『北部一帯』の誤りであると解したい」[34]とし、塩沢声明に対する合理的な説明ができないので「誤字」だとした。

［十］上海事変

一月二八日午後一一時二〇分、日本海軍陸戦隊本部の庭に隊員が整列し、隊長の訓示を受けた。四〇分には装甲車を先頭に陸戦隊は出動した。深夜にもかかわらず本部前に集まった日本居留民は、「万歳」を連呼して部隊を見送った。

この日の午後八時に出された塩沢声明が、上海市長に届いたのが午後一一時二五分で、陸戦隊が行動を開始したのは一一時四〇分であった。従前より外国軍の司令官は、その国の領事を通さなければ市長に伝達できないルールになっていたので、塩沢の声明文は日本総領事館の封筒に入れられていた。

深夜に届いた声明文が閘北を占領すると宣言しているのに驚いた上海市長は、村井（総領事）に電話した。村井は「知らないので、調べてみる」と答えた。しかし、この時すでに陸戦隊は五隊に分かれて閘北に向かっており、十九路軍が撤退しようにも、その時間的余裕はなかった。

このとき、閘北の北停車場にいたエドガー・スノーは駅長に対して、日本軍が閘北を占領すると宣言したのだから、ここにいる何百人もの客を避難させないのかと訊いた。駅長は笑って「それはもうすんだことです。呉鉄城市長は日本の要求をのみ、事件は解決したのです」と言った。スノーが塩沢声明の写しを見せても納得しなかった。そこへ中国軍の若い将校がやって来て何事かいうと大急ぎで立ち去った。駅長は「あなたのいうとおりだ」と叫んだ。この時、駅の時計は一一時三五分をさしていた。(35)

深夜…日本軍が閘北天通庵路から第十九路軍翁垣部を突然攻撃した。我が駐留軍は総司令部が二三日に下達した密命の第二項「もし日本軍が確かに我が駐留軍を攻撃した場合、全力で阻止すべき」という規定に従い、即座に反撃、激しい市街戦が発生した。このとき、日本軍が戦車二〇余両を先導として、部隊を五路に分けて閘北各路口から侵入し始めた。（『中国抗日戦争図誌』）(36)

一二時少し前、日本海軍陸戦隊が北四川路の西側に入ろうとしたとき、すなわち、租界の防備委員会で新たに日本の担当区域に加えられ、中国側には通告されていない地域に入った途端、双方の火器が火を吹き、戦闘が始まった。（第一次上海事変、一・二八事変または淞滬《しょうこ》抗戦―淞は呉淞、滬は上海）

租界の欧米人、特に世代を重ねて植民地特権を享受してきたイギリス人は、日本が行おうとしている計画は中国人に租界回収を諦めさせるために必要なものとして暗黙の支持を与えていた。だから、租界防備委員会において日本の求めに応じて防備区域の拡大を認め、さらに日本の要求で租界に戒厳令を発令した。ところが、「上海市長が日本側の要求を全て受諾したのに、それに対して日本総領事が満足と言った数時間後に、塩沢司令官の声明が上海市長に届けられた。声明が届いた三五分後に日本軍は閘北に侵入した。上海市長が抗日団体の解散に着手していた誠意ある態度と比べ、塩沢の背信行為によって上海在住の外国人は日本への同情をなくした」（「上海イブニングポスト」三二年一月二九日夕刊）と、租界のイギリス人は従来の態度を一変させ、日本のやり方を批判した。

塩沢（司令官）は戒厳令発令の時点で英・米・伊と一緒に動こうとせず、「布告」を出し、次いで「声明」を発表し、戒厳令から八時間も経過した真夜中に単独で兵を動かした。なぜそうしたのか謎とされ、理由は明らかになっていない。陸戦隊の兵士を集めるのに手間取ったからという説や、明るいときに兵を動かせば、たった二〇〇〇人しかいないことが露見するから、それが分からないように暗闇の中で兵を動かしたとの説がある。戒厳令が出るのは午後四時と発表されており、海軍陸戦隊の数は陸軍の歩兵とは違い、数が一桁少ないのは自明のことであり、これらは違うだろう。

開始後、陸戦隊司令部の将校の態度が変わった。初めは、うぬぼれが強く陽気で自信満々だった。ところが散り散りになって陸戦隊の兵士がカブトも銃もすてて逃げ帰ったのを見て、彼らは動転した。そのうち四〇人が中国兵と民間人の狙撃を受け、大損害を出して逃げ戻ったという噂はたちまち前線に広がった。閘北を一挙に占領しようとした攻撃作戦は頑強な抵抗にあって、跳ね返され、死者と負傷者を満載にしたトラックが前線から帰ってくるに及んで、司令部の自信は、急速に不安に変わった。(『極東戦線』)[37]

わずか二〇〇〇の兵を三万余の軍隊にぶつけることなどありえず、塩沢(司令官)は常識のない非合理主義者だと欧米の外交、軍事関係者は評した。だが、塩沢には勝算があった。上海には空母を含む日本海軍の大艦隊がおり、艦載機もあり、火力は相手をはるかに上回っていた。中央政府に復帰した蒋介石は掃共戦を優先させ、不抵抗主義を守るよう全軍に通知していたので介入はしてこない。中国海軍と日本海軍とは友好関係にあり、中国海軍に背後を衝かれる心配はない。心配なのはアメリカの出方だが、満州事変では動かなかったので、今回も何もしてこないであろう。上海にいる十九路軍は広東地方の軍閥にすぎず、貧弱な武器しか持っていない。軍閥の兵士には命を懸けて国を守ろうという気概などなく、何よりも十九路軍兵士には四カ月間も賃金の支給はないので、食事も満足にとれておらず士気は低い。そんな貧乏な軍隊だから、日本軍の姿を見たら、満州と同じように逃亡する―これが塩沢の確信であり、この確信を前提にすべての作戦は立てられていた。塩沢は目の前の十九路軍は「逃げ出す」と決めつけていたので、彼らの抗戦意欲や戦闘能力を知ろうとはせず、知りたいとも思わず、上海をめぐる政治状況しか眼中になかったのである。

仮に、上海にいたのが十九路軍ではなく蒋介石の直系軍であったなら、蒋介石の命令通りに撤退しており、塩沢の読みが当たった可能性はあった。蒋介石は、今はまだ日本と戦争する時期ではないと考え、軍事衝突が起きる前に浙江省主席に命じて、十九路軍の蔡延鍇（軍長）に「中央の意図を理解し、撤退し、日本軍との衝突を避けるよう」説得させたが、蔡延鍇は厳しい言葉でこれを拒絶している。(38)

〔十二〕十九路軍の抵抗

十九路軍は江西省での掃共戦で戦力を消耗していた。その後、兵士たちに賃金の支払いが無かっただけでなく、上海へ移駐後も「各地の民衆、団体…が寄付したお金は全て将軍たち…のポケットに押し込まれてしまい、慰問品も彼等によって売り払われてしまった」(39)と、長く続く賃金の未払いに対し、幹部連中は賃金を着服しているだけでなく、集まった寄付金までも独り占めしているのではないかと猜疑心を抱く兵士もいて、幹部の命令に反抗する兵士も出ていたという。部隊に金が回ってこないから多くの兵士たちは劣悪な環境での生活を強いられており、不満は高まり、決して一枚岩ではなかった。

そんな環境の中でも、兵士たちは脱走せずに部隊に留まった。それは「帝国主義を打倒しようという自らの決心を貫徹したいばかりに」「私たちは南京から、ありとあらゆる方法で苦労に苦労を重ね、七里八里と前進して、やっと日本帝国主義の軍隊と対抗できる陣地に到達した。そのために私たちはすべてを犠牲にした。給与にしても私たちは騒ぎはしなかった。給与は去年の一〇月からずっと受け取っておらず、ちょっと前にやっと一度受け取ったが、それさえ何カ月分かわからないのだ。私たちはまた、食費に関することを問いただしもしなかった。元来、普通の戦争では食事は政府もちで、自費では食わないことになっているが、今度は戦争中の食費さえ全部私たち自身で負担した」「苦労している大衆全体の利益のために、帝国主義に反対して」「じっさいに闘えるのは私たち、ただ私たち兵士だけ（戴叔周『前線通信』）」(40)だからだという。

もともと十九路軍の兵士は第三党の思想である反帝国主義と、自己決定を重んじる主体的な思考を学んでいた。それによって、掃共戦を最優先とする蒋介石に反感を持ち、「同じ民族とではなく、外敵と戦いたい」という思いを多くの兵士が共有していた。そんな兵士たちが上海移駐後に上海市民による激しい対日ボイコットを目にして反日感情を強め、日本の軍艦が続々と増強されるのを見て、敵愾心を高めていた。報酬と同郷意識で結びついていると言われる軍閥の兵士が、「報酬がないから」、「上海は故郷ではない」からと部隊から離脱し、逃亡しなかったのは、十九路軍兵士の多くが「侵略は許さず」「侵略者と戦いたい」という反帝国主義思想を持っていたからということになる。

十九路軍の兵士たちは、満州における東北軍の不抵抗が今回の上海侵略を許したと考えていたという。だから、ここで退けば更なる侵略を招くと、首領の命令のままに動く他の軍閥では考えられない政治的見識を持っており、これに第三党の思想（被抑圧民族としての反帝国主義）が加わり、多くの矛盾を抱えながらも抵抗する道を選んだ。

日本海軍の侵攻三日目（一月三〇日）に、蒋介石は「抗日戦の準備にとりかかるべきことを密命し…長期抵抗の宣言を発した」とするように、「長期抵抗準備」が、この時の国民政府の方針であった。準備段階だとする蒋介石は、「その軍を戦線に投入しようとしなかったが、十九路軍に対する補給はおこなわれていた」(41)とする記述があるように、この時点で蒋介石は直系軍を投入するつもりはなかった。

蒋介石が「長期抵抗準備」を命じたのと同じ日、十九路軍は「領土防衛」「民族保護」のために「積極抗日」の方針を表明した。これは中国が国家統一して初めて、国民党軍の一部隊にすぎない十九路軍が「国家の危急」を訴えたもので、国民党も共産党も大局的見地から時期尚早として回避してきた「抗日戦争」を、十九路軍が初めて実行したことになる。

しかしながら、どれだけ崇高な思想を持っていたとしても、思想は空腹を満たしてはくれない。食事に事欠き、日本軍の火力と空爆の中で抵抗を始めた十九路軍兵士たちを自己崩壊から救ったのは、上海市民であった。

[十二] 上海市民の支持

十九路軍が抵抗を始め、閘北で激しい戦闘が繰り広げられると、兵士たちと同じように痩せ細った労働者や失業者、学生が義勇軍となって十九路軍の塹壕の中に入ってきた。義勇軍は職場や学校単位で自発的につくられたものや、国民党によって組織されたものなど多種多様な人々によって構成されていた。十九路軍に登録してある義勇軍だけで五〇余支隊、約二万人に達し、これらの義勇軍は前線で作戦に協力する者と、後方で偵察、運輸、道路建設、通信、救護などを行う者に分かれた。例えば復旦大学義勇軍は閘北、呉淞の前線に立ち、作戦に協力して多くの戦死傷者を出した。上海童子戦地服務団は七〇〇人以上の避難民を救出しており、上海綿糸業義勇軍は十九路軍とともに三〇余日間火薬庫を死守した。(42) それだけでなく、上海市民の一部は銃を手にして、直接、日本軍兵士を狙撃し始めた。

また、多くの市民が昼となく夜となく砲火の中を十九路軍の陣地に現れ、食料を運び、救護活動を行い、伝令となり、バリケードを築き、弾薬、武器を運んだ。医者やナースは野戦病院を開き、新聞が前線で必要なものの運搬を求める記事を載せると、トラック、自動車、自転車が集まり、企業や市民からの支援物資を前線へと運んだ。上海の女性たちは冬空の下、薄着の南国出身の十九路軍兵士のために衣服を集め、＊中国各地はもとより世界中の華僑から約七〇〇万元の献金が行われ、これは十九路軍の経費の八～九カ月分に相当した。

これまで、軍閥が来ると聞いた人々は強盗が来たかのように息を潜めたという。ところが上海市民は、侵略と戦う十九路軍には惜しみのない賛辞を送り、多様な支援を行った。「軍隊がこれほど民衆に重視されたことはなかった。このたび、私たちはどんなに親密になったことだろう。私たちと一緒に生活し、同じように苦労をものともしないというのは実に貴重なこと」(43) だと十九路軍の兵士が語るように、兵士たちは侵略に抗して闘う限り孤立しないことを知り、その後も頑強な抵抗を続けた。

＊宋慶齢や何香凝たちが前線を慰問した際、雪が降っているのに、南方出身の十九路軍将兵が単衣しか着ていないのを見て、綿製衣服献納運動を起こし、新しい綿入れの衣服三万着を揃え、前線へ送った。また、数十カ所の診療所を開設し負傷兵の治療を行った。

〔十三〕市民の参戦―便衣隊

閘北に侵攻した海軍陸戦隊は正面の十九路軍陣地からだけでなく、前後左右、どこから飛んでくるのか分からない銃弾にパニックに陥った。銃を手にして狙撃を始めたのは上海市民らで、建物の屋上や街角から狙撃するとすぐに姿を消したため、陸戦隊員はとにかく銃を撃ちまくり、銃弾を著しく消耗した。特に夜間の狙撃は激しく、トラックはヘッドライトを消して走らねばならず、陸戦隊員の足を保護する白い脚絆が狙われるので、墨を塗って黒くしなければならなかった。

このように普段着のまま戦闘に参加する住民らは、制服の軍隊に対して「便衣隊」と称され（便衣とは平服の意）、日本軍を悩ませることになる。「ナンカジャ路から広東路に右折してすぐ、左右家屋の屋上から、前方（十九路軍）の土嚢陣地の機関銃斉射に先行して、拳銃…短銃の発射があり、その後、進行方向右手にひそんでいた便衣隊員二名が発見され、刺殺された。第一小隊の苦戦の報により、増援に向かった第四小隊・第三小隊は北四川路沿いの三階家から狙撃され、次いで、広東路両側の家屋から射撃され、また、ナンカジャ路西方から広東路に左折する地点で手榴弾攻撃にあい、次いで、広東路左側屋根上からとみられる狙撃により、二等水兵服部重樹は、即死した」(44)とあるように、便衣隊による狙撃は散発的なものではなかった。

便衣隊は閘北市街の複雑な路地を利用し、建物の陰などから日本軍兵士に対して狙撃を行ったため、対応に苦慮した日本軍兵士は、戦争とは軍服を着た兵士がするもので、住民と区別がつかない服装で、物陰から狙撃するのは「卑怯な行為」だとして便衣隊に対する憎悪をつのらせた。

便衣隊が出現した背景には、対日ボイコットを通じて上海市民の抗日意識が高まっていたこと、日本側の要求を上海市長が全面受諾したにもかかわらず、武力行使を始めた日本軍への怒りが大きかったことが挙げられる。また、攻撃を終えたら安全地帯（租界）へ戻ることができる日本軍に対して、十九路軍がそれを攻撃したら「租界の安全が脅かされた」と英・米・仏・伊を相手にすることになるので、十九路軍としては租界には手出しできなかった。このため租界内や越界道路地域にある海軍陸戦隊本部、日本総領事館、日本人倶楽部、日本電信局等への攻撃を行ったのが便衣隊であった。このように最前線での狙撃から後方攪乱まで、便衣隊は幅広く動き回り、地の利を生かしたゲリラ戦を展開した。上海の便衣隊には多様な形態が見られた。

一、住民が自らの意思で武器を手にし、自らの判断で狙撃した。一人で行動する場合が多かった。
二、抗日会を基盤に組織されたもので、数は最も多かったと言われている。
三、抗日義勇軍に参加した労働者や学生らが小さなグループになり、連携しながら建物や屋上から狙撃した。武器は支給されたとされる。
四、中国共産党関係者が「打倒帝国主義」のために便衣隊となって参戦した。
五、ギャング団。歓楽街を仕切るギャング団が抗争に使用する拳銃で参戦した。報酬が出たと言われている。
六、十九路軍兵士が軍服を脱いで一般人を偽装したもので、北伐戦争の時から同軍は前もって便衣隊を都市に潜入させ、外からの攻撃に呼応して内部からも攻撃する作戦を行っていた。

この便衣隊に、どのくらいの人数が参加したのかは明確ではない。戦死傷者の数も不明である。また、便衣隊ではないのに「嫌疑者」として殺された市民も多かったが、その数も不明で、多くは行方不明者として数えられたと推測する。

信夫淳平（海軍法律顧問）は、便衣隊は交戦者資格*を持っていないので、捕虜として扱う必要はない。便衣隊は現行犯として危害を加える賊であり、正当防衛として直ちに殺害し、また、これを捕まえて戦時重罪犯に問うことができるとした。(45)

＊交戦者資格――指揮者がいて、識別できるものを持ち、公然と武器を所持し、戦争法を遵守する――この四項目が満たされれば交戦者として交戦法で守られる。しかし、便衣隊には指揮する者はおらず、便衣隊と書いた腕章を所持する者もいるが、それを服の中に隠しており、ピストルも隠し持って、日本人と見れば兵でも私人でも狙撃し、法も慣例も守らない。だから交戦者資格を持っておらず、戦時捕虜として扱う必要はないと信夫は主張した。

〔十四〕閘北の破壊

満州では、関東軍が一夜にして中国軍の兵営を占領したように、上海の十九路軍も一撃を加えれば直ちに退却を始めると考えていた日本海軍や日本居留民。*この予想は完全に外れ、閘北に侵攻した海軍陸戦隊は大きな損害を被り、租界へ逃げ戻った。

当初の想定が全面的に崩れたのにもかかわらず、海軍は侵攻の翌朝、二九日から空母（能登呂）の飛行機が閘北一帯に爆弾を投下し始めた。三一日には、別の空母（加賀、鳳翔）の艦載機も加わり、市街地への無差別爆撃が始まった。艦載機は高性能の空中魚雷や硫黄を詰めた焼夷弾をもって閘北の中国人集住地域を爆撃した。

閘北《ザッポ》（日本居留民は上海語の〝ザッポ〟と日本語を混ぜて〝ざほく〟と呼んでいた）は北市とも言われ、共同租界に隣接する中国領で国民政府が統治していた。人口は一二〇〜一三〇万人、西は工業地帯、南は住居と商業地域で、租界内の工場などで働く中国人労働者が住む地域でもあった。

この閘北から安全な租界内へ避難した人もいたが、避難したくてもできない人、上海市長が日本の要求をすべて受け入れたので戦争はなくなったと判断した人も多くいた。住宅地だけでなく工場地帯も連日の空爆を受け、これに艦砲射撃と地上からの攻撃も加わった。このために民間人の犠牲者は判明しているだけで死者六〇八〇人、負傷者二〇〇〇人、行方不明者一万四〇〇〇人に上った。直接被害を受けた者は八一万四〇八四人、上海全市の労働者の八〇％が失業した（上海市公表）。直接戦火を浴び、荒廃した閘北一帯では「被害金額合計は約一五億元にものぼり、その地区の全工場の半数は破壊され、砲爆撃され、占領された学校数は大学、専門学校一〇、中学校三一、小学校一九二」(46)であった。

閘北で最初に爆撃を受けたのが北停車場と、東洋屈指の印刷・出版社として中国の学校教科書のほとんどを作成していた商務印書館で、後には東方図書館（宋、元時代の古書を多数所蔵し、外国図書も多く、日本書籍も充実していた）も爆撃で焼失した。また閘北近辺の同済大学、中国公学、商船学校、労働大学工学院、農学院、上海法学院など、これらの大学が中国軍の軍事拠点になっていたので「やむを得なく」爆撃したのだと海軍は弁明した。二千人が租界へ避難したが、まだ閘北にある水害被災者収容施設（揚子江の洪水の被災者一万人が収容されていた）は、屋上に赤十字の旗を掲げていたが、四回の爆撃と機銃掃射を受け、五〇余人の死傷者を出した。

閘北の破壊が始まるとすぐに、英・米の総領事は戦闘の中止を申し入れ、一月三一日には英・米の総領事の提案によって、列国の総領事の立会いの下、日本側（塩沢司令官、村井総領事）と中国側（蔡延鍇軍長、呉鉄城上海市長）が会談し、イギリスは両軍の同時撤退と中立地帯設置の斡旋案を示した。が、塩沢は「日本人が多数住んでいる現守備区域からの撤退」を拒否した。

日本海軍は閘北への爆撃は「租界の秩序維持」と「権益と居留民の保護」のためだとする。閘北は租界ではなく中国領であった。その閘北に住む日本居留民約六〇〇〇人は、すでに租界内へ避難を終えており、閘北には保護すべき日本人はいなかった。しかも、この北部地区（租界内の虹口と租界外の閘北）は「日本人居留民の人口が最も集中しているのに反して、居留民一人当たりの投資額は最低であり、そこには上海における日本の主要権益を構成する在華紡及び財閥系の有力資本が存在していない」(47)ところであった。

日本海軍は「租界の秩序」のために租界の外を破壊し、「日本居留民保護」のために、居留民が避難し終わっていた地域を破壊し、「日本の権益の保護」のためにと権益が存在しない場所を攻撃するという、理由にならない理由によって閘北の街を破壊した。この理由のない「閘北の破壊」こそが、海軍の狙いであったと考える。

塩沢（司令官）は、十九路軍は逃亡するから閘北を占領できると考えていた。簡単に占領できる地域をわざわざ爆撃して破壊する必要はない。しかし、最初から破壊するつもりでいたのなら話は違ってくる。日本海軍は当初より閘北を破壊する計画を立てていた。無差別爆撃によって、そこに住む中国人を殺戮し、恐怖を与え、さらに家や財産を消滅させ、閘北で生活を続けることを不可能にしようとした。それは、十九路軍を殲滅するというより、中国人を閘北から追い出すための破壊であった。

＊一撃論―軍部も同様と思うが、われわれ在留民は、一度、我が軍が出動すれば、我が飛行機の五、六台がブーンブーンと音を立てただけで、支那軍はたちまち陣を退き、一両日中に閘北の敵を殲滅できると思って来た（上海居留民団編『昭和七年上海事変誌』）

〔十五〕日本海軍は何を目的に戦争を始めたのか

日本は日清戦争の後、漢口、天津、蘇州などで日本租界を獲得した。だが、上海では日本租界を得ることができず、共同租界の北に日本人の集住地域をつくった。それはあくまでも疑似日本租界であり、日本は共同租界の一員として納税し、その納税額に応じて参事を出し、参事会の決定に従うというイギリスが定めたルールに縛られていた。共同租界においては、日本人の数が圧倒的に多いにもかかわらず、財産を持たない日本人は参事会では少数派であり、決定権はイギリス人に握られていた。ようするに共同租界は巨大な財力を持つイギリス人に支配されており、日本の地位は低く、日本人の思い通りにはならない場所であった。

五年前（二七年）、北伐軍が迫ると、上海の中国人の間では租界の回収を求める機運が急激に高まった。これへの対応策として、イギリスは租界をはみ出している越界道路地域を、無条件で中国に返還することで鋒先をかわし、共同租界そのものに影響が及ばないようにしようと、日本に提案してきた。日本はこの地域には日本居留民が多く住んでいるとの理由で、この提案を拒否したのだが、不法占拠している越界道路地域の地位は不安定であった。さらに、租界内の抗日会を壊滅させたとしても、隣接する閘北の抗日会を一掃できなければ、抗日運動が延々と続くことになる。

日本海軍が上海で戦争を始めたのは、第一に、上海市民による抗日運動を武力で抑え込むためであった。この抗日運動を壊滅すれば、対日ボイコットは終息し、巨大紡績工場や財閥系企業が中国人労働者によるストライキに苦しむことはなくなる。日本居留民の生活は安定し、商売もできるようになる。そのためには中国人労働者の多くが居住し、なおかつ抗日会の拠点である閘北を武力で占領し、日本が直接支配し、治安を確立する必要があった。それは、十九路軍が逃げ出すから容易に実現できるはずであった。

武力によって中国領である閘北を制圧したら、その後、工場用地を必要としている日本資本を入れ、軍事と資本の両面から実効支配すれば、新たな領土を獲得したのと同じになる。「抗日運動の壊滅―閘北武力占領」という第一の目的を達成すれば、必然的に得られるのが新たな領土としての「日本租界」であった。これこそが海軍が戦争を始めた理由であり、海軍の獲得目標、すなわち上海での戦争目的は、共同租界の英・米から離れて、日本の自由になる「日本租界」を創設することにあった。

もちろん日本海軍には、陸軍の成功を羨んで功名を立てたいとの思惑もあったが、それ以上の「手柄」として、「日本租界創設」という実利を得るために、野心をもって兵を動かしたのである。これまでは戦争に勝ちさえすれば戦勝国として領土の割譲と賠償金を手にできた。二八年の不戦条約締結後の世界では、戦争は違法であるとして英・米が「不戦条約違反、日本の侵略」として領土割譲＝日本租界創設を認めなくとも、閘北を占領し続ければ既成事実が出来上がり、防衛権を主張できた。これまで越界道路地域においてイギリスがやってきたように。

日本の思い通りになる日本租界を獲得すれば、満州と同等、あるいはそれ以上の価値を中国経済の中枢で得たことになり、〝戦わざる巨艦〟と嘲笑っていた日本居留民に威厳を示し、満州での成功によって軍事予算を倍増させた陸軍と同じように、*海軍も予算を獲得でき、さらに財閥系企業に広大な工場用地を提供することになる。そのために日本海軍は閘北の南部一帯をことごとく焼き払ったのである。

日本租界をつくる上で邪魔になるもの、それは中国人の家屋、日本の中小企業と競合している民族資本の工場、民族文化の発信地となっている商務印書館と東方図書館、そして民族教育を行う教育機関。海軍はそれらを意図的に空から破壊した。だから、空爆によって多数の民間人の犠牲者を出したのは、住民が空爆の巻き添えになったのではなく、住民が攻撃目標そのものであったからであり、これはまた、上海市民が行っていた非暴力運動（対日ボイコット）に対する暴力による報復でもあった。

日本海軍の戦争目的を「閘北支配＝日本租界の創設」だとすれば、一月二八日に塩沢（司令官）が出した「布告」（戒厳令に伴い担当地区を警備する。当地域においては集会を禁止し、必要と認める諸件を執行する）の意味が浮かび上がる。集会を禁止する権限は租界当局にしかないのに、この布告は何を意味するのか不明とされていたのだが、明日になれば（十九路軍は逃亡するから）、閘北は日本が支配することになるので、「租界当局」ではなく「日本当局」が集会を禁止し、治安維持のために強権を行使すると、先走って表明したものと解することができる。

ただし、「上海に日本租界をつくるために海軍が軍事行動を起こした」とは、日本側の史料、文献には、全くと言ってよいほど出てこない。当初より日本は、中国に対して開戦する意思はなく、中国との国交は破られておらず、先に発砲したのは中国側であって、自衛手段として反撃したのであり国際法には違反していないと、繰り返し主張している。政府声明でも、上海戦は「居留民の生命財産と権益の擁護が目的で、他意はない」「列国の権利を侵害する意図はなく、いかなる政治的野心もない」と、わざわざ他意も野心もないと釈明しており、他意であり、野心である「日本租界創設のため」という戦争目的は無かったことにしている。

こうした釈明は、上海戦において日本軍が勝てなかったことに起因している。明確な形で戦争に勝って、閘北を占領し、新たな日本租界が出現していたとしたなら、「中国経済の中枢である上海に日本租界を確立したので、これからの日本の経済活動に大きく寄与するだろう」との評価が与えられ、歴史書にもそう書かれたであろう。だが、実際には中国側の抵抗によって何一つ獲得できなかった。それなのに、「日本租界をつくるために軍事行動に出た」とすれば、結果は明らかなのだから、敗北を認めることになってしまう。したがって、日本には領土的野心も他意もなかったと口を揃えた。

日本には「日本軍不敗の神話」があった。日清、日露戦争だけでなく幾多の戦争で日本は一度として負けたことはないという物語は、多くの日本人が信じており、ここで、この神話を途切れさせることは許されなかった。そのために、敗北を事実上認めることになる「日本租界創設」という戦争目的は封印され、後世においてもそれに言及されることはなかった。

日本側の史料では直接的な表現で示されることのない「日本租界創設」だが、国際連盟理事会のボンクール議長（フランス代表）が言葉にしている。議長はこの悲しむべき武力抗争を中止するために、上海に利害を有する国による円卓会議を開くよう提案し、「日本は政治的、領土的企図を持たず、上海において日本租界を設置し、その他日本の独占的利益を伸張する意図がないこと」。中国は、共同租界、フランス租界の安全と保全を維持することの二点が円卓会議の基礎となる」(48)とし、日本の眼前の目的（日本租界創設）と、中国の近い将来の目標（租界回収）に対して釘をさし、現状（既得権益）を維持しようとしている。

＊倍増した軍事予算―満州事変が国民に支持されたのを受けて、三二年度予算において陸軍の臨時軍事費が二億八〇〇〇万円認められた。これは前年度予算の約二倍であり、国家歳出の一四・三％であった。

〔十六〕国際社会の目

地上での攻撃を十九路軍に跳ね返され、敗走した日本海軍は、急遽、本土から陸戦隊を増強した。二月二日、海軍中央は野村吉三郎を司令官とする第三艦隊を編成し、第一艦隊や空母はその指揮下に入った。これは上海を混乱に陥れ、四八時間で中国軍を撤退させると豪語していた塩沢（司令官）を更迭したものと租界の外国人は受け取った。こうした責任論は日本軍には存在せず、塩沢は緒戦の敗北の責任を取らされたわけではなく（彼は一年後に中将に昇進、三九年には海軍大将になっている）、第三艦隊の派遣は、この間に悪化した租界の諸外国との関係を修復するためであった。

上海の外国人は「上海市長が日本の要求を全面受諾し、日本総領事が満足の意を表したのに日本は軍事行動に出た。これは計画的であり自衛のためではない」、「日本浪人が中国人や外国人に蛮行を加え、殺戮している」と対日批判を強めていた。特にアメリカはアジア艦隊を上海に急行させ、「日本であれ、中国であれ、アメリカ人に危害を加えれば軍事的手段を取る」と表明しており、このアメリカの動きに対処するために犬養内閣は、国際情勢に明るく、アメリカに信望のある海軍の野村吉三郎（後に駐米特命全権大使として日米開戦外交を行う）を塩沢の上官として派遣したもので、併せて海軍戦力の増強も兼ねていた。

満州にはほとんどなかった国際社会の目が、上海には存在し、それを無視すれば国際的な評価を落とし、なおかつ情報戦に敗れることを意味した。だから強まる外国の対日批判に対して、二月五日、大角岑生《みねお》(海軍大臣)は「上海における海軍の行動に内外の誤解があるので正す」として、次のように釈明した。

「海軍の目的は居留民保護でしかなく、それ以外は断じてない。列国によって定められた守備につこうとしたところ中国側が攻撃を仕掛けてきたので応戦した。中国側は日本が攻撃したと吹聴しているが、そんなことは有り得ない。中国軍三万に対して、我が軍は二千で、十分の一にも足りない小勢で挑戦的、攻撃的態度に出るというのは無謀であり、非常識である。海軍は隠忍を重ね、万策尽きて事ここに出たのであり、上海の居留民は海軍の態度が隠忍すぎると盛んに非難し、大会を開いて決議したような実状である。また、飛行機による爆撃は必要以上のものとの批難を聞くが、十分の一の小勢である以上（空爆は）取り得る唯一の方法であった。ただし、事前に偵察を行い、爆撃箇所を正規兵の密集しているところに限定し、事前警告もしている。さらに、日米の兵士が衝突した、英米が協力して日本に圧力をかけたなどの噂は、日本と列国とを離反させようとする中国側の宣伝にすぎない。世界の公衆は自らの結論を出す前に、この話を参考にしてもらいたい。帝国海軍の伝統と訓練を信頼されんことを希望する。なお、中国の電信局は外国通信員の電報を盛んに書き直している事実がある。今回もそういう詐欺的手段が行われていると思う」。(49)

実際とは違う釈明の他は、中国側の偽情報のせいだとするのは情報戦における常套手段なのだろうが、この弁明からも日本海軍の空爆に対し諸外国の批判が強かったことが窺い知れ、日本は英・米が中国支持に回ることを怖れていたことが分かる。

日本本土からの増派によって戦力を増強した海軍は総攻撃を行い、閘北の鉄道沿線をことごとく破壊した。しかし、砲撃や飛行機の支援を受けながらの地上戦でも十九路軍の防衛線を突破できず、「海軍が陸上戦闘をするには限界がある」と日本居留民は語り始めた。これまで戦争回避に努力していた重光（公使）も、このままでは海軍と日本の権益が全滅することになるとして、陸軍の派兵を求めた。

［十七］日本陸軍の出兵

陸軍の出兵は海軍大臣が要請した。ただ、満州のように朝鮮から援軍を呼ぶことはできず、上海には日本から船で約一〇日は要した。陸軍大臣は海軍の要請を受け入れ、陸軍第九師団と混成旅団を派遣することにした。海軍は師団のような大部隊だと列国を刺激するので、もっと小さな単位の派遣を求め、さらに上海は海軍の縄張りであるので海軍の指揮下に入るよう求めた。これに対して陸軍は、その要求は陸軍統帥権を犯すもので、兵力量を決めるのは陸軍で、指揮権も陸軍にあり、これを認めないのなら派遣を取りやめるとした。どうしても陸軍の応援が必要な海軍は、陸軍の主張に同意し、大部隊の派遣が決まった。このとき海軍中央では戦争を拡大したくない穏健派と、拡大したい強硬派の勢力争いが激しくなっており、陸軍の大部隊の派遣に同意したのは強硬派が優勢となった結果でもあった。*

陸軍の派兵に際して、犬養（首相）は陸軍中央の真崎甚三郎**（参謀次長）を呼び、事態を拡大しないよう要請した。理由は「現在、正貨は四億三千万円で正金銀行の七千万円の借り換えが迫っている。これに応じる者がいなければ、現金を輸送しなければならず、日本の正貨は三億円台になってしまう」と、欧米を敵に回したら金融危機が到来するとした。参謀次長は「上海の出兵は陸軍が好んだものではなく、やむを得ず出兵するもので、決して拡大しない。ただし、予測できない事態になればわからない」と答え、(50) 二月七日に日本政府は陸軍出兵を内外に声明した。

上海に派遣される陸軍第九師団（金沢師団）は司令部を石川県金沢市に置いた。金沢師団は日露戦争では旅順などで戦闘を行い、〇九年に臨時朝鮮派遣軍として韓国併合の警備につき、帰還した後の一四年から一六年まで再び朝鮮に駐屯した。二一年にシベリアに出兵。シベリア出兵はロシア革命への干渉戦争であったが、沿海州や満州（間島）での朝鮮独立運動の弾圧も目的であったことから、金沢師団は朝鮮の植民地支配と深い関わりを持っていた。

三二年二月一四日、金沢師団と混成旅団の合計、一万二〇〇〇人の兵士とともに、新しい戦車、軍用機、そして大量の軍需物資が上海港に上陸した。埠頭には大勢の日本居留民が押しかけ、「強い陸軍が来たからには戦争はすぐに終わる」と歓迎した。「これまで戦火に怯えたわが少国民（少年少女）たちが手製の国旗を持ち、きょうは大威張りではしゃぎながら軍隊の到着を待ちこがれる。午前七時、命令一下とともに全員上陸を開始した…見なれないカーキ色の軍服（陸軍の制服）に目を見張って驚く文鮮群衆の真ん中、楊樹浦を行進、武勲を語る軍旗は袋のうちにおさめてあったが、在留邦人たちはいずれも目に嬉し涙をためてこれを拝した」（「大阪毎日新聞」三二年二月一五日付―ここでは「驚く文（中国）鮮（朝鮮）群衆」としている）。

政府の弱腰を罵り、武力行使を強く求めた日本居留民は、いざ戦闘が始まると陸戦隊の死傷者の続出、便衣隊の出現という戦争の現実に直面し、負けるかもしれないという言い知れぬ不安から、陸軍の姿を目の当たりにして、ようやく安堵の色へと変わったと新聞は伝える。

＊日本海軍の条約派と艦隊派―三〇年代の初め、日本海軍を掌握していたのは「条約派」と呼ばれる穏健派で、広い中国で国力を消耗するよりも、日本は海洋国家になるべきで、そのためには国際協調を基本とし、軍縮条約締結で国家の財政危機を救い、兵力の減少に対処するためには新しい戦力（航空機など）に転換すべきと考えていた。これに対して、海軍の伝統は大艦巨砲主義であるとする「艦隊派」と呼ばれる強硬派は、軍縮に強く反対し、政友会と組んで「統帥権の独立」を持ち出し、勢力の拡大を図った。上海戦の前後から海軍中央に艦隊派が進出し始め、二年後には人事権を握り、条約派を追放、軍縮から離脱しての自主軍備、南進の具体化、対米強硬路線を取り始めた。ロンドン軍縮会議では劣勢であった艦隊派は、条約派を窮地に追い込むために第一次上海事変を始めたという説もある。

＊＊正金銀行―正式名称は横浜正金銀行上海支店、日本の貿易金融専門銀行。

〔十八〕中国中央軍の参戦

このとき蔣介石は、今は「長期抵抗準備」の期間であるので「一面抵抗、一面交渉」を方針とし、眼前の上海戦を戦う意思はなく、全軍に不抵抗を指示していた。さらに蔣介石は国民政府の中央軍を上海に送れば、日本側が全面戦争を意識して、南京まで攻めてくる恐れがあると考えていた。とはいえ実際には、蔣介石の直系であり、中央軍である第五軍の四万人を上海に派遣している。

蔣介石が自らの意志に反して中央軍を派遣した理由には諸説ある。「蔣介石の動きを分析した研究によれば、蔣介石は三二年二月、上海の十九路軍を、番号をそのままにして、蔣介石直系の八七師団、八八師団という精鋭に入れ替えていたという」。(51) この説では、蔣介石は中央軍が参戦したと分からないように、秘かに直系の八七、八八師と十九路軍とを入れ替えていたと読める。

蔣介石は自らの総司令部を護衛させるために、新規に国民政府警衛軍二個師を編成した。この直後、政変により蒋介石は下野することになり、名称を警衛軍から八七師、八八師に変更した。両師の任務は以前と同様、蒋介石の護衛であり、両師は直系軍であるために装備も充実していた。ただし、新規に編成されたばかりで実戦の経験はなかった。だから「精鋭」であるのかどうかは不明であるし、実際において十九路軍と入れ替わったりはしていない。

日本軍の攻撃が激しくなると五軍の前線が崩れ、一部が退却し始めたのを見た十九路軍は五軍の後ろに回り込み、押し戻したので防衛線は崩れなかったという話もある。このことから類推すると、蒋介石は、自らの命令に従わない十九路軍を直系の五軍と入れ替えるつもりで派遣したのだが、すでに戦闘に突入しており、実戦経験のない五軍は経験豊富な十九路軍の指揮下に入らざるを得なくなり、入れ替わるどころか共に戦うことになったという理解になる。

別の説では、上海戦は蒋介石の意に反して行われたものであり、「蒋介石は直系の第五軍の八七、八八師を上海に派遣し、一方では十九路軍を監視し、他方では十九路軍、失敗後の防御地区の接収を準備した。この両師団の中、上級将軍のほとんどが黄埔軍校の第一～四期卒業生であり、鄧演達（第三党の創設者）の教育を受けたことがあり、そのなかに第三党党員は少なくなかった。当時十九路軍は急遽援軍を必要とし、黄琪翔（第三党の代表）は第三党の筋を通じて人を派遣し、この両師の中堅分子の抗戦を策動し十九路軍を支援した」(52)とする。これは、十九路軍を支援するために第三党が工作を行い、その結果、八七、八八師が参戦を申し出たと読める。この申し出を受けた蒋介石は、命令に従わない十九路軍を監視するために八七、八八師の上海行きを了承した。それはまた、十九路軍が敗走した場合に、両師に南京を防衛させる布石であったということになる。

以上の説を踏まえ、時系列に沿って考えてみると、十九路軍が「抗戦する」と全国へ通電したのが、侵攻を受けた次の日の一月二九日で、五軍が参戦したのが二月一四日とタイムラグがある。この間に何が起きたのか。

十九路軍が逃げずに抗戦し、しかも日本軍を押し返したことで、これまで「日本軍不敗の神話」に呪縛され、日本と戦っても負けるので抵抗は無駄と考えていた中国人の間に、「日本軍怖れるに足らず」という機運が生まれた。さらに十九路軍が善戦することによって、抵抗することの必要性と意義が認識され、十九路軍そのものに対する称賛の声が広まった。

このような中国人の意識変化によって、「果敢に戦う十九路軍に今すぐ援軍を」との声が湧き上り、各地の国民党軍の中からも参戦を申し出る部隊が相次いだ。こうした動きを無視できなくなった蒋介石は、参戦を申し出た八七師、八八師とで第五軍を編成し、同じく参戦を申し出た国民党中央軍官学校の校長、張治中を五軍の司令官に任命した。張治中は「十九路軍が損耗するのを知りながら救援しなかったと国民に見られると、蒋介石の権力に悪影響を及ぼすので、中央として参戦すべきで、行く者がいないのなら私に行かせてほしい」と訴えたという。

蒋介石は十九路軍と共に戦う姿勢を取ることで世論を味方につけ、なおかつ不抵抗主義に固執することで国民党内での指導力が低下していた自身の求心力を高めるために、直系の五軍が上海に行くことを認めた。それは戦闘開始から一七日間も経過してからのことであった。

［十九］変更された戦争目的

上海に乗り込んだ金沢師団の植田謙吉（師団長）は、英・米に対して、「十九路軍は中国共産党にそそのかされて租界の回収を狙っている」から「租界の防衛」のために共に戦うよう呼びかけた。これは、利害が共通する英・米とともに中国の国権回復要求に対抗しようとの呼びかけであった。だが、もうすでに徹底して破壊された閘北の姿を見ている英・米は、日本の目的を察知しており、「上海市長が日本の要求を全面受諾したのに、軍事行動に出た日本は信用できない」と、呼びかけには応じなかった。

単独で戦うことになった金沢師団の植田（師団長）は二月一八日、中国軍に対して六項目の要求を突きつけた。中国軍は二〇日までに租界外二〇キロメートルへ撤退するなどを要求する最後の項目に、「抗日運動の禁止」が入っており、このことから日本側は、この時点でまだ、陸軍の強大な兵力で中国軍を閘北の外まで撤退させ、その後、閘北を軍事支配し、日本租界を創設するつもりでいたと考えることができる。

二月二〇日、金沢師団は中国軍が撤退要求を無視したとして総攻撃を開始。植田（師団長）は英・米・仏・伊が見ている前で、速やかに中国軍を殲滅して軍の名を上げようとの気負いがあり、その裏にある中国人に対する侮蔑意識、及び地方軍としての十九路軍の抗戦力の過小評価も重なり、多重の防衛線を構築する中国軍相手に強引な正面突破を試みた。その結果、多くの死傷者を出し、総攻撃は失敗に終わった。

このとき十九路軍は左に、五軍は右にと広く展開し、日本軍の戦力を分散させ、全線において撃退したので、この日は中国軍が初めて日本軍に勝利した日として、上海の中国人が歓喜する歴史的な日となった。同じ日に日本で行われた総選挙では、政友会三〇一、民政党一四六、無産各派八と、与党の犬養内閣が圧勝し、日本国民が陸軍の出兵、戦争の拡大を支持した日でもあった。

第一次総攻撃の失敗（金沢師団の敗退）を受け、二月二三日、日本政府は閣議で上海増兵を決定した。ここにおいて上海戦の目的は、「日本租界の創設」から「日本軍の武威を示す」こと、すなわち「実利」から「体面」の問題へと変更され、当初の目的は封印された。

更なる上海への増兵は、海軍の敗北、金沢師団の敗退の両方を帳消しにし、「日本軍不敗の神話」を維持し、日本の体面を守るためにも、勝利が絶対条件であり、三度目の失敗は許されなかった。急ぎ、上海派遣軍が編成され、司令官に元陸軍大臣の白川義則*を任命、上海派遣軍は第十一師団（善通寺）と十四師団（宇都宮）で編成され、十一師団が先遣隊として出発した。

この日、中国共産党の紅軍、二〇万が一大攻勢に転じ、うち五万が福建省に進出した。国民党が共産党を倒すことを第一義としたように、中国共産党にとっても国民党を打倒することが当面の目標であり、外国の侵略との戦いはその次と考えていた。第三次掃共戦を中止した国民党軍が江西省から引き揚げたのに伴い、陣容を立て直した紅軍は、国民党の分裂と政権交代、そして主力戦を戦った十九路軍が日本軍の攻撃にさらされている状況を〝好機〟と捉えての福建進出であった。共産党にとって十九路軍は国民党の一部隊にすぎず、蔣介石の命令で紅軍と激しく戦った敵であり、抗日戦を戦う十九路軍を支援するつもりはなかった。＊＊

しかし、こうした共産党の行動は、上海市民の意識と逆行するものであった。上海市民は中央政府の不抵抗命令に逆らい、外敵に立ち向かった十九路軍を物心両面で支援し、市民自らも義勇軍や便衣隊となって参戦する一方で、引かずに戦う十九路軍に対する各方面からの軍事支援、増援を渇望していた。中国共産党も国民党も全体の戦力比較から、今はまだ日本と戦うべきではなく力を蓄える時期であるという認識では共通していた。だが、中国東北部から始まった日本の軍事侵攻が内陸部の上海へと拡大する中で、時代は新たな段階へ進み、人々の意識は「内戦」よりも「抗日」へと変わりつつあった。共産党も国民党もこうした民衆意識の変化を読み取れず、「旧知の敵」との内戦を続けることにより、「未知の敵」（日本）との戦いを怖れ、避けていると見られても仕方がない状況が生まれていた。

＊白川義則―陸軍大将。通算七年間、中国大陸で過ごし、二五年の張郭戦争において、陸軍中央の不介入方針に逆らって張作霖を支援した。中央の意志を無視するこの行動が、関東軍独走の最初の例となった。二八年の張作霖爆殺事件では、田中内閣の陸軍大臣として、天皇から調査と事後処理を命じられながら、曖昧に済ませようとし、これが結局、田中首相が天皇の怒りをかう原因となって、首相辞任につながった。

＊＊中国共産党の対応―福建に進出した紅軍の指導者の一人、彭徳懐は「われわれは抗日民族革命戦争の旗を掲げ、内戦を停止し、抗日戦争の前線におもむこうという呼びかけのもとに、従来の若干の具体的政策を改めて、抗日民族統一戦線の活動を展開すべきであった…上海の抗戦を援助しつつ抗日の勢力を組織すると同時に政治攻勢を展開し

て、蔣介石の売国的陰謀を暴露すべきであった。（それをしなかったために）逆に、外敵をはらうには、まず国内を安じなければならないという蔣介石の反動政策に口実を与えた」(53)と、判断に誤りがあったとしている。一方、蔣介石と国民政府は上海戦を全面支援しなかったのは、背後に共産党の脅威があったからだとした。

[二十] 上陸と撤退

二月二五日、金沢師団の植田（師団長）は第二次総攻撃を行った。戦線を広げすぎた前回の反省から、地域を限定して空爆と砲火を集中する攻撃を行い一部の前線を突破したが、他の地域には波及せず、それどころか人員の損害と重砲弾の不足が深刻となり、作戦の継続が不可能となり、第二次総攻撃も失敗に終わった。

二月二九日、上海派遣軍のうち十一師団が揚子江の河口に到着。上海に向かうには、そこから黄浦江へ入るのだが、派遣軍は上海には向かわず、揚子江の二〇海里上流、七了口に上陸するとした。上海近郊への接岸上陸を考えていた海軍は、揚子江を遡るのに危険はないからと承諾した。中国海軍と日本海軍は友好関係を維持しており、陸上では激烈な戦闘が行われているのに、「攻撃されなかったら攻撃しない」という約束は守られていた。ランプソン（英公使）が自国軍艦で、南京から揚子江を下って上海に戻るとき目撃した光景は、「南京や鎮江に停泊していた中国軍艦が日本の祝日（二月一一日の「紀元節」）だというので日本国旗を掲げていたことであった。しかし、一二日に呉淞につくと光景は一変していた。日本の巡洋艦は間歇的に呉淞砲台や廃墟となった呉淞鎮を砲撃していた。そして呉淞砲台を爆撃する日本軍機二機は、爆弾をランプソン搭乗のブリッジウオター艦のそばに落下させた」(54)と、上海戦の真っただ中で、日本と戦うどころか日本に敬意を示す中国海軍の姿を記している。

金沢師団は兵力を増強し、弾薬の補給を受け、派遣軍が上陸すると同時に第三次総攻撃を行おうと配置についた。一方、五軍は二次攻撃で大きな損害を受けており、十九路軍の兵力も限界に達していた。これを見た蒋介石は抵抗をやめ、交渉に移して事態を収拾しようとして「十九路軍の激しい反対を予知した上で、彼らの抵抗戦に対しては漸次阻害するようになり、遂に食糧、弾薬を絶ち、抗戦を阻止した」。(55) 諦めない十九路軍は、これまでに寄せられた支援金で弾薬を購入しようとしたが果たせず、揚子江の中国海軍に大砲と弾薬の借用を申し入れたが拒絶された。

三月一日、上海派遣軍の先遣隊は揚子江上流部の七了口に上陸を開始し、これに呼応して金沢師団は全線にわたって攻撃を開始した。二日、十九路軍と五軍は援軍が来ない以上、背後を押さえられると挟み撃ちになるとして撤退を開始。一方、白川（上海派遣軍司令官）自身は上海近郊の呉淞に上陸し、派遣軍と金沢師団に対して中国軍に「徹底的な打撃を与えるよう」追撃命令を出したが、中国軍の撤退は早かった。

第三章　通説は成り立つのか

[一] 停戦と天皇の言葉

三月三日（三二年）はジュネーブで国際連盟総会が開かれ、「日本問題」が討議される日であり、このまま戦闘が続けば日本に対する非難決議が採択される可能性が高かった。重光（公使）はこの日の早朝に海軍の野村（第三艦隊司令官）を訪ね、今日が停戦のタイムリミットであることを説明し、停戦の合意を取り付けた。

重光が陸軍の白川（上海派遣軍司令官）の部屋に赴いたのが午前八時で、国際連盟の状況を説明し、中国軍を租界から二〇キロメートルまで撤退させ、陸軍の出兵目的を達成したので、今日中に停戦声明を出すべきだと、白川に決断を促した。白川は何も言わなかった。昼食時になっても白川は黙り込んだままであった。午後一時、重光は「東京では天皇陛下がご心配されておられると思います」と天皇を持ち出した。すると白川は「白川は戦争を止めます。停戦命令を出します」と言い、午後三時に停戦が発表された。(56)

白川は日本を出発する前に天皇に謁見し、天皇から「上海の十九路軍を撃退したら、決して長追いしてはならない。三月三日の国際連盟総会までに何とか停戦してほしい。私はこれまでいくたびか裏切られた。お前なら守ってくれるであろうと思っている」[57]と言われていた。陸軍の大部隊（金沢師団と上海派遣軍）が上海にいるのだから、この際、十九路軍を追い詰めて壊滅させ、南京を目指して進撃すべきだという強硬論が陸軍内部にある中で、白川が停戦を決断したのは天皇の言葉があったからで、国際感覚を持つ天皇が、国際都市での戦争がこれ以上拡大しないようにとの賢明な判断で戦争を止めさせたと、この天皇の言葉に対して高い評価がある。

確かに天皇を崇める白川には効果的な言葉であったであろう。だが、本来、停戦命令は天皇の裁可を受けて参謀総長が「奉勅命令」の形で出すものであった。それを、あの停戦声明は「奉勅命令に依ったものではなく、私が白川に事件の不拡大を命じておいたからである」[58]と、天皇が自ら直接命令することで、天皇制立憲主義の立憲の部分を超えてしまったことを吐露している。このときはまだ、天皇は軍に対する統帥権を持ちながら、自らの意志ではそれを発動しないという天皇制立憲主義に立っていた。これは天皇に政治的責任が及ばないようにするための制度であったのだが、軍部はあらゆる立憲的な縛りを排除して、天皇を神格化し、絶対的権力者としての天皇を頂く「天皇親政」への道を進もうとしており、この時期に、天皇が白川に直接命令したのは、天皇制立憲主義の下にありながら天皇親政への道を開くことにつながるものであった。戦争の全過程で決定的な影響力を持っていた天皇が、今回だけでなく、後々まで「立憲的」であったり、「絶対的」であったりと、一貫性のない態度をとり続けた責任は重く、それが大きな悲劇を生む原因にもなった。

中国軍の二〇キロメートル外への撤退、日本軍の停戦声明により、上海とその近郊で繰り広げられていた戦闘は終わった。十九路軍の抗戦は十分な武器がなくとも、市民の支持があれば侵略に対する抵抗が可能であることを示した。だから中国人は「抵抗すれば一カ月たっても土地を失わず、抵抗しなければ一日で二省を失う」と、満州ではわずか一日で遼寧省・吉林省を占領されたが、三四日間戦った上海では、わずかな土地も失っていないとして、「不抵抗」の満州と「抵抗」の上海を比較した（満州では正規軍の抗戦はなかったが、多様な人々による対日（反満）武装抵抗が継続して行われたことは言うまでもない）。

ただ、抵抗を選んだ結果の上海市民が受けた犠牲と被害は、満州とは比べものにならなかった。民間人の犠牲者は上海市の発表だけで、死者六〇八〇人、負傷者二〇〇〇人、行方不明者一万四〇〇人で、異常に多い行方不明者のほとんどは便衣隊か、その嫌疑者として殺された人たちと思われる。

この短期激戦型の上海戦における日本軍の参加総兵力は二万三〇三三人（陸軍一万九三二五人、海軍三七〇八人）で、戦死傷者数は三〇九一人（約一三％）であった。中国軍は七万三五〇〇人（十九路軍三万三五〇〇人、五軍四万人）で、戦死傷者数は一万四三二六人（約二〇％）であった。[59] 中国軍の戦死傷者数が多くなっているのは、日本軍が長距離砲と空爆で攻撃したのに対して、大砲が少なかった中国軍は接近戦で戦うしかなかったので、犠牲者が多く出たものと推測できる。

なお、忘れてはならないのが約二万人はいたとされる多種多様な義勇軍と、数すら不明な便衣隊で、それらの戦死傷者数を見つけることはできていない。見つかった数字は「復旦大学の大学義勇軍だけで二〇〇余人の戦死傷者を出した」との記述のみである。

戦場は閘北だけでなく二〇キロメートル以遠の郊外まで広がり、戦闘による被害と空爆による破壊は「上海の物的財産に大きな被害をもたらした。戦闘区域は三二九七平方マイル、うち、占領されたのが四七四平方マイル。損害を受けた住居は一八万八一六戸、八一万四〇八四人で、上海市内の全中国人の四五％に相当した。戦闘区域以外でも爆撃により二四万人が家財を失い、その五分の一が食うや食わずの状態になった。また、戦闘区域内には上海市の工場の四分の一（五七社）が集まっており、商店は一万三〇〇〇軒あった。これらは圧倒的に民族資本で、半数にのぼる工場が戦禍にみまわれ、商業損失は市全体の十分の七に相当した」。[60]

海軍が当初の目的としたのは閘北の破壊であったが、それだけでなく、陸軍の参戦により戦場は更に郊外へと広がり、殺戮と破壊が行われた。これが〝抵抗〟の代償ということになるのだが、抵抗しなかった場合には、閘北に日本租界ができていた可能性は極めて高かったと言えよう。

〔二〕日本浪人の蛮行

対日ボイコットを続ける上海市民と鋭く対立していた日本居留民が、強く望んだ「自衛権の行使」という名の武力侵攻がはじまると、入手困難だった食糧がまったく確保できなくなったため、上海居留民団は食糧を長崎から船で取り寄せることにした。食糧が届いても港での荷役を拒否されたため、沖中仕を長崎より雇い入れた。対日ボイコットの時から電話交換手の妨害でつながりにくくなっていた電話は全くつながらなくなり、業者を呼んで居留民団―総領事館―海軍と直通電話を架設した。トラックは確保していたが中国人運転手がいなくなったため、運転手を長崎から呼び寄せた。さらに、陸戦隊が兵力不足になったため在郷軍人会が軍の行動を直接支援しなければならなくなり、後方警備が手薄になった。このため自警団を組織するなど、想定外のことが次々に起きた、と上海居留民団編の『昭和七年上海事変誌』は伝える。(61)

神出鬼没の便衣隊に悩まされた海軍は、日本居留民の組織である在郷軍人会・右翼団体・町内会に自警団をつくらせた。自警団は銃や日本刀で武装し、検問を行い、便衣隊の疑いがあるとして多数の中国人を逮捕し、連行した。海軍は塩沢(司令官)の名で「便衣隊は射殺する。便衣隊の行動を助けたものも同罪なので家屋を破壊する」と布告した。軍の威光を背景に跋扈する自警団と在郷軍人を租界の人々は「日本浪人」と呼んだ。

「虹口のあちこちの道路で、(日本)浪人が中国人の家へ押し入るのが見られた。時には戸を蹴破ったりしていた。彼らは大人の男女や子どもの区別なく引きずり出して、自動車に詰め込み、どこかへ連れ去った。他の一団が北四川路にある中国人の商店や倉庫に乱入して、復讐のために(その人たちは日貨不買をやっていたから)商品を略奪するのを見た。わら束と石油を入れた缶を持って、店から店へ歩き回る連中もいた。租界警察は無力で越権行為を阻止できなかった。武装し、気違いじみた憎しみに取りつかれたならず者たちは、銃剣と機関銃を持った陸戦隊に守られて、外国人の警官さえも脅かしていた」(62)とされるように、日本浪人は虹口の警察権を奪い、同じ地域に住む中国人が行っていた対日ボイコットに対する報復を行った。さらに暴行の被害が中国人だけでなく、租界の欧米人にまで拡大すると、その蛮行は世界に発信された。

居留民団さえもが、「実行委員とか称する人々の直接行動的な考えに動かされ、あるいは軍隊の力の陰に隠れ、便衣隊掃討のどさくさ紛れに乗じて、私利私欲の奴隷になり果てた悲しむべき若干の日本人もあったようであり、また、兵力不足を償うとの意味を誤解して、自ら抜刀鉢巻で街を暴れ回る不心得者が多かったことは、大日本帝国臣民の礼度にふさわしからぬもの」(63)としている。

こうした光景について重光(公使)は、「彼等(在郷軍人会・青年団・自警団)の行動は便衣隊に対する恐怖とともに、あたかも大地震当時の自警団の朝鮮人に対する態度と同様なもので、支那人にして便衣隊の嫌疑をもって処刑されたもの既に数百にたっし、中には外国人も混入しているので将来面倒な事態になると予想する」(64)と外務省に報告した。

関東大震災のおりに在日朝鮮人、中国人が虐殺されたのが八年前(二三年)であり、同じような構図でまた虐殺が起きた。* この二つには大震災と戦争という背景的な違いはあるが、共通しているのは民族的な差別意識を増幅させた民間人が、何の罪もない人々を殺傷したこと、そして、その民間人と軍警が虐殺の共犯関係にあったことである。上海の場合、同じような憎悪犯罪であると同時に、逃げ出すはずの中国人が抵抗してきたことに対する驚きから、「膺懲《ちょうよう》」(征伐してこらしめる)という思い上がった意識が付加されたものと考える。

便衣隊は狙撃するとすぐに姿を隠したので、現行犯として逮捕するのは難しかった。そこで日本浪人は「便衣隊狩り」と称して、武器を持たない中国人や通行人を捕まえて、証拠もないのに殺害し、あるいは嫌疑者として海軍陸戦隊へ連行した。「いろいろの風態をした、いろいろの年齢の便衣隊が、陸戦隊員や、自警団の手で捕縛されて、引致されて来た。これ等のものは、証拠の明らかなものは勿論××だった。陸戦隊本部に近い、土壁に囲まれた何かの建物の跡の広場が、この××場だった。便衣隊は後ろ手に縛られたまま、一列に並べられていた。我軍の兵士が、片端からそれを××してゆくのだった。被処刑者達の中には、殺される瞬間まで、打倒日本帝国主義等のお題目絶叫するものもあった。悲鳴をあげたり泣き叫ぶものが、案外少ないのが、不思議だった（東京朝日新聞記者、門田勲の体験談）」。(65)

こうして殺害された便衣隊と、その嫌疑者の遺体があまりにも多かったせいか「当時、市内一般、混乱状態にあり、陸上において、これらの死体を火葬にできなかったので、日本海軍葬の例によって、黙祷の礼を捧げた後に水葬にした（二月八日付、第三艦隊司令部調査報告）」(66)と、多くの遺体は黄浦江の中央まで運ばれて、遺棄された。

自警団に参加した日本居留民は主として「土着派」で、「会社派」は手を汚さなかったと言われているが、陸軍が上陸してからは、ストライキで操業がストップしていた各巨大紡績工場が分担して二万近い陸軍兵士を受け入れ、宿舎を提供し、武器を運び入れた。社員は自社のトラックで前線へ武器を運び、社宅に住む人々は総出で兵士への炊き出しを行い戦争に協力した。

＊関東大震災の朝鮮人虐殺─マスコミが朝鮮の三・一独立運動を繰り返し「暴動」と報道している状況や、内務省や警察による朝鮮人敵視政策が行われているなかで発生したのが関東大震災。火災などの混乱が広がるなか、「朝鮮人が襲ってくる」「井戸に毒を入れた」というデマが流され、朝鮮人襲撃が始まった。戒厳令によって軍隊が出動すると、朝鮮人殺害が公認されたと思い込んだ自警団は、無抵抗の朝鮮人を殺害した。また、どさくさに紛れて中国人や日本人の社会主義者などが殺された。その数は六〇〇〇人以上と言われ、そこには民間人と権力との共犯関係が存在した。

〔三〕 謀略論は成り立つのか

第一次上海事変（上海戦）は満州侵略に抗議する上海市民による抗日運動に端を発し、日本海軍が、この抗日運動を武力で抑え込み、なおかつ上海北部の閘北を軍事支配することで、「日本租界」をつくる目的で行われた植民地獲得戦争であった。しかし、「満州国」建国（三二年三月一日）と時期が重なったため、この上海戦の目的について、次のように説明するのが「通説」となった。

日本の満州占領に対して、国際世論の激しい批判が集まったため、満州に傀儡政権を樹立しようとする日本にとって障害になりました。そこで、国際社会の注目を満州からそらすため、三二年一月一八日、関東軍と日本の駐上海領事館の武官は共謀して、中国人暴徒に日本人僧侶を襲撃させる事件を企て、実行しました。これを口実にして一月二八日、日本の海軍陸戦隊は、陸軍三個師団の増援を得て、上海の中国軍を攻撃します。上海を防衛していた十九路軍は激しく抵抗して、日本軍数万人を死傷させました（第一次上海事変）。（『未来を拓く歴史―東アジア三国の近現代史』）(67)

この説のポイントは、「国際社会の注目を満州国からそらす」ために、「日本人僧侶を襲撃」させ、それを「口実に」戦争を始めたということで、多くの歴史書がこれとほぼ同じ解説、説明を行っている。問題にしたいのは、まず、「僧侶殺害が戦争の原因になったのか」ということである。

上海戦が始まる一〇日前（一月一八日）、寒行のため太鼓を打ち鳴らして歩いていた日本人僧侶と信者の五人が、共同租界と閘北の境界にある三友実業社の前で中国人の一団に襲われて僧侶一人が死亡した。次の日、日本の右翼結社（青年同志会）の三〇人が「殺人犯はこの工場の者」と三友実業社を襲撃、放火した。襲撃から引き揚げる途中、三〇人は駆けつけた租界警察と衝突し、中国人警官一人を惨殺、右翼側も一人の死者を出す事件が起きた（事件の前後関係については一部二章五項参照）。

三友実業社は中国の民族資本の織物工場で、抗日運動の拠点となっていただけでなく、対日ボイコットによる反日感情の高まりによって、これまで市場を独占していた日本製タオルは売れなくなった反面、同社のタオルが売り上げを伸ばしていた。

この「日本人僧侶殺害事件が上海戦に火を点けた」というのが「通説」となり、広く信じられるようになったのには理由がある。日本の敗戦後の四六年から始まった極東国際軍事裁判（東京裁判）において、日本陸軍の軍人の暴露話が飛び出し、この話が全面的に取り入れられたことにより、「通説」となっただけでなく、上海戦の史的位置付けとしても定着したのである。

暴露話とは、三二年当時、上海にいた陸軍の田中隆吉（上海公使館付陸軍武官補）が、「満州国」建国から列国の目をそらすために、板垣征四郎（関東軍参謀）から依頼され、資金の提供も受け、田中が日本人僧侶殺害と三友実業社襲撃を実行させたと東京裁判で証言したもので、これにより、「上海戦は、満州国から列国の目をそらすために行われた」との通説が生まれた。

田中は、東京裁判だけでなくマスコミにも、関東軍からの資金では足りず、鐘紡上海出張所に捻出させ、「東洋のマタ・ハリ」と呼ばれていたスパイの川島芳子に僧侶殺害を実行させたと具体的に語った。（別冊『知性』五・「秘められた昭和史」一九五六年一二月号）

この暴露話の衝撃は大きく、田中の発言は以後の歴史書に取り入れられ、「上海事変は満州国から世界の目をそらすために、謀略により点火された」となり、「板垣征四郎らの関東軍参謀は、欧米列強の関心が上海での戦争に集中している間に、着々と準備を進めて、三二年三月一日に『満州国建国』を宣言。九日には溥儀の執政就任式を首都に定めて新京で行った。第一次上海事変を『満州国』樹立工作の陽動作戦とした謀略は成功したのである」(68)とするのが史的位置付けとなり、多くの歴史書が同じような論述を行っている。だが、この謀略論に基づく通説には、おかしな点が二つある。

(1) 謀略と戦争とは結びつかない

田中発言によって、「日本軍が日本人を殺させ、それを中国側の仕業にする謀略で戦争は起こされた」と判断することになるのだが、この「僧侶殺害という謀略が上海戦の開戦のきっかけになったのか」というのが第一の疑問点である。

パリ不戦条約が締結された当時、多くの国は戦争が認められるのは侵略に対抗する自衛戦争のみと考えていた。だが、日本は、不戦条約では権益や居留民保護のための武力行使は自衛権として認められていると拡大解釈していた。だから、現地の日本人が危機的状況に置かれた場合は自衛のために出兵できる。とすれば、何もなくても現地の日本人を殺し、あるいは殺させて危機的状況をつくり出せれば、いつでも出兵できると、特に関東軍は武力行使の口実にこの論法を用い、実際に日本人や朝鮮人を殺害していた。田中の謀略もこの一環であり、同時期(三二年一月)に福州でも陸軍将校が日本人教員夫妻を殺させていることから、陸軍の特務機関は連携して、中国で騒動を起こそうとしていたことは間違いない。

僧侶殺害事件は田中隆吉が計画、実行したのは間違いないが、問題は、田中が行った僧侶殺害によって「上海事変が起きた」「自分が上海での戦争に点火した」と主張することで、この主張には辻褄が合わない点がある。

上海で戦端を開いたのは日本海軍であり(一月二八日)、陸軍ではなかった。戦争を始めた海軍は相手を甘くみていたために全滅の危機に陥り、陸軍に頭を下げて出兵を要請し、陸軍はそれを受けて派兵した(二月七日に派兵を発表）のであって、田中の謀略があったから陸軍が出兵したのではなかった。まず押さえなければならないのは、田中の謀略と、田中が所属する陸軍の出兵には因果関係はないことである。

僧侶事件が実行されたとき、陸軍中央と関東軍の目は満州北部の交通の要衝ハルビンに向いていた。一月二八日、上海戦が起きたのと同じ日に、関東軍の本庄（司令官）はハルビンへの出兵を命令し、出動した第二師団が中国軍閥を攻撃していた。* この部隊が南に向かっていたのなら、田中のいう謀略と上海での戦争が結びつく可能性は〝まだ〟あったと言えるが、実際には北に向かった。また、本国の陸軍部隊も出動態勢をとっていなかったので、田中の謀略と陸軍の上海出兵は関連せず、連動もしていない。あくまでも陸軍は、敗退した海軍の要請を受けて上海に出兵したのである。

＊ハルビン出兵―三二年一月二六日、関東軍の土肥原がハルビン特務機関長になると、中国軍閥により日本人一人、朝鮮人三人が殺害されたとして、居留民保護を理由にハルビンへの出兵を求めた。軍中央はこれを許可し、一月二八日（上海戦が始まった日）に第二師団がハルビンに向かい、二月五日、占領した。「満州国」建国のためには、満州北部の要衝を占領しなければ満州を支配したことにはならず、このハルビン占領によって、日本は満州の主要都市の全てを支配し、「満州国」の体裁が整った。

○僧侶事件には見向きもしなかった海軍

田中の謀略と陸軍の上海出兵とは因果関係がないとなると、「上海で戦争を始めたのは日本海軍であるから、海軍は田中の謀略によって戦争へ突き進んだ」となるはずだが、海軍は僧侶事件を口実に、中国側の非を追及して開戦に持っていこうという動きは一切していない。

一月二一日に日本総領事が上海市長に、四項目要求（僧侶殺害事件の謝罪・犯人逮捕・慰謝料の支払い・抗日団体の解散）を出したときも、海軍は僧侶事件に関心を示しておらず、いかにして抗日団体を弾圧するかに集中しており、本国の海軍省とその方法を協議していた。
なぜなら、中国側は僧侶事件での日本の要求（謝罪・逮捕・慰謝料支払い）をあっさりと受け入れており、抗日団体の解散要求だけを渋っていたので、海軍は抗日運動に対する武力弾圧のタイミングをうかがっていた。海軍は僧侶事件とは関係なく、抗日運動を壊滅し、閘北を占領するために軍事行動に出ようとしていたのであり、ましてや「満州国建国から列国の目をそらす」目的で、閘北に侵攻したわけではなかった。海軍は僧侶事件に影響されたことも、利用しようとしたこともなく、田中の謀略である僧侶殺害事件は、上海戦の発火点になりようがなかったのである。

繰り返すが、田中は自分が実行した僧侶殺害という謀略で、上海戦を引き起こしたというが、そもそも僧侶殺害に対して、上海市長は犯人逮捕・謝罪・慰謝料の支払いを認めており、日中間では何ら問題にはなっておらず、対立点は「抗日会の解散」だけであった。この抗日会の解散についても一月二八日の回答期限内に上海市長は「全面受諾」し、即、抗日会の解散の手続きに入ったので、日本総領事は「満足の意」を表明した。だから、本来なら問題にならないはずであった。しかし、海軍は計画通りに武力侵攻を開始した。それは、閘北占領という海軍の野心に基づく行動であり、十九路軍は逃げ出すから、簡単に占領できるとの希望的観測に基づく侵攻であった。この時点で海軍は、後に陸軍の出動を求めることになるとは予想もしていなかったのである。

同時期に行われた、上海の僧侶殺害と福州の日本人教員殺害*は、大都市で中国人に日本人を殺させて「日本は被害者」という立場をつくり出すという、加害者の被害者偽装に過ぎず、田中の謀略は上海に住む日本居留民の被害者意識を煽り立てただけであり、戦争を引き起こす原因にも要因にもならなかった。

*水戸夫妻殺害事件—三二年一月三日、福建省福州の日本人小学校の教員（訓導）、水戸三雄とその妻、光子が殺害され、犬養内閣は福建省政府に、犯人の逮捕と弔慰金の支払いを要求、省政府は日本軍の出兵の口実になるとして要求を

即座に受諾した。その後、領事館警察が犯人として台湾籍の四人を逮捕すると、騒動を起こすよう陸軍将校に依頼されて殺害したと供述したため、事件はうやむやにされた。

○連合国側の証人

僧侶殺害事件は何ら日・中間の政治的対立になっていなかった。にもかかわらず、東京裁判において、陸軍軍人であった田中隆吉は、日本側ではなく連合国側の証人として出廷し、自らが行った犯罪を暴露した。彼の発言は、日本軍の犯罪を明らかにする貴重な証言の一環となり、ほぼ無条件で信じられることになった（彼は日本軍の犯罪を証言することで戦争責任を免責された）。

もし、田中が連合国側ではなく日本軍側の証人であったなら、彼の発言がこれほど信用されることはなかったであろう。さらに、上海戦における当初の戦争目的（日本租界の創設）が封印されていたため、「第一次上海事変とは何のための戦争だったのか」が不明確なままであったところへ、田中発言が飛び込んできたことによって、謎が一気に解明されたかのようになり、「満州（線路爆破）から上海（僧侶殺害）へと謀略の連鎖があった」として、「満州での新国家樹立工作から列国の目をそらすために、またもや謀略によって仕組まれたのが上海事変であった」と、田中発言通りの史的位置付けが完成した。

ここにおいて、細部の事実関係を積み上げて、その関係性を検証しながら全体像に迫るのではなく、先に結論ありきで、田中発言に対する客観的な検証は行われず、「戦争を始めたのは海軍で、負けた海軍の要請により、陸軍が出兵した」という基本的な関係性すら無視され、「田中の謀略により陸軍が出兵した」かのように一部では語られるようになった。ここにおいて、「上海閘北に侵攻した日本海軍を、抵抗する中国軍民が撃退した」という、そもそもの出発点を無視する結果となり、こうした「抵抗の視点」を欠落させた上で広く信じられているのが、田中の謀略論に基づく「通説」だということになる。

もちろん田中発言のみに依拠している謀略論に〝あやうさ〟を指摘する者もいるが、[*]結論としては「よくわからない」としている。

＊田中発言への疑義—「上海事変は謀略をきっかけに起きたというのが学界の定説になっているので、私たちも改めて調べてみたんですが、どうも田中隆吉の東京裁判の証言一点にかかっている。もちろん、田中証言を否定する材料もありませんが」（『ドキュメント昭和・二上海共同租界』NHKドキュメント昭和取材班・一九八六年角川書店における座談会での織田柳太郎（NHK）の発言）

(2) 目をそらすことができたのか

日本海軍は田中の謀略とは関係なく、独自の目的で戦争を始めたのだとしても、上海で激しい戦闘が行われたので、結果的に「列国の目を満州国からそらすことになったのでは」との指摘も可能だろう。これに応答するためには、国際都市、上海において戦争を起こすことで、世界の目を「満州国からそらすことが出来たのか」という「結果」の見極めが必要となる。

満州事変では中国国民政府は不抵抗主義を取り、国際連盟と国際世論に日本の侵略であることを訴え、外交による解決に委ねた。しかし、中国の北辺の紛争に関心を寄せる国は少なかった。世界の国々から見れば、満州の支配者がソ連から日本に代わっただけで、一部では「社会主義のソ連よりも日本の方がまだよいのでは」とされていた。

三一年一〇月、満州を占領した関東軍は、錦州へ移った張学良政権を攻撃するために、錦州への空爆を行った。第一次世界大戦以降、初めてとなる都市爆撃、それも無警告での無防備都市への空爆は、ヨーロッパの人々に第一次世界大戦時の記憶を呼び起こさせ、一気に満州へ関心が向けられた。一二月、連盟理事会は満州問題を調べるためにリットン調査団の派遣を決議した。これにより国際連盟では、調査団の報告書が出てから議論を行えばよいという空気になり、盛り上がった関心は再び薄れてしまった。

翌三二年一月、日本海軍が上海で戦争を起こすと、すぐに中国は国際連盟に提訴し、上海事変と満州事変を同時に審議するよう求めた。これに対して日本は、両者は別個のもので上海事変のみを審議するよう主張した。日本外交としては元となる満州にまで問題を波及させたくないとの思いからの分離論であった。しかし、連盟は日本が被害を受けたとする上海のボイコットは、満州での軍事行動に抗議したもので、両者を取り上げなければ真の解決には至らないと、日本の分離論を退けた。このような経緯を見ただけで明らかのように「満州国から目をそらす」どころか、上海での戦争は、上海だけでなく満州にまで世界の注目を集めてしまう結果になってしまったことが理解できる。

それだけではない。列国の権益が錯綜する上海には、四〇カ国以上の人々が居住し、それぞれの言語に対応する多様な現地メディアがあった。また多くの外国新聞の特派員もおり、当局発表を垂れ流すだけの日本の新聞とは違い、取材に基づく記事を本国に送り、「東洋の動乱」を伝えていた。これに加えて「日本浪人」の蛮行が租界の外国人にまで及んでくると、その被害がそれぞれの本国に伝えられ、日本に対する感情を悪化させていた。

> 日本による満洲への侵攻は、西側諸国の関心をほとんど呼ばなかった。国際連盟がしばらくしてから、熱意の乏しい調査団を送ったにすぎない…しかし、上海は違った。上海には世界中から支援の手が差し伸べられた。フィリピンの中国人社会は二百万ドルを蔡将軍に贈った。サンフランシスコでは募金のために演劇が上演され…アメリカ市民は、アメリカ人宣教師が宣伝する閘北と虹口の「恐怖政治」（日本浪人が武力支配したこと）に憤慨し、同情を寄せた。（『上海』）(69)

このように上海戦は、世界の目を中国に集め、さらに原因となる満州にまで光を当ててしまうという結果を生んだもので、「満州国から列国の目をそらす」ためと関東軍が目論んでいたのだとしたら、その目論見は外れたことになる。

しかし、東京裁判での田中発言が「闇に隠されていた謀略が明らかになった」と受け取られ、ちょうど上海戦と「満州国建国」の時期とが重なっていたために、彼の発言は説得力を持ってしまった。その後も「目をそらすことができたのか」という「結果」が検証されないまま、田中が語る「目をそらせたい」という主観的願望が、そのまま上海戦の戦争目的となり、多くの歴史書がこれを採用することになった。

○目をそらす対象

田中発言は、「列国の目をそらすため」とはっきりと言っているので、それは出来なかったと明確に否定され、「そらすどころか、逆に世界の注目を集めてしまった」となる。ただ、仮定の話として、目をそらす対象が「列国」ではなく、「日本政府の目」であったとしたら、田中の謀略論はある程度の整合性を有するものになる。

このとき、関東軍は満州を中国から切り離して、独立国家にしようとしていた。* それを強行すれば列国が激しく反発するだろうから、張学良政権に代わる新政府の樹立にとどめるべきだと犬養内閣は考えていた。犬養(首相)は蒋介石の国民党に対して、満州での経済活動の自由を保証すれば新政府の樹立で妥結できると考え、交渉によって事態の打開を図ろうとしていた。関東軍は思い通りにならない犬養内閣を揺さぶり、日・中の政府間交渉を阻止しようと、上海と福州で日本人を殺させ、「日本政府の目」を満州国建国からそらし、両殺害事件の外交的処理にあたらせ、その間に新国家樹立という既成事実をつくり出そうとした—このように考えるなら、「目をそらす」論は成り立つ。成り立つのだが、関東軍が「列国の目ではなく、日本政府の目をそらすために謀略を実行させた」

という史料は見つけられていないので、これは仮定の話にすぎない。

＊「満州国」―関東軍は当初、満州を軍事制圧した後、台湾、朝鮮と同じような植民地支配を想定していた。しかし、予想を上回る抗日勢力の存在（満州事変前の五万人から、その後二三万人に増えた）と、占領地の広さから、直接支配はできないと判断し、中国軍閥を巻き込んでの満州独立論へと関東軍自身が方針転換した。関東軍の石原（参謀）は「既得権益の擁護と言った古い標語ではなく、新国家建設という標語でいかなければだめだ。五族協和、王道楽土の国家にするのが我々の考えだ」と、二八年に自分たちが決めたはずの満州領有計画が古くなったとした。

（3）結論―封印された戦争目的

上海戦をめぐる流れについて、これまでの内容を集約すると、まず、田中隆吉の発言は、彼が連合国側の証人になることで自らの戦争責任が免責されたため、被告となった他の日本軍人のように罪を軽くするために自己の役割を小さく申告する必要はなくなった。このため、田中の発言は上海戦における自身の役割を大きく見せようとしたもので、ある種の虚言と言えよう。実際に田中の主張する「謀略」と「上海戦の開始」とはつながらず、田中の謀略とは関係なく海軍が始めた上海戦は、列国の目を満州からそらすどころか、世界の目を中国に集める結果となってしまった。

第一次上海事変は、海軍と日本居留民の悲願であった抗日運動の壊滅、そして日本独自の租界をつくるために行われた。日本は共同租界の中で人口が一番多いにもかかわらず、投票権は人口ではなく財産によるとのイギリス式民主主義によって、共同租界の参事会（最高意思決定機関）では常に少数派であった。だから「自分たちが勢力を得るためには、どうしても土地を持たなければいけない。しかし、自分たちにはそういう能力はないから政府でカネを貸してくれ。それで土地を買い、何とか投票権を得て、工部局の中でもっと発言したい」[70]、そうすれば「一等国なのに一等国扱いされない現状を変えられる」と上海の日本居留民は考えていた。しかし、長い間にイギリスが蓄積した富は巨大で、現状変更は不可能だった。

そこで海軍は、共同租界に隣接する中国領の閘北を武力で支配し、日本租界をつくれば、イギリスの支配から脱し、上海の抗日運動も壊滅できると考え、満州事変に抗議する激しい対日ボイコットが行われるなか、軍事行動に踏み切った。

軍事侵攻が成功する可能性はあった。不抵抗主義をとる蔣介石が撤退命令を出すのは確実で、そうなれば、中国軍は満州と同じように戦わずして逃げ出し、閘北は容易に占領できた。あとは日本資本を誘致し、実効支配を続ければ日本独自の租界をつくれるはずであった。ところが上海にいたのが、蔣介石の直系軍ではなく、国民党の分裂に伴って上海にやってきた非主流の十九路軍であった。十九路軍は蔣介石の撤退命令に反発し、反帝国主義思想を実践しようと激しく応戦したため、侵攻した海軍陸戦隊は租界へ押し返された。海軍は空爆、艦砲射撃、陸戦隊の突入と三方からの攻撃を続けたが、十九路軍の防衛線を突破できず、これ以上、戦闘を続ければ陸戦隊が全滅する可能性すら出てきた。

日本海軍と陸軍は日頃から仲が悪く、縄張り意識が強く、国益よりも自分たちの組織の利益を優先させる集団であった。そんな海軍が、反目する陸軍に頭を下げ、援軍を求めた。戦争が長引けば英・米からの融資を止められ、国家財政は破綻する可能性があったことから、日本政府は一刻も早く中国軍を租界から遠ざけ、停戦するために陸軍の出兵を認めた。この時点では、まだ、日本側は強い陸軍は中国軍を破るだろうから、閘北を占領できると考えていた。

しかし、その強いはずの陸軍（金沢師団）が中国軍に敗れ、増援として上海派遣軍を送らなければならなくなった時点で、閘北支配＝日本租界創設という戦争目的は封印され、日本と日本軍の「威信」を保つことが新たな戦争目的となった。その後、中国軍が租界から二〇キロメートル外まで撤退したので、日本軍は停戦を発表した。それはあくまでも停戦であって軍事的な勝利ではなかった。

実際に日本は何も獲得できなかったので、当初の目的を口にすれば、目的達成ができなかったのは明白だから、敗北を認めることになってしまう。よって、「日本軍不敗の神話」を維持するため、当初の目的は無かったことにした。

こうして「日本租界創設」という海軍の戦争目的は封印され、陸軍の戦争目的の設定が必要となったのだが、上海戦は陸軍が主体的に行おうとした戦いではなく、海軍の依頼により出兵したので、「何のための戦争だったのか」については不明確になり、上海戦は「日本居留民を守るため」と「租界を防衛するため」の戦争だったと、事実とはかけ離れた戦争目的が日本政府から発表された。陸軍自身は、「上海における今回の勝利は、日露戦争の奉天の戦い以来の大勝で、中国軍は壊滅的打撃を受け、日本軍の威信は回復された」と総括し、戦争で得たのは「威信回復」のみであったことを明らかにせざるを得なかった。むろん、「回復された威信」とは、何によって失われたものかを語ることはなかった。

第一次上海事変は「満州国から目をそらすための陽動作戦」などでなく、上海において新たな租界を得ようとして行われた植民地獲得戦争であった。だが、中国側の抵抗により挫折し、何も得られず戦闘を終えた。「勝てなかった」ゆえに、五年後に再び上海において第二次上海事変を引き起こした。このときも海軍が火を点け、中国軍に押し戻されたため、陸軍を派兵することで日本軍はようやく「閘北を占領」することになった。このことからも、第一次上海事変において達成できなかった戦争目的が何であったのかが、明確に浮かび上がってくるのではないだろうか。

［四］国連総会と停戦会議

上海事変さなかの二月一九日、国際連盟の中国代表は、満州事変にまでさかのぼって日本の侵略に対して審議すべきだと理事会に訴えたため、理事会は満州事変と上海戦をジュネーブの総会で審議する決議をした。それが三月三日からで、連盟の総会では多数決による判断が下され、日本を侵略国とみなす国が多かったことから「日本非難」が採択される可能性は高かった。

三月三日、五一カ国の参加による七年ぶりの国際連盟臨時総会が開かれた。ぎりぎりで発表された白川（上海派遣軍司令官）の停戦声明は評価され、日本非難は回避された。この総会では、上海においては一応の停戦が成立しているので、上海に利害を有する英・米・仏・伊に日本と中国を加えた六カ国で共同委員会をつくり、この共同委員会が上海で停戦会議を開き、「停戦協定書」を作成することが決まった。

戦闘が終了した上海では、ある問題が起きていた。上海派遣軍の高級参謀として上海にいた岡部直三郎は、停戦一〇日後の三月一四日の日記に、「この頃、兵が女捜しに方々をうろつき、いかがわしい話を聞くことが多い。これは軍が平時状態に、なるだけ避け難きことであるので、むしろ積極的に施設をつくることを認め、兵の性問題解決策に関し、種々配慮し、その実現に着手する。主として永見中佐がこれを引き受ける」[71]と書いているように、陸軍が初めて「慰安所」を開設したのが、この上海戦とされ、「軍娯楽場」と称して軍人専用の娼館がつくられた。

上海では六カ国共同委員会による停戦協定書の作成が行われたが、協議は難航した。日本は「戦争の勝利者」だとして交渉に臨み、中国も戦略的後退をしただけで「敗北はしていない」との態度で臨んだので双方の主張は平行線をたどった。それでも四月に入ると問題は三点に絞られ、うち二点は日本の戦争目的に深く関わっていた。

まず（一）として、日本は日本軍が撤収するのは閘北と呉淞のラインだとした。しかし、中国は閘北を入れることに強く反対し、租界内へ戻るよう求めた。イギリスが日本は自衛行動を行ったのなら租界まで戻るべきだとしたため、日本は閘北に留まることはできなかった。（二）は日本軍が撤収する時期であり、日本は居留民の安全が確保されれば撤収するが、そうでなければ残留するとした。中国側は撤収時期を明確にしなければ長期に居座るのではないかと、時期を明確にすることで陸軍の上海撤退を迫った。（三）は日本側の要求であり、日本は租界の安全確保のために中国軍の駐兵を制限する区域の設定を求めた。中国は主権国家が、自らの国土に自らの軍隊の駐兵を制限することはできないと反発したが、問題を（二）に絞るために、（三）については日本に妥協した。ところが日本は（二）について明確に示そうとしなかったので、中国は上海での停戦会議を中断し、ジュネーブでの十九カ国委員会の開催を求めた。

国際連盟の十九カ国委員会は、（二）の日本軍撤兵の時期の決定権を共同委員会に与える決議を多数決で行った。日本陸軍は、決定に多数決制を採用したのは日本軍の撤収時期の判定を第三国に任せることになるので絶対容認できないとし、この決定は日本軍の統帥権を犯す行為であり、これを撤回しなければ連盟脱退も辞せずと息巻いた。

結局、イギリスと連盟事務局の斡旋により、共同委員会の決定ではなく、「日中両国の取り決めに従い、行動する」という内容を緩めた玉虫色の決着が提起され、中国は受け入れた。日本は十一師団が日本に帰還しており、十四師団も「満州国」に反発する武装闘争が活発化しているのを受けて満州へ転用しなければならなくなったので、四月二八日に受け入れを表明し、停戦協議は決着した。

翌四月二九日は「天長節」（昭和天皇の誕生日）で、毎年、上海でも祝賀式典が行われていた。これにあわせて、撤退が決まった日本軍は「戦勝」を誇示するために一万人の兵士による軍事パレードを上海市内で行った。軍事行進が虹口公園に到着すると、引き続き官民合同の「天長節祝賀式」に移り、合流した日本軍首脳らが壇上に並んだ。この壇上に爆弾を投げたのが抗日独立運動家の朝鮮人、尹奉吉《ユンボンギル》で、白川義則（上海派遣軍司令官）と河端貞次（民団行政委員長）が死亡、重光（公使）、植田（金沢師団長）らが重傷を負い、尹奉吉はその場で逮捕された。この爆弾事件は上海戦の最終局面で朝鮮人が参戦した「もう一つの抗日戦争」として位置づけられるものであった。

[五] 上海戦がもたらしたもの

日本海軍は上海戦の目的である「閘北占領—日本租界創設」のために、「閘北の破壊」を確実に行った。しかし、閘北の占領は陸軍の応援を得てしても不可能となり、停戦後も、租界の目と国際連盟の目があったため、日本は閘北に居座ることはできず、戦争開始以前の位置まで戻らざるを得なかった。

満州事変は中国軍の不抵抗によって、日本軍は短期間で満州の主要部分を占領した。その結果、日本側に中国の軍事能力は極めて低いとの侮りを生み、一撃を与えれば中国は簡単に降伏するだろうという「一撃論」が支配的になった。

満州事変の四カ月後、上海で戦争を始めた日本軍は、抵抗する中国軍に苦戦を重ね、増派を繰り返し、三度も司令官を取り替え、何とか停戦に持ち込んだ。この苦戦によって日本は中国軍の抗戦力を再評価したかのかと言えば、そうではなく、検証も再評価もなかった。必然的に「武力行使以外の解決方法」が模索されるはずもなく、力による現状変更という軍事路線が変わることはなかった。

一方、二月二〇日の中国軍の勝利（日本陸軍の第一次総攻撃を撃退した）は、中国側に「日本軍不敗」は神話にすぎないことを知らしめた。さらに中国人の間に、内戦を停止し、共に抗日にあたれば中国は征服されることはないとの自信を芽生えさせ、民衆は「一致抗日」への戦略的条件をつくり出そうとした。それは自己意識《アイデンティティー》の形成につながる重要な意識変革であった。

上海では何も獲得できなかった日本軍であったが、日本国内へは満州に続く上海での「大勝利」が伝えられ、生活苦にあえぐ人々の間に戦争熱が一気に高まった。この頃はラジオの普及期（三二年に受信契約数は一〇〇万を超えた）にあたり、人々は上海戦の「勝利」の速報に聞き入り、新聞も競うように日本軍の奮戦を伝え、中国敵視の記事をあふれさせた。加えて、新聞各社は国防献金の募集や飛行機献納運動を行って愛国心を鼓舞し、発行部数を伸ばした。街では軍人の人形や軍艦、戦車のオモチャが売れ、レコード店は軍歌を流し、小学生は学校単位で慰問文を書いて戦地の兵士に送り、国防婦人会も結成された。こうした戦争熱の中で、二月二〇日の第一次総攻撃で戦死した「爆弾三勇士」が一大ブームとなり、*「覚悟の自爆」が称えられた。これにより天皇と国家への「殉死」が求められるようになり、戦争末期の死を前提にした特攻作戦へとつながった。

さらに、上海戦で捕虜となった日本軍人が、捕虜交換で日本側に引き渡された後に自殺した「空閑《くが》少佐の自決」*が美談とされ、「捕虜になるなら自決せよ」と捕虜になることが否定され、後の「玉砕」の地ならしとなった。このように、その後の戦争における兵士の死の「原型」をつくるのに最大限利用されたのが第一次上海事変であった。

＊「爆弾三勇士」については、二部二章三項を、「空閑少佐の自決」については、二部二章四項を参照。

［六］その後—第二次上海事変

戦争を始めるのは容易だが、終えるのは難しいと言われるのは、戦闘状態を終了させたとしても永続的な平和が訪れるとは限らないからである。戦争終結のためには軍事的に優位にある方が主導権を保持して停戦交渉を進めることになる。この主導権を持つ方が「未来」を見るか、「現在」を取るかで終結の仕方は違ってくる。未来の危険までも取り除こうとすれば、戦争を起こした原因を徹底して除去しなければならず、原因となった戦争相手の国家体制を否定しなければならない。連合国によるナチスドイツの殲滅や大日本帝国の降伏がこれにあたると言われている(日本の場合、天皇制の維持を条件に降伏したので、これにあたるかどうかは疑問である)。

そうではなく、これ以上、自国の兵士の犠牲を増やしたくないがために、「現在」の犠牲を回避しようとすれば、戦争相手の体制の否定まではいかず、ある程度妥協して和平を求めなければならない。朝鮮戦争、ベトナム戦争、湾岸戦争などがこれに該当するであろう。ここで問題になるのが、未来のために戦争の原因を徹底して排除しようとすれば、現在の犠牲が増大し、逆に、現在の犠牲を理由に妥協して和平すれば、将来の危険性が残ってしまうことで、ようするに戦争では問題の根本解決をなし得ないということである。

上海戦の場合は後者にあたり、中国の蒋介石は当初から戦争する気はなく、前線への補給を止めることで和平を求めた。日本も軍事独裁体制への過渡期であったために、全面戦争に持ち込む計画はなく、日本租界創設という当初の目的は挫折し、租界の英・米、それに国際連盟の存在も無視できず、戦争の継続を諦めた。しかし、戦争の原因である中国に対する日本の「領土的野心」と、それに抵抗する中国の「抗日」という構図は残されたままで、五年後に第二次上海事変として、より大規模な殺戮と破壊が繰り返されることになる。

第一次上海事変の後、租界から二〇キロメートル外まで撤退した十九路軍は、蒋介石から福建省を制圧した紅軍を討つよう命令され、上海を離れ、福建に向かった。福建を支配していた紅軍は「十九路軍の上海における抗日闘争に敬意を表す」として自ら撤退したため、十九路軍は三二年七月に福建省に移駐を完了した。この移駐命令は蒋介石の策略であり、十九路軍と紅軍を戦わせることで双方の戦力を消耗させようとするものと、蒋介石の意図を見抜いた蔡延鍇(軍長)は、反蒋介石の姿勢を鮮明にした。三三年一一月、十九路軍は第三党の協力を得て、人民の権利の保障・農工の解放・蔣介石打倒・東北の失地回復を掲げて「福建人民革命政府」を樹立し、独立を宣言した。さらに十九路軍は中国共産党と「反日同盟」を結ぼうとした。これに対して共産党が十九路軍という国民党軍を受け入れるかどうかの会議を続けている最中に、蔣介石は上海戦では使わなかった陸軍八個師、海上、航空兵力を動員して福建を急襲し、福建人民革命政府を壊滅させた。十九路軍は解散させられ、指導層は香港に逃げ、兵士は紅軍に合流するか、あるいは他の国民党軍に移った。

その後、日本軍は「満州国」を安定させるためにという理由で隣接する熱河省へ侵攻した。さらに万里の長城を越え、河北省に入ったため、後退する中国軍は停戦を申し入れ、三三年五月、塘沽《タンクー》停戦協定が成立した。三五年になると満州の資源が思ったよりも少ないことが判明、日本軍は華北の鉄、石炭、石油、綿花などを狙って塘沽停戦協定で設定された非武装地帯に傀儡の自治政府を成立させた。すると、満鉄、東洋紡、鐘紡などが工場を新設した。華北が第二の満州になると危機感を募らせた中国人学生らは、原因は国民党と共産党が内戦を続けているからだと内戦の停止を求める運動を始めた。

中国共産党は三五年八月、「抗日救国のために全国同胞に告げる書」を発表し、国民党打倒の革命路線から抗日民族統一戦線への方針転換を表明し、幅広く人々が結集できる抗日戦線をつくるべきだとした。しかし、蔣介石はあくまでも共産党の撲滅を求め、一〇〇万の大軍で江西省の共産党支配地域を攻撃した。追いつめられた共産党は、その地域を放棄して大移動を開始し（長征）、陝西省の延安についた時には、出発時に一〇万人いた紅軍兵士は一万人にまで減っていた。これを好機と捉えた蔣介石は、東北軍の張学良に延安の包囲殲滅を命じた。

西安に司令部を置き、一五万の兵を率いた張学良は延安の紅軍と戦闘を繰り返した。しかし、この内戦に対する東北軍兵士の士気は低く、戦況は進展しなかった。四月、張学良は延安に飛び、共産党の周恩来と会談し、内戦の停止と抗日で合意した。そうとは知らない蔣介石は戦況が進展しないことに怒り、自ら西安に乗り込み、張学良に更なる攻撃を迫った。張学良は自らの部隊に命じて蒋介石の宿舎を急襲、逮捕させた。張学良は周恩来に西安に来るよう求め、蒋介石との会談を仲介した。周恩来と蒋介石は掃共戦を止め、一致して抗日戦を戦うことで合意した（西安事件）。こうして第二次国共合作が成立し、中国の政治、軍事状況は一変した。以後、日本軍は中国側の「不抵抗」ではなく「民族的抵抗」に直面し、全面的な抗日戦争に突入することになる。

三七年七月七日、華北に駐屯する陸軍の一部が北京郊外の盧溝橋で中国軍と衝突事件を起こした（盧溝橋事件）。事件は小さなものであったが、日本政府は中国に反省を促すために「重大決意」のもと華北への派兵を決めた。日本陸軍は中国軍が抗日戦の準備を整える前に北京―天津間を占領し、戦場を華北に限定して中国政府との和平工作に入った。この際、一気に中国を屈服させるべきと考える日本海軍は、この和平交渉が成立するのを怖れた。海軍は華北支配の次は、中国沿岸の海上封鎖、首都への戦略爆撃を計画し、長距離爆撃機を完成させ、大陸への渡洋攻撃を可能にしていた。海軍は出兵の口実をつくるために、上海駐屯の陸戦隊員二人を上海郊外の中国空軍の飛行場に向かわせた。二人は車で正面ゲートを突破しようとして銃撃され、死亡した（大山事件）。

次の日、海軍は上海総領事を通して上海市長に要求書を提出した。求めたのは事件責任者の処刑、上海の中国軍陣地の撤去などで、受け入れなければ武力行使に出るとした。蒋介石は、この五年間で防衛陣地を構築し、空軍も充実させていたので日本の要求を拒否し、戦闘を命じ、三七年八月一三日、日本海軍陸戦隊と中国軍とが閘北で衝突した。（第二次上海事変、八・一三事変）

五年前の第一次上海事変では、租界の英・米を敵に回さないために中国軍は防御戦しかできなかった。しかし、二次では中国空軍が上海に停泊する日本艦船や陸戦隊本部などへ爆撃を行い、攻勢に転じた。これに激怒したのが近衛内閣で、急遽、陸軍二個師団の上海派遣を決め、「暴支膺懲《ぼうしようちょう》宣言（暴戻な支那を懲らしめる）」を出し日中全面戦争を宣言した。海軍は大山事件を口実に第二次上海事変を起こすことで、陸軍の華北における和平工作を無効にし、戦争の拡大に成功した。

陸軍は第三師団と十一師団からなる上海派遣軍を上海に上陸させたが、中国軍の激しい抵抗を受け、苦戦し、長期戦となった。陸軍中央は九月に第九、十三、百一師団を派遣し、一〇月には中国軍の背後を衝こうと第十軍（三個師団）を編成し、杭州湾に上陸させ、さらに十六師団が長江上流部に上陸した。背後を脅かされることになる中国軍が撤退を始めたことで第二次上海事変は終了した。

三カ月に及ぶ第二次上海事変は、日中戦争史上最大の激戦と言われ、中国軍は全国の軍隊の三分の一の七〇万人を投入、日本軍も一九万人を動員した。長く激しい戦いで疲弊していた日本軍兵士は戦闘が終わったので帰国できるはずであった。だが、上海派遣軍の松井石根（司令官）は「南京に一撃を加えれば、蔣介石は下野し、新政府を樹立できる」と考え、南京への進撃を命令した。準備も兵站もないまま上海から南京に向かった日本軍兵士たちが南京虐殺を起こすことになる。

上海の街はどうなったのかというと、「虹口のメインストリートである北四川路は（第一次上海）事変直前までは、中国人によって非常な繁栄がもたらされていたが、（第一次上海事変によって）閘北が一度焼けてからは淋しくなってしまった。第二次上海事変で急激な日本化が進み、中国人商店は日本人によって駆逐された。太平洋戦争を契機に、さらに急増し、日本人居留民の数は一〇万を超えた」[72]という。

四一年一二月八日、日本陸軍はマラヤ半島コタバルに上陸しイギリス軍と戦闘に、その一時間五分後に日本海軍は真珠湾を攻撃してアメリカと宣戦布告し、太平洋戦争に入った。戦線は南方へと拡大し、緒戦の花々しい戦果が報道されると、中国での戦争は終わったかのように受け取る日本人もいたが、日本軍は中国での抗日戦争に対処するために、南方よりも高い水準で戦費を投入し続けた*。

装備が劣る中国軍がゲリラ戦による持久戦から、正面攻撃によって日本軍に勝ち始めたのは四四年からで、中国軍は各地で反攻を開始し、多くの都市を解放していった。

＊中国戦線における軍事費―四一年以降の中国および満州の両地域における陸軍臨時軍事費の占有率合計は、四一年が三一・八％、四二年が二四・四％、四三年が二七・一％、四四年が五三・三％、そして四五年が三〇・一％と、それぞれ南方地域の六・八倍、二・七倍、一・七倍、二・四倍、および七・七倍となり、太平洋戦争を戦いながら、日本陸軍の場合、その戦力と戦費の圧倒的部分を中国という強烈な北方の磁場に吸引されていたのであった…海軍の場合は…四三年には中国の比重が南方戦線の二・一六倍、四四年では三・一二倍、四五年では五・五七倍となって、繰り返していうが、『海主陸従』の戦が戦われているはずの太平洋戦域の戦費が中国戦線のおかげでやみくもに食われているという、一見、信じ難い事実がこの数字から証明されるのである。(73)

【出典】（第一部）

（1）エドガー・スノー『目ざめへの旅　エドガー・スノー自伝』筑摩書房 一九八八年 九六頁
（2）石堂清倫「三二年テーゼの問題」『現代の理論一〇五』現代の理論社 一九七二年一〇月号 五一頁
（3）川田稔『満州事変と政党政治』講談社 二〇一四年 七～八頁
（4）石原莞爾「満蒙問題私見」『太平洋戦争への道 資料編』朝日新聞社 一九八八年 九九頁
（5）板垣征四郎「満蒙問題に就いて」『太平洋戦争への道 資料編』朝日新聞社 一九八八年 一〇六頁
（6）中塚明『これだけは知っておきたい日本と韓国・朝鮮の歴史』高文研 二〇〇二年 一〇八頁
（7）宋連玉「植民地朝鮮の女性」『東アジア近現代通史五』岩波書店 二〇一一年 七四頁
（8）前掲（6）『これだけは知っておきたい日本と韓国・朝鮮の歴史』一四二頁
（9）金森襄作「満州における中国共産党の合同と五・三〇事件について」『朝鮮史叢書七号』青丘文庫 一九八三年三二頁
（10）臼井勝美『満州事変』中央公論社 一九九三年 二七頁
（11）緑川勝子「万宝山事件及び朝鮮内排華事件についての一考察」『朝鮮史研究会論文集第六集』一三五頁
（12）前掲（11）「万宝山事件及び朝鮮内排華事件についての一考察」一四二頁
（13）朝日ジャーナル『昭和史の瞬間　上』朝日選書 一九七四年 一〇三頁
（14）劉傑『中国の強国構想』筑摩書房 二〇一三年 九二、九三頁
（15）前掲（10）『満州事変』三八、三九頁
（16）日本国際政治学会編『太平洋戦争への道二・満州事変』朝日新聞社 一九八七年 二六一頁
（17）前掲（16）『太平洋戦争への道二・満州事変』二七二頁
（18）前掲（16）『太平洋戦争への道二・満州事変』二八一頁
（19）周偉嘉『中国革命と第三党』慶應義塾大学出版会 一九九八年 九頁
（20）高綱博文「上海事変と日本人居留民」中央大学人文科学研究所編『日中戦争』中央大学出版部 一九九三年五六頁
（21）エドガー・スノー『極東戦線』筑摩書房 一九七三年 一四〇頁
（22）信夫淳平『上海戦と国際法』丸善 一九三二年 七、九頁
（23）前掲（20）「上海事変と日本人居留民」六〇頁

(24) 梶村秀樹訳注『白凡逸志・金九自叙伝』東洋文庫 一九八〇年 二五七頁
(25) 我妻栄『日本政治裁判史録・昭和前』第一法規出版 一九七〇年 三八五頁
(26) 前掲(24)『白凡逸志・金九自叙伝』七三頁
(27) 前掲(20)「上海事変と日本人居留民」一二二、一二三頁
(28) 影山好一郎『第一次上海事変の研究』錦正社 二〇一九年 八三頁
(29) 前掲(16)『太平洋戦争への道二・満州事変』一二三頁
(30) 前掲(21)『極東戦線』一二六頁
(31) ハリエット・サージェント『上海』新潮社 一九九六年 二七一頁
(32) 前掲(16)『太平洋戦争への道二・満州事変』一二六頁
(33) 前掲(22)『上海戦と国際法』三三頁
(34) 前掲(22)『上海戦と国際法』一五一頁
(35) 前掲(21)『極東戦線』一五二、一五三頁
(36) 揚克林・曹紅『中国抗日戦争図誌日本語版上巻』柏書房 一九九四年 一二八頁
(37) 前掲(21)『極東戦線』三七〇、三七一頁
(38) 易顕石他『九・一八事変史』新時代社 一九八五年 二七〇、二七一頁
(39) 上野英信『天皇陛下萬歳』洋泉社 二〇〇七年 一二一、一二二頁
(40) 前掲(39)『天皇陛下萬歳』一二二頁
(41) 前掲(16)『太平洋戦争への道二・満州事変』二八五頁
(42) 前掲(38)『九・一八事変史』三六七頁
(43) 前掲(39)『天皇陛下萬歳』一二七頁
(44) 黒羽清隆『十五年戦争史序説・上』三省堂 一九八四年 八九頁
(45) 前掲(22)『上海戦と国際法』一二六頁
(46) 前掲(20)「上海事変と日本人居留民」二五頁
(47) 前掲(20)「上海事変と日本人居留民」五五頁
(48) 前掲(22)『上海戦と国際法』四二四頁

(49) 高橋邦夫『帝国海軍と上海事変』日本評論社　一九三二年　一二五～一二八頁
(50) 十五年戦争極秘資料集補巻五「第一次上海事変における第九師団軍医部陣中日誌」不二出版　一九九八年　八頁
(51) 加藤陽子『天皇と軍隊の近代史』勁草書房　二〇一九年　四五頁
(52) 前掲(19)『中国革命と第三党』一六四頁
〈53〉彭徳懐『彭徳懐自述―中国革命とともに』サイマル出版会　一九八四年　二三八、二三九頁
(54) 前掲(10)『満州事変』一七八頁
(55) 前掲(28)『第一次上海事変の研究』二一一頁
(56) 渡邊行男『重光葵』中央公論社　一九九六年　二八～三二頁
(57) 寺崎英成・マリコ・テラサキ・ミラー『昭和天皇独白録』文藝春秋　一九九一年　二七、二八頁
(58) 前掲(57)『昭和天皇独白録』二八頁
(59) 前掲(28)『第一次上海事変の研究』四三八～四四一頁
(60) 前掲(20)「上海事変と日本人居留民」三〇、三一頁
(61) 上海居留民団編『昭和七年上海事変誌』大空社　二〇〇二年　七六七頁
(62) 前掲(21)『極東戦線』一五四頁
(63) 前掲(61)『昭和七年上海事変誌』七六七頁
(64) 前掲(10)『満州事変』一六七頁
(65) 前掲(44)『十五年戦争史序説・上』九八頁
(66) 前掲(22)『上海戦と国際法』一三三、一三四頁
(67) 日中韓三国共通歴史教材委員会『未来をひらく歴史』高文研　二〇〇五年　一〇五頁
(68) 笠原十九司『日中戦争全史・上』高文研　二〇一七年　一二五頁
(69) パリエット・サージェント『上海』新潮社　一九九六年　二八五頁
(70) NHKドキュメント昭和取材班『ドキュメント昭和二上海共同租界』角川書店　一九八六年　一九九、二〇〇頁
(71) 岡部直三郎『岡部直三郎大将の日記』芙蓉書房　一九八二年　二三頁
(72) 前掲(22)「上海事変と日本人居留民」三〇、三一頁
(73) 森本忠夫『魔性の歴史』文藝春秋　一九八五年　五二、五三頁

第二部　もう一つの抗日戦争

第一章　上海事変と独立運動

はじめに

第一次上海事変（上海戦）の停戦協議がまとまったのが三二年四月二八日。翌二九日、日本軍は勝てなかった戦争の「勝者」であることを示そうと上海市内で軍事行進を行った。租界通りを使用するのは混乱を引き起こすので中止するようアメリカ総領事が要請する中、天候悪化のため五〇機の爆撃機による飛行は取り止められたが、日本陸軍の金沢師団を主とし、海軍陸戦隊も含めた一万人の兵士、重火器、装甲車、戦車を使った軍事行進が強行され、上海市民や租界の外国人に日本の「戦勝」を誇示しようとした。

軍事行進の終了地点は虹口《ホンキュー》公園（魯迅公園）で、そこには「天長節」（後に天皇誕生日と改称）を祝う式典に参列するため、大勢の日本居留民が集まっていた。陸海軍一万人の兵士が公園に到着すると、そのまま祝賀式典に合流し、官民合同による「天長節祝賀式」が行われた。

諸々の挨拶が終わり、出席者全員が「君が代」を歌っているとき、壇上に並ぶ日本軍首脳らに爆弾を投げたのが抗日独立運動家の朝鮮人、尹奉吉《ユンボンギル》であった。これにより白川（上海派遣軍司令官）と河端（居留民団行政委員長）

が死亡。植田（金沢師団長）や重光（公使）らが負傷した。

国際都市上海での爆弾事件は世界に報道され、ある新聞は、日本の植民地支配に抵抗する独立運動がまだ存在していることは、朝鮮は日本に同化されていないことを意味すると伝えた。

「ニューヨーク・イブニングポスト」紙の論評―爆弾で敵を取り除くという軍国主義の行為を、朝鮮人がやったので、日本による合併に激しく反発する朝鮮人の意志が、まだ強く残っているという事実、忘れられた事実を浮かび上がらせた。朝鮮は完全に同化されたわけではないのだ。（「チャイナ・ウィークリー・レビュー」三二年五月二一日号掲載）

朝鮮内に一報が届くと、事件の内容と同時に「尹奉吉とは何者なのか」に関心が集まった。上海戦という激しい戦闘を経験し、多くの死傷者を出した上海市民は、「戦勝」を印象付けようとした日本の目論見が砕け散ったことに歓喜し、朝鮮人の行った〝もう一つの抗日戦争〟を称賛した。こうした中国人の賛辞は、朝鮮人への連帯感情を生み、これまで「日本の手先」と見ていた朝鮮人に対する見方を一八〇度変える契機となった。

それだけでなく、上海戦は中国人自身に対日武力抵抗への可能性を意識させるものとなったことから、中国人は、上海戦の最終局面で侵略者側の最高司令官を倒した尹奉吉の行動を、中国軍でも為しえなかった軍事的成果として高く評価した。

逆に日本軍としては、上海戦で中国軍に勝利することができなかっただけでなく、戦地において最高司令官が殺害されるという歴史上初めての屈辱を味わうことになった。なのに、尹奉吉が中国人ではなく「日本臣民とされる朝鮮人」であったことから、報復を叫び、再び中国を相手に戦争を始めるわけにはいかず、引き下がるしかなかった。

こうした屈辱を抱えたまま帰還せざるを得なかった日本軍が、帰国後、尹奉吉個人に対して行った仕打ちは冷酷なもので、ここでも〝侵略〟や〝支配〟に対する〝抵抗〟の代償がいかに大きいかが示される。だが、侵略がある限り、報復を覚悟の上での抵抗が行われ、侵略した側はそれに向き合わなければならなくなる。

［二］上海戦の中の臨時政府

日本の植民地支配に抵抗する朝鮮独立運動組織は幾つもあったが、その一つである大韓民国臨時政府（臨時政府）は上海のフランス租界に政府事務所を構えていた。* 臨時政府の代表、金九《キムグ》は上海戦が激しさを増すなか、フランス租界の通りを中国軍兵士の戦死傷者を載せたトラックが血をたらしながら往来する姿を見て、「いつの日かわれわれも倭（日本）と戦って本国の山河を血に染める日が来るのだと思うと、しきりに涙がこぼれた。アメリカ在住の同胞からは中国を助けて日本と戦うようにとの手紙も届いたが、そんな力はなかったので、日本軍の兵器庫に時限爆弾を仕掛けようとしたが、計画のまま戦争は終わってしまった」と自伝に記している。

金九は、李奉昌《イボンチャン》の桜田門事件の際に使用した爆弾を、中国軍の将校であった金弘壱《キムホンイル》（朝鮮人で中国名は王雄）を通じて上海兵工廠から入手していた。尹奉吉が決行する際も、金九は金弘壱を訪ねて「日本人が使う水筒と弁当箱に爆弾を装置してほしい」と依頼した。しばらくすると上海兵工廠から連絡が入った。金九が工場へ行くと、兵工廠の中国人技師が二種類の爆弾（水筒型と弁当箱型）を実際に爆発させ、その威力を証明してみせた。さらに二〇個の起爆装置を実験した結果、一度も失敗がないことを確認してから実物に仕込んだと説明し、「東京（桜田門）事件で使った爆弾の性能が充分でなかったことを遺憾に思っている」として、二〇個の爆弾を無料にしてくれたという。(1)

この金弘壱について、日本側の史料（外務省警察史）は上海兵工廠の庫長としているが、金九は庫長として別の人物の名前を挙げている。佐々木春隆によれば、金弘壱は十九路軍の後方情報局長を兼任し、フランス租界に留まって日本軍の後方攪乱を任務としていたとする。金弘壱が語ったところによると、「安昌浩《アンチャンホ》や金九らと連絡しながら韓国人を動員して情報収集にあたったところ、虹口埠頭に接岸している日本艦隊の旗艦・出雲に上海派遣軍司令部が同居していることを偵知した。付近には日本総領事館や軍需品倉庫が密集していたので、接岸している出雲を爆破すれば埠頭に山積みしてある弾薬に引火して日本軍の兵站は壊滅すると考え、兵工廠で時限式の爆弾をつくり、中国人の潜水士を二人雇った。予定時刻に轟音とともに黄埔江に大きな水柱が上がったが、出雲はそのままであった。調べてみると、怖気づいた潜水士がなかなか進まないので、拳銃で脅したが、出雲に到着する前に爆発したことが判明した。また、金九と協力して日本軍の飛行機格納庫と軍需品倉庫に時限式爆弾を、そこに雇われている韓国人に仕掛けさせる計画を立てたが、爆弾が出来上がらないうちに三月三日（停戦）を迎えた」。(2)

上海にいた信夫淳平（海軍法律顧問）は「三月一日、軍艦・大井の三〇メートルのところで、それより二〇分ほど経て、旗艦・出雲の船尾五〇メートルほどの水中にて一大爆発とともに、水煙が飛翔し、黄浦江に面する上海全市にかなりの震動を与え、中には地震と見て屋外に飛び出した者なども大分あった」(3)と記していることから、このような作戦が実行されたのは間違いないようだ。なお、上海戦には約二〇〇人の朝鮮人が日本の軍警によって動員され、飛行場の建設、自警団活動に参加させられ、三人の死者と六人の重傷者を出している。(4)

＊臨時政府―三・一独立運動の後、一九年に樹立された大韓民国臨時政府は、亡命政府として独立運動の中心になっていたが、日本の弾圧によって本国との連絡を絶たれると勢いは衰えた。二三年に各独立運動団体の代表を集めて「国民代表大会」が開かれ、臨時政府をどうするか話し合いが行われた。現状維持を主張する金九らのグループ、改造した上で政府として存続させようとする安昌浩ら、解体して新たな政府をつくろうとする満州、シベリアのグループに分裂した。その後再統一が図られたが成功せず、一～二年間、臨時政府の引き受け手がない状態が続いた。

そこで臨時政府の旗印を守らなければならないとする現状維持派の金九らが政府機能を引き受けた。

[二] 尹奉吉《ユンボンギル》——上海にたどり着いた青年

上海戦が租界の外、閘北で戦われているとき、尹奉吉はフランス租界に住み、共同租界の虹口へ野菜を積んだ荷車を押して行き、日本居留民を相手に売り歩いていた。これは金もうけのためではなく、「李奉昌の次は自分が」という決意のもと、敵を知るために敵の中に入り込んで情勢をつかみ、合わせて日本語に磨きをかけるための行為だったと思われる。この頃、彼は故郷の母親に「静かに眠っていた寝息が泣き声に変わりました。飛行機がゴーツ、大砲がドンドン、機関銃がパチン、パチンと音をたてました。これは民族の力の表れです。二つの民族がぶつかり合う音です」(5)と、目覚めた中国が抵抗する様を書き送っている。

尹奉吉は〇八年に朝鮮忠清南道礼山郡徳山で生まれた。彼が二歳のときに日本による植民地支配が始まり、一二歳で三・一独立運動を目撃し、「日本人の校長が教える学校には行かない」と公立普通学校を退学、書堂（私塾）で学んだ。そこでの学びを終えると夜学を開き、子どもたちに文字を教えた。さらに、自身が生活する農村を豊かにしなければと農村振興運動を始めた。農村が豊かになるためには農民の自助、自立、協働が必要だとし、村の青年たちと協力して作物の増産や肥料などの共同購入を進めるための「復興院」を建て、農民運動の拠点にしようとした。

この復興院の完成を祝う学芸会が開かれ、夜学の子どもたちが、ずるい狐が兎の食べ物を横取りするという劇（ウサギとキツネ）を上演した。翌朝、尹奉吉は警察に呼び出された。「この劇は日本を侮辱するものなのか」と警官に問われ、彼は否定することで警察署から帰ることができた。しかし、以後、彼には監視がつくようになった。

それでも尹奉吉は、復興院に内実を持たせようと農民組織の「月進会」をつくった。月進会は農家の副業として養鶏や養豚を行い、山に果樹を植えた。また学習会を開いて農民の教養を高めようとした。彼はオーストリアとの戦争で敗れながら、荒れた国土を植林と農業によって復興させたデンマークを理想としていたという。

二九年、尹奉吉は光州から始まった民族差別に反対する全国運動（光州学生運動）の報を聞き、たぎる血を抑えることができなかった。しかし、警察は月進会を始めとする農民組織を解散するよう迫ってきた。この頃、総督府は「地方の農村では識字運動を理由に無許可で夜学を開き、子どもに学問を教えながら、社会の不合理を説き、社会革命を教えている」として、夜学や農民組織の一斉取り締まりを始めていた。

尹奉吉は解散命令を拒否して闘うか、従うか、迷った。また、自身が行っている農民運動を独立運動につなげるためには、どうしたらよいのか悩んでいた。彼は、かねてより親交のあった李黒龍《イフンニョン》（ソウルの雑誌記者）に相談した。李黒龍は農民運動の基盤はできたのだから、後は他の青年たちに任せて、独立運動をすべきであり、満州へ行って独立軍に参加しようと提案した。二人は植民地下では、生活に密着した運動には限界があり、周囲に迷惑が及ばないよう生活の場から離れなければ独立運動はできないとの結論に達したと思われる。

三〇年三月、尹奉吉は身辺整理をし、両親と妻子に対して「帰ることはない」との遺書を残し、秘かに故郷を離れた。途中の列車内で警察の尋問を受けた彼は、連行され半月の間、留置された。その後、何とか李黒龍と連絡がつき、新義州で落ち合った二人は国境を越えた。

李黒龍の案内で満州を旅して、二人はある独立軍の宿営地に着いた。そこは規模も小さく、組織も整っておらず心に響くものはなかった。その後、他の独立運動組織を求めて満州を流浪し、朝鮮革命軍司令部（興京）にたどり着いた。かつては盛んだった革命運動も沈滞に陥っていることに気付かされた尹奉吉は、ここに残るか、中国中央部へ行くか、李黒龍と話し合った。彼は残ると言い、尹奉吉は、この司令部では日本と戦えないからと南下することにした。

一人になった尹奉吉は青島に着いた。そこから上海にある臨時政府を目指すつもりでいた。しかし、上海までの旅費がなかったので日本人経営のクリーニング店で働いた。お金が貯まると、故郷を出るときに月進会のお金を無断で借りて旅費にしていたので、それを返した。その後、再び旅費を貯めることに専念し、旅費ができると青島を離れた。

万宝山事件（七月）、満州事変（九月）が始まる前の、三一年五月、尹奉吉は上海に着いた。「私を迎えてくれる人はいなかったが、目的地に来ただけで嬉しかった」（自筆略歴）。彼はすぐに居留民団の事務所を訪ね、金九に挨拶をした。しかし、身元を明らかにするものが何もなかったため、形式的な会話にしかならなかった。もちろん彼は、初対面で受け入れられるとは思っていなかっただろう。だが、二度と戻らないと故郷を離れ、満州を流浪し、ようやく上海にたどりつき、苦労して金九に会いに来たのに、簡単には信用されない、されるはずもない、このときの寂寥感は大きなものであったと想像する。

やがて尹奉吉は安恭根《アンコングン》(安重根の弟)と出会った。尹奉吉は彼に対して、故郷での農民運動のこと、満州での見聞、独立運動に参加するために上海に来たことを語り、意気投合した。安恭根はフランス租界の自宅を宿舎にするよう勧め、同胞の実業家、朴震《パクチン》が経営する帽子製造工場で働けるよう取り計らってくれた。このとき安恭根は臨時政府の一員として、金九の下で活動していたとされている。

〔三〕金九と尹奉吉

尹奉吉は工場で働きながら夜に労働者を集め、韓人工友会という労働組合のような組織をつくった。そのために経営者の朴震との間がぎくしゃくしたものになったため工場を辞めた（自筆略歴では解雇されたとなっている）。

満州事変を契機に上海では激しい対日ボイコットが行われ、三二年一月、李奉昌の天皇襲撃事件が伝わると、上海の日本居留民は激高し、日本海軍は軍事行動を起こした。上海戦のさなか、尹奉吉は野菜の行商人となって虹口の街を歩き回りながら、自らの状況判断によって「金九は李奉昌に続く暗殺計画を実行するだろうから、金九に会わせてほしい」と安恭根に頼んだ。

ようやく金九と会えた尹奉吉は、満州でのこと、独立運動への思いを語り、金九は「心を開いて独立運動のあらゆる計画を話し合いましょう」と、彼の思いを受け入れた。こうして尹奉吉は虹口で商売をしながら集めた情報を、金九に報告するようになった。

金九によると、「来る四月二九日には、虹口公園で、やつらのいわゆる天長節祝賀式を盛大に挙行するそうだから、そのときに、ひとつ大目的を果たすようにしてみてはどうだろうと私は、その行動計画について話した。私の話を聞くと、尹君は『やりましょう!これで気持が落ち着きます。どうか準備なすってください』とこれを快諾した」(6)とする。この、事件を発案し、命じたのは金九とする「金九指示説」が通説的見解になっており、日本軍の判決文も「金九に誘われ、被告(尹奉吉)が快諾した」としている。

この見解に対し、尹奉吉が虹口で野菜を売り歩いているとき、四月二九日に上海では毎年、天皇誕生日を祝う「天長節祝賀式」が行われているが、今年は上海戦の「戦勝」祝賀の軍事行進も同時に行われる。その後の「天長節祝賀式」には日本軍首脳も合流するので、上海に住む日本人なら誰もが式典に参加しなければならないという話を聞き込んだ。この話を日本語新聞で確認すると、尹奉吉は金九に「日本軍首脳が集まるまたとない機会」と行動を提案し、金九が了承したとする「尹奉吉発案説」がある。

この尹奉吉発案説の方が、あり得るように思える。なぜならば、桜田門事件のときも、金九の側に天皇暗殺計画があったわけではなく、実行者の李奉昌と民団事務員との会話(もし爆弾があったら天皇に投げていただろう)を聞いた金九が、彼の意志と計画を確認し、日本への渡航資金と爆弾を渡したことから、今回も、フランス租界から出たら逮捕される金九に対して、尹奉吉は領事館警察や自警団がいる虹口に自由に出入りができ、しかも日本語を理解できた彼が*、祝賀行事の情報を得て、それを基に行動計画を立て、金九を説得したと考えた方が自然だろう。

これは実行者の主体性に関わる問題で、李奉昌と尹奉吉は自らの発意に基づき、納得して行ったから、その行動は成功したのであり、先に述べた金弘壱が日本の軍艦（出雲・大井）を爆破しようとして中国人潜水士を雇い、失敗した原因は、雇われた側に主体性も当事者意識もなかったからと言えよう。

四月二九日の「天長節祝賀式」には、上海戦を戦った白川（上海派遣軍司令官）や植田（金沢師団長）も参列するので、日本居留民は弁当と水筒と日章旗を持参して参加するようにとの案内が、新聞に掲載されると、金九は弁当と水筒を手配した。尹奉吉は写真館で白川と植田の写真を購入して顔を記憶し、式典会場となる虹口公園を何度も下見した。

四月二六日、尹奉吉は李奉昌と同じように、臨時政府とは別組織としてつくられた「韓人愛国団」の入団宣誓式を行った。宣誓文は「祖国の独立と自由の回復のために」の文言に「中国を侵略する敵の将校を殺戮」するとの一行が加えられた。

四月二九日、尹奉吉は金九と一緒に最後の朝食をとる。彼は自分の新しい時計と、金九の古い時計を交換してほしいと頼んだ。「私の時計はあと一時間しか使う必要がないですから」と。

尹奉吉は虹口公園の前でタクシーを降り、門に立つ中国人の守衛に日本語で挨拶をした。それは日本人だから入りますよという意味で、不審者を監視していた領事館警察も憲兵も、きちんとスーツを着て、日本語を話し、水筒と弁当と日章旗を持った彼に疑惑の目を向けることはなかった。日本側（内務省保安課）の資料では、公園の入り口で中国人守衛より入場券の提示を求められたため、「俺は日本人だ。入場券なんかいるもんか」と一喝して入場したとしている。この場合、尹奉吉が日本語を発しなかったなら（日本語で一喝できなかったなら）、入場を拒否されるか、逮捕される可能性があったことになる。

＊尹奉吉と日本語―尹奉吉は故郷で農民運動をしている最中も、敵を知るためにと日本語を勉強していたと言い、青島で日本人のクリーニング店で働いたのも賃金を得ながら、同時に日本語を習得するためだったとされる。

［四］上海―虹口公園

上海北部にある虹口公園（日本居留民は新公園と呼んでいた）は共同租界の所有で、芝生が敷きつめられた広大な広場を有し、周囲は塀で囲まれており、出入口は三カ所しかなく、門には守衛が立っていた。

「天長節」の祝賀行事は、例年なら屋台などが出てお祭り気分で行われるのだが、今年は上海戦の「戦勝」を誇示する場にするために、屋台などの出店は禁止されていた。よって日本居留民は弁当と水筒を持参するよう指示されていた。

白川（上海派遣軍司令官）は式典に先立ち、租界の外国人に向けて「天長節」の意義を説明するために声明を発表した。「我等、陛下の臣民は、陛下の賢明で慈悲深い統治に深く打たれ、皇室の威信は年々高まるばかりである…我が国体は、皇室開祖のときより他に類のない特質を持つ。すなわち、日本は自然の理にかない、平和のうちに威厳を持って建国され、皇族を家族の長として戴き、統治され、一国となって結束している。このようなあり方は世界で比類なきものである」。(7)

白川にとって日本は、素晴らしい君主国であって、中国や租界の諸外国は共和制の国家であり、穢れた国と認識していたので、このような自国優越思想を表明したのだろう。こうした考えの裏側にあるのが朝鮮、中国を始

1932年4月29日の「天長節祝賀式」 事件の前と後
（『THE ILLUSTRATED LONDON NEWS』1932年5月28日）

めとするアジアに対する蔑視であった。

午前一〇時から租界大通りを使った日本軍の軍事行進が行われた。停戦協議が妥結した次の日の、大規模な示威行為に中国人は反発し、英・米の商工会議所は租界の道路、公園を使用しないよう求めた。これらを無視して行われた軍事行進が公園内に到着すると、白川と植田は馬上から一万人の兵士を閲兵し、引き続き、同じ公園内で行われる官民合同の「天長節祝賀式」に合流した。

祝賀式典のために高さ二メートル、幅六メートルの四角い式台が設置され、式台の斜め前には来賓の外国武官が、前には陸海軍の兵士一万人と日本人学校の生徒が整列し、後方には式台を丸く取り囲むように日本居留民が集まっていた。

紅白の幕で飾られた式台の上には七人の軍・官・民の幹部が並び、河端（民団行政委員長）が挨拶をし、村井（総領事）が祝辞を述べた後、軍楽隊の演奏とともに「君が代」が斉唱され、最後に白川（上海派遣軍司令官）の「天皇陛下万歳」の三唱で閉会することになっていた。

「君が代」を壇上の七人は直立して聞いていた。そこへ雨が降ってきた。一瞬、群衆がざわついたとき、式台後方の群衆の中から飛び出した尹奉吉は、弁当箱を地面に置き、水筒の紐を引くと壇上に投げつけた。白煙と轟音の中、近くにいた軍人が尹奉吉に飛びつき、幾人もが折り重なるように彼を押さえつけた（上海爆弾事件、または上海虹口公園爆弾事件）。

爆発の結果、河端貞次（上海居留民団行政委員長）と白川義則（上海派遣軍司令官）が死亡。重光葵（中国駐在公使）は足に全治四カ月の重傷。植田謙吉（金沢師団長）は足に全治六週間の重傷。野村吉三郎（第三艦隊司令官）は右目失明。村井倉松（上海総領事）は全治三週間の重傷。友野盛（上海居留民団書記）は軽傷となった。

[五] 金九の上海脱出

逮捕された尹奉吉は憲兵隊に引き渡され、背後関係、爆弾の出所を自白するよう容赦のない拷問が加えられた。使われなかった弁当箱型の爆弾から、これは市販のものではなく、銑鉄を用いた鋳造品であり、同じものが多数つくられている可能性が高いことが判明した。

臨時政府はフランス租界の中にあり、フランスの許可がない限り日本は警察権を行使することはできなかった。以前、フランスは日本に対して、朝鮮独立運動の情報と日本にいるベトナム独立運動家の情報を交換しようと持ちかけた。日本は、フランスからの独立を求めるベトナム人を支援しているのが右翼団体であったために、この情報交換の提案を拒否した。断られたフランスはフランス租界に住む朝鮮独立運動家を政治亡命者として寛大に処遇してきた。そのため、桜田門事件のとき、日本側は首謀者であるとして金九の逮捕をフランス側に申し入れたが、フランスは拒否した。ところが、尹奉吉の爆弾事件の衝撃が大きかったせいか、あるいは事件が上海で起きたためか、フランスは日本の捜査に協力すると回答してきた。

事件の翌日、日本の領事館警察と陸軍憲兵、計六六人は、フランス警察の六〇人とともに、フランス租界に住む朝鮮人の家に次々と踏み込んだ。金九は見つからなかったが、一一人の朝鮮人を連行した。このとき、連行した一人から金九の住所が判明した。フランスの許可を得てから租界に入ると、フランス側は事前に金九に情報を流し、逃がしてしまう可能性があったので、日本軍警はフランスの許可を得ずに、金九の住所を急襲した。この行動から、日本側には外交的リスクを犯してでも、金九を逮捕したいとの強い思いがあったことを窺い知ることができよう。だが、そこに金九はいなかった。フランス租界当局は「二度とこのような行為は許さない」と通告し、本国のフランス政府も日本政府に対して行政権を侵害したと抗議した。

金九は事件当日に、フランス租界に住むアメリカ人のフィッチの家に隠れた。フィッチはYMCAの主事をしている中国生まれの牧師で、彼の父親の代から朝鮮独立運動とかかわりを持っていた。金九はフィッチの家に臨時政府の安恭根ら四人で住み、事件の事後処理にあたった。フランス租界の一斉検挙で事件とは関係ない一一人が逮捕されたことを知ると金九は、「桜田門事件と上海での爆弾事件の責任者は金九である」との声明文をフィッチ夫人に英訳してもらい、通信社に送った。

この家で一カ月ほど生活した四人だったが、日本側のスパイとおぼしき洋服屋がフィッチの家を監視し始めたため、フィッチは急ぎ、車で四人を租界外の中国管轄地区に送り届けた。上海を脱出した金九は列車で嘉興(上海と杭州の中間にある都市)へ逃れた。臨時政府も杭州に移され、散り散りになっていた人々が再び集まり始めた。一方、日本は金九に賞金を懸け(第一次二〇万元、第二次六〇万元)、行方をつかもうと各地へスパイを放った。日本の軍警としては次の爆弾事件を起こさせないためにも、体面上からも、どうしても金九を逮捕しなければならなかった。

[六] 大連未遂事件

その後、上海の領事館警察は配達不能の電報の中に、安恭根の住所があることを発見した。その電報の発信局は大連になっていたので、すぐさま大連の領事館に連絡し、五月二三日に発信人の崔興根《チェフンシク》を逮捕し、続いて柳相根《ユサングン》を逮捕した。この二人は、金九が関東軍司令官を暗殺する目的で送り出した韓人愛国団の団員だった。二人は、国際連盟が派遣したリットン調査団が、五月二六日に大連に着くのを出迎える関東軍司令官に爆弾を投げるつもりであり、実行三日前の逮捕であった。

リットン調査団のメンバーの一人は、逮捕された二人の朝鮮人の計画は、調査団の団員を狙ったものと捉えた。「われわれが大連に着く二日前、日本の警察は、朝鮮人暗殺団を捕えた…大連で使うことになっていた爆弾は、上海の暗殺事件の際用いたものと同じ構造であった。暗殺団は五月初めに大連につき、市内に身を潜めていた…暗殺目的は、各国人が加わっている調査団員を殺すことによって、日本の国際的立場を困難にさせ、ひいては朝鮮の独立を勝ち取ることであった」。(8)　おそらく日本側から調査団に対して、このような説明がなされたものと推測できる。

柳相根は拳銃と水筒型爆弾を所持していたので臨時政府の一員であることは間違いなかった。上海と大連の領事館警察は連携し、二人の逮捕を公表せず、金九と連絡を取り続けさせて居場所を突き止めようとした。そこへ何も知らない金九から手紙が届いた。手紙には「日貨で二百円送ったが連絡がないので心配している。今回、営業に大成功したので大規模な営業を経営中」とあったので、日本側は、上海で成功した金九は次の事件を計画していると判断し、引き続き連絡が来るのを待って金九の住所を特定しようとした。ところが、手違いから新聞が二人の逮捕を報道してしまったので、この策略は中止され、依然、金九の行方はつかめないままとなった。

第二章 「白川は死んでいない」

[一] 「犯人を憎悪するあまり」

逮捕された尹奉吉は上海派遣軍の憲兵隊に引き渡され、そこで取り調べを受けた。一般的には、独立運動を理由に逮捕された朝鮮人は、領事館警察で取り調べられるのだが、*このときはまだ上海戦の最中（停戦の正式調印は五月五日）であり、上海には陸軍の上海派遣軍と金沢師団がいた。そのため上海派遣軍の憲兵隊が取り調べを行ったのだが、どこが取り調べを行おうと、民間人は地方裁判所（普通裁判所）に起訴するのが通例であった。だが、尹奉吉は軍人を裁くための裁判所である軍法会議（特別裁判所）に送られた。

軍法会議には常設と特設があり、新法が制定された二一年から、「常設」では公開、弁護人、上訴を認める規定になっていた。これに対し、戦時等に設置される「特設」では、即断即決を趣旨とするために、それらは認められなかった。尹奉吉の場合は特設軍法会議で、弁護人なし、非公開、一審制であった。

軍法会議は軍の秩序保持と組織の安定のために、軍人の犯罪を裁くところなのだが、軍人以外の一般人に対しても裁判権はあるとしており、民間人を裁くことはできた。その場合の裁判権は「作戦場」に限られていると指摘したのが信夫淳平（海軍法律顧問）で、事件当時、上海にいた信夫は、事件現場の虹口公園は共同租界の所有で、当局に使用料を払って利用する場所であり、日本軍の占領地ではなかった。今回の上海戦で日本軍は同公園を軍事使用しておらず、どう見ても作戦場であったとはいえない。よって尹奉吉を軍法会議の管轄にすることはできないので、「上海の領事館において予審を行った上、長崎地方裁判所の管轄に移すべき」とする。続けて、陸軍が「軍法会議に移したその心情は十二分に理解するが、情と理を分けて、冷静に考えるならば、この決定に疑義を挟まざるをえない」(9)とした。

信夫は、本来ならば尹奉吉は領事館に引き渡され、長崎地裁に起訴されなければならないところ、陸軍は自分たちの司令官を殺害し、師団長に重傷を負わせた「犯人を憎悪するあまり」、〝情〟を優先させ、自らの手で報復しようと〝法〟を捻じ曲げ、軍法会議で裁いたと指摘する。

*領事館警察―日本は不平等条約によって中国で領事裁判権を有していたので、日本人が犯罪を行っても、中国の裁判所で裁かれることはなく、日本の領事裁判所において日本の法律で日本人が裁いた。この領事裁判権に基づき、日本居留民を保護し、取り締まることを名目に独自の警察権を行使したのが外務省警察、通称、領事館警察であった。当時、植民地支配をされていた朝鮮人は「日本臣民」とされていたので、中国の地で行われた抗日独立運動で逮捕された朝鮮人の多くは、中国側に引き渡されることなく、領事裁判権によって日本の法律で裁かれた。

[二] なぜ民間人を軍法会議で？

この年（三二年）の五月に東京で起きた五・一五事件（犬養首相暗殺）では、クーデター参加者のうち陸軍軍人は第一師団軍法会議で、海軍軍人は海軍東京軍法会議で、民間人（愛郷塾生ら）は東京地方裁判所で審理されたように管轄権は遵守されていた。なのに、民間人である尹奉吉を軍法会議で裁いた理由は、信夫が指摘するように、陸軍の「憎悪による報復行為」であったのだろうか。

同じ時期に、民間人でありながら軍法会議で裁かれた人物がいた。吉野源三郎（総合雑誌『世界』を創刊。『君たちはどう生きるか』の著者）は、図書館に勤務していたが、上海でコミンテルンと接触したとして三二年一二月、治安維持法により軍法会議で有罪の判決を受けた。

日本では徴兵制による兵役を終えた成人男子は、その後も在郷軍人として国家の縛りを受け続けた。在郷軍人であった吉野は、この年の七月に演習のために召集を受けて、二二日間だけ野砲兵学校に入校した。この間、民間人の彼は軍人として扱われることから、彼を軍法会議で裁く根拠はここにあった。

一般的に治安関係で検挙された者は、特高警察から内務省警保局へ送られ、司法省によって地方裁判所へ起訴されるのだが、なぜ、陸軍は吉野源三郎を地裁に渡さずに、わざわざ軍法会議で裁いたのか？　それは、満州―上海事変を契機に、日本共産党による反軍運動としての軍人へのアプローチが増えており、三二年に反軍行為は二四〇〇件を突破していた。危機感を抱いた陸軍は、反軍運動への見せしめとして、また歯止めとして、以前から共産党関係者として監視していた吉野が召集されたのを機に、陸軍側が裁判権の行使を強く主張し、内務省、司法省が折れて、行使を認めたのではないかと北博昭は指摘する。(10)

この頃、軍部は統帥権の独立を求め、あらゆる立憲的な制約を取り払い、軍部独裁体制を目指そうとしていた。しかし、まだ過渡期であったため政府や世論に向けて形式上の法的整合性を備える必要があった。これを認識していた軍は、吉野が召集を受け、軍人になった時点で逮捕し、「反軍運動をすれば（通常裁判所ではなく）軍法会議で裁かれる」との見せしめにしようとしたのだという。だが、尹奉吉の場合は、軍法会議で裁く根拠は一切なく、形式的な整合性すら存在しないにもかかわらず、陸軍は軍法会議に固執した。

その理由として考えられるのは、司令官らを殺された陸軍は、尹奉吉を憎悪し、彼をどうしても極刑＝死刑にしたいがために軍法会議に拘ったということであろう。だが、安重根は通常裁判所で死刑の判決を受けており、抗日独立運動で日本人を一人でも殺害した朝鮮人は通常裁判所において、ほとんどが死刑判決を受けていたと言われていることから、これは理由にならない。

[三] 朝鮮に行かせないために?

尹奉吉の爆弾事件の翌日、日本の軍警はフランスと合同で、フランス租界の朝鮮人宅の家宅捜索を行い、一一人を逮捕した。その中の一人は「私は中国人だ」と主張し、中国の旅券を提示した。しかし、日本側は彼を強引に連行した。その後、この人物は独立運動家として有名な安昌浩《アンチャンホ》であることが判明した。

安昌浩は若くしてアメリカに渡り、興士団(独立運動家を養成する組織)をつくり、臨時政府ができると上海に移った。臨時政府の創成期に実質的な指導者として、「独立新聞」を発行し、「連通制」(上海と朝鮮内を結ぶ秘密行政機関)をつくった人物であった。彼は三〇年にわたる長い活動歴から、独立運動内や居留民団における調停役として、上海の朝鮮人社会で大きな存在であった。彼は二三年に中国に亡命し、中国国籍を取得していたので、中国やアメリカは「日本に彼を逮捕する権利はない」として釈放を求めた。*さらに中国人の間で、尹奉吉の家族に対する献金だけでなく、安昌浩の裁判の支援運動も広がり始めた。

そこで上海の領事館警察は、「従来の慣行により、朝鮮において審理するのが得策と考え…治安維持法違反で安昌浩を京城地方院へ送致することにし、六月二日、慶安丸にて仁川に向けて身柄を押送した」(11)とする。朝鮮人が中国において治安維持法違反で、日本の領事館警察に逮捕された場合、通常は、領事館で予審を行った後、起訴は朝鮮の裁判所にて行われていたのである。

尹奉吉の事件の現場となった「天長節祝賀式」は、河端（民団行政委員長）が祝賀式の委員長、村井（総領事）が会長で、この式典に陸海軍が招待される形になっていたので、式典会場の警備責任は主として領事館警察にあった。だから、尹奉吉も本来であれば、領事館警察で取り調べを受け、その後、安昌浩と同じように朝鮮の京城地方院に送られるか、あるいは長崎地方裁判所に送致されなければならなかった。しかし、陸軍は軍法会議に拘ったために、尹奉吉を朝鮮の裁判所に渡すことなく、軍の手で拘束し続けた。

この頃、日本は「満州国」を建国はしたものの、支配し、管理できていたのは点（都市）と線（鉄道沿線）だけで、各地で中国人による反「満州国」の武装抵抗が続けられていた。また間島でも激しい弾圧を生き延びた朝鮮人の抗日独立運動が満州事変を契機に勢力を盛り返していた。満州での抗日運動が朝鮮内の治安に影響を与えることによって、朝鮮内の治安が不安定になるということは、日本と満州の間の交通、特に大動脈である鉄道が途絶する可能性を意味することから「朝鮮支配の安定」が、日本の「満州統治」のための絶対条件であった。

こうした状況下の朝鮮に、「日本軍司令官を倒した朝鮮人」の身柄が渡れば、一目見ようと大勢の人が押し寄せ、混乱が広まり、独立運動に火が点く可能性が考えられた。そのため満州国ができたばかりのこの時期、朝鮮を不安定化させないために陸軍は、尹奉吉を朝鮮へ行かせないよう軍法会議に固執し、軍で身柄を拘束し続け、領事館警察には渡さなかった。これが軍法会議に拘った最大の理由と考えることは可能だろう。

しかしながら、出先の外国において司令官ら軍首脳が死傷するという想定外の出来事に、軍も警も混乱していたはずであり、事件発生当初から、事件の背景を的確に把握して、さらに満州と朝鮮の連関関係を視野に入れた上で、陸軍が「尹奉吉を朝鮮に行かせたら独立運動に火が点く恐れがある。朝鮮の治安悪化は満州の不安定化につながるので、絶対に行かせてはならない」との方針を決定したとは考えにくい。

事件当日の午後五時、衝撃を受けた日本側は、陸軍二人、海軍二人、領事館四人の担当者が急遽集まり善後策を協議した。この実務担当者による三者会議は、この際、朝鮮独立運動を壊滅させることで一致したが、具体的な方法としては、フランス租界に入る許可を得て朝鮮人関係者を一斉検挙する方針しか決められなかった。この決定に対して領事館警察側は、フランス租界に入っても「大部分は逃避して、その効果はほとんどないだろう」（五月三日、村井総領事から芳沢外相への報告―外務省警察史）と、この三者会談の結論に冷ややかな評価を下している。長い間、上海の朝鮮独立運動と対峙してきた領事館警察としては、「この際、独立運動を壊滅させる」と言っても、口でいうほど簡単ではないことを知っていたのだろう。

しかし、早晩、上海から撤兵しなければならない陸軍は、上海にいる上海派遣軍と金沢師団の大部隊、それに憲兵隊を使えば、短期間で金九を逮捕し、臨時政府を壊滅できると判断した。そのために尹奉吉を軍の手元に置き、激しい拷問を加え、金九の居場所をしゃべらせようとした。そんな目先のことだけに拘り、陸軍は尹奉吉を軍法会議で裁こうとしたのではないだろうか。

本来なら、フランス租界の朝鮮独立運動を長年、監視してきた領事館警察に、尹奉吉の身柄を渡した方が得策であるにもかかわらず、自らの組織のトップが殺された事件を、他所に委ねることなく、自らの手で決着をつけるという縄張り根性から、領事館警察には渡さず、身内が取り仕切る軍法会議に拘った。その結果、尹奉吉を、独立運動に火をつける可能性のある朝鮮に行かせずに済んだのであって、それは陸軍が意図したものではなく、結果的にそうなったということになる。

＊安昌浩―安昌浩は中国国籍を持つとして中国とアメリカで釈放運動が起きたが、日本は朝鮮籍の離脱を認めていないので、朝鮮人として処置するとした。すぐに彼は爆弾事件とは関係ないことが判明したが、対日戦線統一同盟をつくろうとしている重要人物として釈放しなかった。

〔四〕単独犯――金九と尹奉吉の切り離し

日本陸軍は金九を逮捕し、臨時政府の壊滅を宣言しようとして、法的手続きを一切無視して軍法会議に拘り、尹奉吉を領事館警察に渡さなかった。しかし、すぐに他所との整合性を考えざるを得なくなった経緯が、内務省が作成した文書に残されている。『昭和七年（三二年）上海における尹奉吉爆弾事件顛末』というもので、これは事件の当事者（領事館警察や陸軍憲兵隊）ではないが、治安の元締めとしての内務省が事件の全容を把握しようとして作成した内部文書であると推測する。

この『事件顛末』では、事件直後「尹奉吉は虹口公園の向かいにある憲兵分隊に留置された。そこで領事館側と陸軍側との協議の結果、（陸軍側の）軍法会議で処置することになり、身柄は陸軍の司令部囚禁所に移された。取り調べは憲兵があたり、五月二日に予審の請求がなされた。五月四日より軍法会議が開かれ、五月二五日に死刑判決がなされた。しかし、金九が事件の教唆者であることが判明している以上、金九を逮捕しなければ事件が解決したことにはならない。ところが金九は李奉昌の桜田門事件の教唆者として既に大審院に起訴されていたので、軍法会議において審理できないことが判明した。よって尹奉吉は金九と切り離して単独審理とすることになった」[12]としている。

軍法会議に拘った陸軍は、尹奉吉の身柄を手元に置き、金九の居場所を自白させようとした。そして金九を逮捕し、自分たちの手柄として独立運動の壊滅を宣言するつもりでいた。しかし、金九は桜田門事件の首謀者として大審院（現、最高裁判所に該当）に起訴されているので、逮捕しても軍法会議で審理できないことが判明したというのである。また、金九がどこにいるのかも分からない現実があり、金九の逮捕を待っていたら尹奉吉を軍法会議で裁けない。そこで陸軍は、即断即決を旨とする軍法会議での判決を出すために、金九と尹奉吉とを切り離し、尹奉吉を単独犯として起訴した。

おそらく、単独犯として起訴することを決めた時点で、陸軍は以降の尹奉吉の身柄の取り扱いを決定したと考える。そこで決まったのは、尹奉吉を独立運動と切り離した上で、軍法会議の判決という形で早急に事件に決着をつけると同時に、尹奉吉を「独立運動の英雄」にしないために、事件そのものを矮小化することであった。

手始めに陸軍は、事件の政治的背景を消し去ることを目的に、尹奉吉を一般的な刑法犯として、殺人、殺人未遂、爆発物取締罰則違反で起訴することにした。李奉昌は大逆罪、安昌浩は治安維持法違反で起訴されており、尹奉吉も天長節（天皇誕生日）を狙った犯行として大逆罪が成立する事案とするか、あるいは独立運動のために爆弾を投げたのは治安維持法違反に該当する事案であったのだが、陸軍は事件を小さく見せるために政治犯とはせず、単純刑法犯にとどめた。

〔五〕尹奉吉は白川を殺害していない？

四月二九日の尹奉吉の爆弾によって負傷し、上海の福民病院に入院していた白川義則（上海派遣軍司令官）は五月一六日頃まで経過は良好であった。しかし、一九日から容態は悪化し、二四日には開腹手術が行われた。上海派遣軍の司令部にいた岡部直三郎（高級参謀）は、この日の日記に「手術後の容態は良好ではない、午後に至り漸次危険を増す。一同憂慮にとらわれる」と書いている。翌二五日は「司令部職員全員の血液検査を行う。万一の用に供し得る準備のため」「午後四時頃病院より迎え来る。司令官（白川）の容態思わしくない」「午後八時、容態、好転」「一二時頃、帰宿する」とある。この二五日は、軍法会議で尹奉吉に対して死刑判決が出た日なのだが、判決については一言も言及されていない。翌二六日の日記では、「午前五時病院より呼び出し」「夜半より急転悪化」とのことで、「午前六時二五分万事休し、遂に永眠」(13)としている。

こうした経過を念頭に、軍法会議が出した結論である「判決書」を見てみよう。判決書の日付は五月二五日、白川が死亡する一日前である。主文は「被告尹奉吉を死刑に処す」で、その理由として、金九より白川と植田を殺害するよう誘われ、被告はこれを快諾し、爆弾二個を渡された。弁当箱型の爆弾を投げれば、白川と植田だけでなく壇上の全員を殺傷すると予見し、これを地に置き、水筒型を投げた。その結果「白川大将に治療日数四週間を要すべき」傷を負わせ、植田、野村、重光、村井、河端、友野の順に負傷の程度を述べ、河端(民団行政委員長)は「胸膜腔内出血を起こし、翌三〇日午前三時一〇分死亡することになった」とする。続けて、「しかれども、被告人は白川大将、植田中将に対しては共に殺害の目的を達せず、即時現場において逮捕された」(14)としている。

判決書は、尹奉吉は白川(司令官)と植田(師団長)を殺害する目的で爆弾を投げた。しかし、二人を殺害する目的は達成できず、民間人を一人殺害しただけだったと言っているわけで、白川が死亡したら「目的を達成した」ことになるので、白川の死の一日前に書かれた判決書では「目的は達成せず」と主張できることになる。

白川(司令官)が死亡する一日前に出された判決において、尹奉吉は白川を殺しておらず、民間人を一人殺害しただけとしたのはなぜか? それは、司令官が朝鮮人に殺された「事実を否定」するためであり、なおかつ朝鮮人に殺されたと「歴史に残さない」ためであったと考える。

差別の対象者である朝鮮人に殺されたことを「恥」「屈辱」と捉え、後々まで残る判決書に「司令官は朝鮮人に殺された」と書くことはできなかった。だから、白川が死亡する一日前に、急ぎ、「殺害の目的は達成せず」とした判決を出したのか、あるいは、後日(白川が死亡した後で)、日付を改ざんした判決書を作成し、これを歴史的事実にしようとしたのか、どちらかであろう。

判決書が書かれたとする五月二五日は、白川が危篤状態になった日であり、岡部(高級参謀)の日記には、軍法会議の記述が一切ないことから、この日に軍法会議が開かれ、判決が出されたとは考えにくい。それだけでなく、この判決書は六月二〇日付で上海の村井（総領事）から外務省へ送付されており、上海において、五月二五日に出された判決が、上海総領事館に届いたのが約一カ月後というのは、あまりにも不自然である。よって、軍法会議の判決は白川が死亡する一日前に出されたものではなく、死後、事態が落ち着いてから判決書は作成され、日付を改ざんして公表した可能性が高い。しかし、日付改ざんの証拠となる史料は見つかっていないので、現時点で、これは推測の域を出ない。

近代日本は膨張と覇権を求めて戦争を繰り返した。江華島事件―日清戦争―北清事変（義和団反乱）―日露戦争―義兵戦争―第一次世界大戦とシベリア出兵―山東出兵―満州事変―第一次上海事変と外国での侵略戦争を続けていた。この中でも日露戦争は勝利したとは言えず、シベリア出兵は大失敗で、第一次上海事変でも日本軍は目的を達成できなかった。しかし、形式上は負けてはいないので、「日本軍不敗の神話」は「歴史的事実」として内外に喧伝されていた。さらに、この不敗神話は日本人の精神主義と結びつき、「神の国である日本には敗北など存在しない」とまで主張されようとしていた。

ところが、上海戦の最終段階において日本軍の歴史上かつてないことが起きた。初めて最高司令官が外地（出征地）で死亡したのである。それも、日本に支配され、従属化しているはずの朝鮮人の手によって殺害されたのである。そのようなことは神話の上からも、現実問題としても、あってはならないことであった。だから、日本軍は、「尹奉吉の爆弾」と「司令官の死」の間に因果関係があることを認めず、尹奉吉は爆弾を投げたが、司令官殺害という「目的は達成しなかった」と歴史に刻み、威信と体面を保とうとした。

戦時における特設軍法会議は一審制なので、この判決で尹奉吉の刑は確定し、法律上、公文書上、尹奉吉は上海派遣軍最高司令官、白川義則を負傷させただけになっている。

第三章　顕わになった負の側面

[一] 利用されなかった死

陸軍が尹奉吉の判決書の内容や日付を思い通りに捏造することができたとしたら、それは軍法会議に拘った産物であった。もし、領事館警察の手に委ねていたら、捏造はそう簡単にはできなかったであろう。また、判決が「尹奉吉は目的を達成しなかった」としたのは、朝鮮人に殺されたことに対する強い反発があったからで、これは軍人に限ったことではなく、当時の日本人一般の意識構造も同じであった。

この頃、天皇制身分制度*に呪縛されていた日本人は、劣位秩序に属する朝鮮人や中国人に対して強い偏見を持ち、蔑視していた。このことを充分認識し、なおかつ自らも差別者であった日本軍首脳は、白川（司令官）の死の原因が「朝鮮人によるもの」と認めたくなかった。だから死亡する一日前の日付の判決書を残し、内部的な処理を終えた。

残る問題は外部に白川の死をどう発表し、どのように位置づけるかであった。白川の死を「英雄的な死」として称えることは到底出来ず、「悲劇の主人公」にするには、どうしても原因に触れなければならなくなる。どのように脚色しても日本の大衆が求める「栄光の物語」にも、感傷に訴える「御涙頂戴」にもならないと判断した軍部は、白川を「上海から中国軍を撤退させ、凱旋帰国する直前に死亡した最高司令官」で、「悲運の大将」であると大々的に宣伝することをしなかった。

白川の死を煽らなかったのは、「朝鮮人によるもの」の他に、もう一つ理由が考えられた。それは尹奉吉が「民間人」であることであった。上海戦において、便衣隊の出現が日本にも新聞、ラジオで伝えられていた。「憎むべき」「卑怯な」と形容される便衣隊の「暗躍」、すなわち市民が武装して抵抗する姿は、日本人には「常軌を逸した卑怯な行為」、「逆賊の悪行」と映り、日本人の多くは、「個人として国家（大日本帝国）に刃向う」便衣隊を「理解の範囲を超えた存在」として、拒絶反応を起こしていた。軍人もまた「戦争とは制服を着た軍人がやるもの」と強がりながらも、神出鬼没の便衣隊に恐怖していた。

白川（司令官）は、こうした憎悪の対象である便衣隊のような民間人によって殺されたのであり、正規の戦闘において「正々堂々と戦い、敵の弾に当たって死んだ」のではなかった。「朝鮮人」と「便衣隊」、この二つの要素から、軍部としては白川の死をどのように創作したとしても、日本国民から同情を得ることは出来ないと判断し、「悲劇」にも「美談」にもしなかった。

＊天皇制身分制度―天皇・皇族・華族・士族・平民の天皇制民族秩序の下位に沖縄人・アイヌ・新平民（被差別部落民）を繰り込み、さらにその下に朝鮮人や中国人を位置づけていった。(15) なお、南樺太の少数民族のウィルタ、ニブヒらはアイヌよりも一段と低い「土人」として取り扱われた。(16)

〔二〕 無駄死

上海派遣軍司令官白川義則大将は松山市の出身で、令妹舟田操女史を同市湊町済美女学校に訪い、負傷を報ずると驚愕して語る。（松山発）兄がお国を立つ時に、お国のために花々しく死ぬることは結構だが、どうか便衣隊に気をつけて、無駄死にせぬように十分気をつけてほしいと、妹の私からくれぐれも希望を述べておきました。私の方へなんら通知がなく、貴社の報によって今知るばかりです。（「大阪毎日新聞」三二年四月三〇日夕刊）

これは、事件の翌日、大阪の新聞記者が白川の妹に事件の発生を伝えたときの記事である。記事からは、どの程度事件の内容が伝えられたのかはっきりしないが、この時点では白川は重傷だが助かると見られていた。兄の負傷を聞いた白川の妹は、便衣隊に殺されるのは「無駄死」であり、それは国のための「花々しい死」ではないとしている。制服を着た正規軍との戦闘によって司令官が戦死するのは、全滅に近い敗北を意味し、それこそ不名誉なことではないかと思われるが、彼女の場合は勝ち負けよりも、死をもたらした相手が便衣隊か制服の兵士か、それが問題だとしている。

死をもたらす相手が、便衣隊であれば「無駄死」とする彼女のような認識は、高級軍人の一族だけでなく、一般の兵士からも、彼らを送り出した家族からも同じような声として聞こえてくる。「支那には実軍隊の他に便衣隊という特別の軍隊が横行し、手榴弾、ピストル等を使用して日本軍を困らせているのです。便衣隊というのは町人のように見せかけ、突然日本軍を襲うので最も悩んでいます」とする戦死した兵士の手紙。「中国軍陣地攻撃戦で戦死できなかったのに、流弾や狙撃のために死ぬのを残念に思います」。「ああ残念だ…便衣隊にやられたのでは堪らない」と言って絶命した兵士。逆に「便衣隊にやられたのではなく、立派な戦死を遂げてくれて、本当に嬉しいことでした」と、結婚したばかりの妻が夫の戦死の知らせを受けて発した言葉[17]など、兵士やその家族は、同じ戦地の、同じ戦死であっても、制服の軍隊ではない「便衣隊」に殺されるのは「堪らない」とする。

自らが所属する集団は他よりも優れていると刷り込まれると、優れた集団の一員であることを強く意識し、その帰属意識のみによって自尊心を保とうとする者が出てくる。その自尊心が他者に対する優越意識になり、他者を見下すことにつながる。集団とは国家だけではないが、この場合、日清戦争以来、形成されてきた日本人の中国人に対する優越意識と、それに伴う差別意識（チャンコロなどと表現された）を意味する。そのような差別意識がある中で、蔑視の対象である「中国人に殺されるのは堪らない」とするのではなく、中国人であっても、制服（正規軍）に殺されるのならまだよいが、普段着の民間人（便衣隊）に殺されるのは「堪らない」と忌み嫌っており、この分け方にどのような意味があるのだろう。

制服の正規兵によってもたらされる死は「花々しい死」であり、非正規である便衣隊に殺されるのは「無駄死」と考える、当時の日本人の発想の根底には、根深い「官尊民卑」の思想があるのは間違いないだろう。だから、「国軍兵士（帝国軍人）」として、制服を着ている「官尊」の自分だから、どうせ死ぬのなら同じように制服を着ている「官」の者に殺されたいのであり、兵士になる前は「民卑」であった自分と同類の便衣隊に殺されるのは、「官尊」の側にいる自分としては「堪らない」と考えたと類推できよう。

そこには、便衣隊によってもたらされた戦死は、勲章や昇進（戦死後の特進）の対象にならないという打算もあっただろうが、それよりも、自らの「死」の意味は、それをもたらす相手によって決まるという主体性の無さが問題になってくる。こうした状況こそが、上海戦に従軍した日本軍兵士の目的意識の欠如（何のために戦うのか）の表れであり、侵略戦争における「死の意味」を見出せなかった兵士や遺族の落とし所が、「花々しい」のか、「無駄」なのかという悲しい二者択一であったと言えるのではないだろうか。

上海事変、それが日本の侵略戦争であったが故に、日本軍兵士は軍服を着た中国兵だけでなく普段着の市民までが攻撃してくる抵抗に直面した。街角から、家々の間から四六時中、狙撃する便衣隊の出現は、戦争とは軍服を着た兵士間の行為と教え込まれていた日本軍兵士にとって驚きであり、「姑息な手を使う卑怯な輩」と嫌悪しながら、その存在と出現を怖れた。こうした恐怖心の中で、国軍兵士として、国家を背負って中国にやってきた自分や同僚の死を、どのように位置づけたらよいのか悩んだ末に、便衣隊による死は「思いもよらぬもの」と否定的に捉え、軍服を着た兵によるものは「戦時における覚悟の死」として把握せざるを得なかった。しかし、どちらによってもたらされたとしても、その死は、他国を侵略した結果によるものとして同じであった。

〔三〕花々しい死

便衣隊によってもたらされた死が「無駄死」とされる一方で、「花々しい死」と大々的に称えられたのが爆弾三勇士であった。上海に上陸した日本陸軍による第一次総攻撃において、中国軍陣地を突破するため、陸軍の工兵三人が一組になり、導火線に火を点けた長い爆薬筒（四メートルの竹筒に二〇キロの爆薬をつめたもの）を三人で抱え、中国軍陣地の鉄条網の下に押し込み、帰ってくる作業を繰り返していた。こうした工兵の爆破作業によって開けられた鉄条網の間から、歩兵が突入するわけだが、この工兵のうちの一組が戻らず、三人とも爆死してしまった。

原因として、（一）導火線の長さが足りなかったからという説。（二）三人のうち一人が被弾して倒れたため帰還が遅れ、三人とも爆死したという説。（三）激しい攻撃に遭遇したため前進できずに引き返したら、上官が怒り、再度行くよう命じたため、上官の命令には逆らえない三人は鉄条網へ向かい、帰還する時間的な余裕がなくなったという説がある。この（三）では、三人は「生還を諦めて死んでいった」とする見方や、「上官に殺されたようなもの」とする記述も見られる。

ところが、三二年二月二四日付の新聞各紙が「これぞ真の肉弾」「壮烈無比の爆死」として、「三人は身体に爆弾を巻きつけ点火し、〝帝国万歳〟と叫びつつ鉄条網に飛び込んだために突破口が開かれ、我が軍は勝利した」と報道すると、〝爆弾三勇士〟〝肉弾三勇士〟として熱狂的な同情を生み、日本中に一大ブームが巻き起こった。

三勇士を主人公にした劇が上演されると劇場は連日満員となり、ラジオは連日特別番組を放送した。「絵画、彫刻、小説も例外ではなく、雑誌はもちろん単行本も三勇士ものがひきもきらず出版され、忠霊塔がたてられ、記念大追悼会がもようされ、展覧会（遺品展示）がひらかれるなど、世は正に爆弾三勇士時代となった」（「東京日日新聞」三三年三月五日）。

爆弾で一瞬にして散った三人の下級兵士の物語が、なぜこれほどまで人々の心をとらえたのか。一人は炭鉱の長屋に住み、一人は山間部で農業を、一人は沖仲士をしており、共通するのは貧困であった。多くの人々もまた、大恐慌以来の貧困の中で、貧しさから抜け出す方法を見つけられないでいた。そこに出現した、極貧の家に生まれ育ち、親思いの子として働き、そして今、忠臣として国に殉じた三人に心情的な共感を重ねることで、三人を際限なく美化しようとしたのではないかと、上野英信は指摘する。

戦争を行うためには、日々の楽しみや平穏な生活を望む人々を、どのようにして戦争に動員するかが重要かつ必要な条件になってくる。動員するためには上からの強制だけでは足りず、下からの共感が必要となる。その共感を生むために「美談」がつくられ、「美談」に対する同情が醸成され、同情と共感を持った人々は同じ空気の中で同じ態度を示すようになる。

だから、往々にして、共感のきっかけをつくり出すのは「上からの作用」である。「爆弾三勇士」と命名したのは荒木貞夫（陸軍大臣）で、「これぞ我が皇軍の亀鑑（手本）、日本魂の精華」と讃えた。当時の報道機関は新聞とNHKラジオだけだったので、映画が大衆に受け入れられており、映画会社六社が「肉弾三勇士」（日活）「忠魂肉弾三勇士」（河合キネマ）などを製作し、事件報道の一〇日後には、次々と上映を始め（既存の戦争映画に新しい場面を継ぎ足したものだという）、競い合うように「愛国」と「同情」を訴えた。

大手新聞も競って「歌」を募集し、毎日新聞は「爆弾三勇士の歌」として八万余通の応募の中から与謝野鉄幹の詩を選んだ。また、各新聞は遺族への弔慰金を募ると、瞬く間に多くの募金が集まった。上野英信は、万宝山事件などで窮状にある満州の朝鮮農民を救おうと呼びかけた「在満朝鮮同胞への同情救済金」の募集が締め切られたのと同時期に、三勇士の遺族への募金が開始され、その集まった金額を比較して、「なぜかくも三勇士は日本人を熱狂せしめたのか。なぜかくも在満朝鮮同胞百万は日本人を熱狂せしめなかったのか。偶然にも同じ日の同じ新聞の非情な数字が、鋭く読者に問い詰めているように見える。実はその数字の質的差の中に、日本と中国との不幸な戦争の原因の最たるものが秘められて」(18)いるとした。

爆弾三勇士を利用した広告（『日本経済新聞にみる広告三代史』1932年4月22日）三人の工兵が爆薬筒をかかえ鉄条網へ向かう姿を捩っている

上海戦による日本軍の戦死者は七六九人（参謀本部発表）もいるのに、三勇士だけを持ち上げて英雄視したのはなぜか？　第一に考えられるのは、陸軍による第一次総攻撃の失敗を糊塗するためであろう。それだけでなく、戦争の負の側面としての「戦死」から目をそらすために利用されたと考える。戦死は、英雄的行為の結果であり、国家に勝利をもたらすもので、「勝利に当たり前についてくるもの」と思わせるために、三勇士は持ち上げられた。その結果、「勝利のために、英雄的行為をなすこと」が〝主〟となり、戦死は〝従〟となるよう仕向けられた。

戦死が国家に勝利をもたらすための当然の結果であるとするならば、国のために命を差し出すことを栄誉と考え、どんなに悲しくとも、その結果を「名誉の戦死」として受け入れなければならなくなる。だから戦争によってもたらされた死が、個人としてどれほどツラくとも、表向きにそれを表現することは許されなくなり、周囲もそれを許さなくなる。なぜなら、悲しみの表現は戦争の負の側面を意識させてしまい、戦死が「栄誉」であり「名誉」であることを否定してしまうからである。

[四] 戦争の負の側面

戦争の負の側面とは、主に敗戦に伴う、戦死、捕虜、退却、降伏をいう。これまでの日本の戦争は結果的に「戦勝」であり、領土の拡大や賠償金をもたらしたことから、負の側面が表に出ることはあまりなかった。しかし、敗北に等しい上海戦では負の側面が露わになった。

その一つが「空閑少佐の自決」で、金沢師団の空閑昇（大隊長）は三二年二月二四日の戦闘で銃弾を受け、絶命したと思った部下たちは「死体」に土をかけ退却した。そこへ攻め込んできた中国軍は、まだ息をしている彼を見つけ、病院へ運び、彼は一命を取りとめた。大隊長が中国側の捕虜になったことを知った陸軍は一切の報道を禁止した。

三月三日の停戦による捕虜交換で、彼は日本側に引き渡され、入院した。しばらくして彼はピストルで自殺した。すると、四月二日に報道は解禁され、各紙は「立派に自決した武人の典型だ」と称え、「不名誉な捕虜」ではなく「英雄」にまつりあげられた。以後、日本軍兵士は「捕虜になるくらいなら名誉の死を選ぶ」として捕虜になることが否定され、彼の自決は戦陣訓の「生きて捕囚の辱めを受けず」の具体例として、後々まで兵士を縛りつけた。

このように上海戦において露わになった負の側面（多数の戦死傷者、捕虜の問題等）を、どのように捉えるのかという問題に直面した日本軍は、これまでの戦争体験から、あくまでも「勝利」に拘ることで、戦死や捕虜を否定することにした。勝ちさえすれば負の側面が顕わになることはなく、「勝った、勝った」の大合唱が悲劇を覆い隠し、問題を先送りにする。だから、「爆弾三勇士」や「空閑少佐の自決」は、日本軍の敗戦処理のお粗末さが露呈したもので、日本軍は、負の側面を含めた戦争全体をどう捉えるのかという認識と、負の側面にどのように対処するのかという方法論を欠落させたまま、戦争を行おうとしていたことになる。

三勇士ブームは一過性ではなく長く続き、後には教科書にも登場するようになる。その過程でストリーも変わり、最後の場面は爆発による即死ではなく「天皇陛下万歳」と叫んで息絶えることになるのだが、ブームが続く中の六月二日、日本に帰った白川（司令官）の葬儀は陸軍葬として執り行われた。

白川の死、それは三勇士と同じ爆死であったが、朝鮮独立運動のための爆弾によってもたらされたものであり、その上、軍人ではない民間人によるものであった。また、白川は陸軍大将というエリートであり、大衆には自己を投影しようがない縁遠い存在であった。このことから、新たな「物語」をつくり出せなかった軍部とマスコミは、白川の死を隠すことも、煽ることもしなかった。

五月に出された軍法会議の判決書では、「尹奉吉は白川（司令官）を殺すつもりで爆弾を投げたが、目的は達成できなかった」としていたのに、九月に書かれた軍の内部文書「白川大将の扶助料請求書」では、白川は戦傷死であると判定しており、内向けと外とでは事態を明確に使い分けている。

戦傷死とする内向けの理由として書かれているのは、（一）爆傷は死の直接原因となる。すなわち傷の化膿菌と弾丸の鉛毒のため血清を注射したところ血清症、胃潰症を発症し、動脈管出血のため死亡した。（二）殺害は一朝鮮人によるものだが、支那軍、抗日暗殺団と通じており、便衣隊と同一視すべきであり、満州方面で便衣隊により殺害された将兵の取り扱いと同一にすべきである。（三）停戦交渉の成立は軍司令官の双肩にかかっているので、軍司令官を倒して日本軍を攪乱しようとする作戦であり、犯人の所属国を問わず、日本軍への敵対行為となり、単なる暗殺として取り扱うことはできない。(四) 軍司令官の死は前記の性質により、爆撃による傷痍が直接の原因であり、単なる公務死ではなく戦傷死と判定する─昭和七(三二年)年九月、陸軍省人事局恩賞課(要約)。

この文書が、白川の遺族に扶助料を支払うためのものであることを割り引いても、注目すべきは、白川の死は「軍司令官を倒して日本軍を攪乱しようとする作戦」によるものであり、「単なる暗殺として取り扱うことはできない」として、白川の死をもたらした尹奉吉の行為は、単なるテロリズムではなく戦争に伴う戦闘の一形態であると日本軍自身が認めていることである。

[五] 民族離間政策の破綻

四月二九日の爆弾事件の後、五月五日に上海で停戦協定書の調印が行われ、負傷した重光(公使)が病床で署名した。上海からの最後の帰還部隊となったのが金沢師団で、五月末までに陸軍の全部隊は上海を離れた。ところが、上海派遣軍の憲兵隊だけは「上海出張の形で、全員服務せよ」との命令を受け、総員七六人が残って、金九らの行方を追った。

上海の領事館警察もまた金九を逮捕しようとしており、「金九は上海近辺に潜伏し、また爆弾を使った行動に出る」と予測した。なぜならば、五月二四日に大連で関東軍司令官を暗殺しようとしていた二人(崔興植と柳相根)を逮捕し、虹口公園で使われたのと同じ水筒型の爆弾を押収したため、臨時政府の計画は終わっておらず、爆弾もまだあると考えられた。

「日本軍不敗の神話」を信じていたのは日本人だけでなく、一般的な中国人も不敗神話に呪縛され、「不敗」の日本軍と戦っても無駄であると考えていた。しかし、上海戦を軍と民の協働によって戦い、負けなかった中国人は、自ら呪縛を解き放ち、「一致して抵抗すれば負けることはない」と武装抗日への可能性を感じ始めていた。そうした中での尹奉吉の行動について、中国人は、それは自分たちが戦った上海での抗日戦争の延長であり、それも「敵の司令官を倒す」という中国軍も出来なかったことを成し遂げたものであると認め、尹奉吉とその行動に対して惜しみのない賛辞を送った。

こうして生まれた連帯感情によって中国人は、これまで日本の手先と見ていた朝鮮人に対する見方を大きく変えた。日本の侵略と戦う中国人と植民地支配からの解放を目指す朝鮮人とは、共通の敵と闘う仲間であると認識し、中国人は朝鮮独立運動に対する物心両面の支援を開始した。それにより臨時政府だけでなく、経済危機に陥っていた幾つもの朝鮮独立運動組織が息を吹き返した。

ここにおいて万宝山事件によって形成された中国人の「反朝鮮人感情」は消滅し、中国人と朝鮮人を反目させようとした日本の離間政策は破綻へと向かい始めた。これが尹奉吉の行動がもたらした最大の成果であり、それゆえに臨時政府だけでなく、多様な朝鮮独立運動が中国の地で組織と運動を継続できたのである。

第四章　奪われないために

[一] 見せしめのための銃殺

日本陸軍は、白川（司令官）が死ぬ一日前の日付で書かれた判決書において「尹奉吉は白川司令官を傷つけただけ」とした。それだけでなく、政治犯にもせず、一般刑法犯として事件を矮小化した。さらに、次の段階として尹奉吉を「独立運動の英雄」にしないために、表舞台には出さず、秘匿しようとした。事件の矮小化から秘匿という後ろ向きの姿勢になったのは、金九を逮捕できなかったからであった。

中国の広さを思い知らされ、捜索対象地域を絞れないまま時間が過ぎると、憲兵隊に差し迫った問題が発生した。それは死刑判決を出した尹奉吉の刑の執行をどこで行うかという問題であった。普通裁判所における死刑の執行方法は、閉ざされた空間での「絞首刑」で、桜田門事件の李奉昌は刑務所で絞首刑になった。伊藤博文を暗殺した安重根も旅順で絞首刑になっている。これに対し軍法会議では、死刑の執行は「銃殺刑」と規定しており、銃殺刑はこれまで二度しか行われていなかった。

日本で最初の銃殺刑は、元兵部省の人足であった数人が長官室に忍び込んで毛布等を盗んだとして銃殺された

（一八七二年）。これは典型的な見せしめの刑であった。二度目は竹橋事件（一八七八年）で、西南戦争に従軍したのに恩賞がないどころか減給されたので二六〇人の兵士が反乱を起こし、天皇に直訴しようとして鎮圧された。この責めを受けた五三人が銃殺されている。これも反乱防止と秩序維持のための見せしめであった。

尹奉吉を見せしめのために銃殺するのであるのなら、陸軍部隊がまだ上海にいた五月中に、事件現場の虹口公園で刑を執行し、中国人や金九らに見せつける必要があったであろう。ところが上海の状況はそれを許さなかった。上海戦で自信を得た上海市民は、停戦が発表されてからも日本居留民との間で諸々の衝突事件を起こし、一部の便衣隊は戦いをやめないため、日本軍はその対応に追われていた。

それよりも上海という都市の国際性により、上海で処刑すれば、その詳細が朝鮮はもとより世界中に伝わることになる。上海のメディアは日本の報道機関のように検閲には従わず、軍にとって都合の悪いことも伝え、銃殺という処刑方法の是非から、朝鮮の植民地支配にまで関心が注がれ、より以上に尹奉吉や金九が名声を得る可能性が考えられた。

三二年八月五日、金沢師団（第九師団）の根本荘太郎（法務部長）は、金沢に帰還した植田謙吉（師団長）に対して「死刑の判決確定につき訴訟記録提出の件」[19]との書類を提出している。これは「五月二五日死刑の裁判宣言（判決）があり、同日に裁判確定したが、同月二八日付、上海派遣軍司令官代理の命令により、当分、右の刑の執行延期中の者（尹奉吉）の訴訟記録を提出する」という簡単な報告書なのだが、重要なのは、この報告書において白川の死の三日後（五月二八日）に、白川の代理の司令官により死刑の執行延期が決められたとしていることである。この五月二八日の時点で、陸軍は「上海での銃殺刑の執行は不可能」と判断したことになる。

尹奉吉の銃殺刑の執行延期を決めた後も、憲兵隊は金九を逮捕しようと動いていた。しかし、金九を捕まえることができないまま時間が経過し、陸軍の本隊が撤収した上海に憲兵隊だけを長期間置くことはできず、「憲兵隊は将校以下二八名を残し、他は全部引き揚げることに決定し、来る二八日、当地発、帰還の手はずになるが、虹口公園爆弾事件の犯人尹奉吉は一一月一八日当地発、大洋丸にて大阪に向けて護送され、神戸上陸予定」[20]となり、銃殺刑の執行は上海ではなく、大阪で行われることになった。

〔三〕 神戸―大阪

三二年一一月一八日、尹奉吉は日本郵船の大洋丸で上海を出航、二〇日、神戸港に到着した。「何しろ世間を最極度に騒がせた上海の爆弾犯人が神戸港に着くというので、第三M岸壁は早くから野次馬の黒山」[21]と新聞は伝える。黒山の人だかりができたのは、この日（二〇日）の大阪の新聞（朝刊）が上海特電として「上海爆弾犯人は大阪で死刑執行」「二〇日午後四時ごろ神戸港へ入港の予定で、直ちに大阪衛戍刑務所に収容、刑の執行を受けるはずである」[22]と、尹奉吉は死刑執行のために大阪に連行されると報じたからであった。この人だかりの中には、日本に連行されてきた独立運動家に一目会いたいと駆け付けた在日朝鮮人や中国人がいたであろう。しかし、彼ら彼女らの前に尹奉吉が姿を見せることはなかった。

大阪から来た私服の憲兵が一〇人、神戸水上署の特高係一〇人が乗り込んだ水上署のランチが「こっそり水上署の裏を出発、和田岬（神戸港）に向かう。新聞記者の一団がこれを見つけて貸切のランチで後を追う。静かな神戸港の午後は憲兵隊と新聞記者達の秘策に浪立つばかりである」[23]と、尹奉吉を表に出そうとしない当局に対して、新聞記者たちはランチで追いかけ、大洋丸に乗り移った。船内で憲兵に写真機のフィルムを抜かれてしまったが、それでも記者たちは取材を続け、「四二一号室の尹奉吉―何という蒼い顔だ、紙のように青白い」[24]と報じている。

この頃、日本の都市部ではほとんどの家庭が新聞を購読するようになっており、上海戦の戦況を聞くためにラジオも急速に普及し、マスメディアが形成されるようになっていた。満州侵略が開始されると、新聞は軍部の発表に追従して「中国軍による線路爆破」「当然の正当防衛」と戦争を正当化する報道を大量に散布し、中国に対する憎悪を広めた。これまで軍縮を支持し、軍部に対して批判的であった朝日新聞は、満州事変に対して懐疑的な立場をとると、在郷軍人会を中心とする激しい不買運動に直面し、発行部数は激減、経営危機に陥った。重役会は会社存続のために「満州事変支持」を決め、以後、軍部を批判しない方針を決定した。また、急激な技術の進歩、飛行機、電送機などの利用によって速報性が高められたことが、既成事実の無条件、即時容認につながった(25)という。

満州事変の四カ月後に起きた上海事変においても、新聞は戦果の速報を競い合い、センセーショナルに日本軍の「大勝利」を伝えた。そんな新聞各社が尹奉吉に注目したのは、「日本軍の大勝利」に沸いた上海戦の終了間際に、「勝利をもたらした司令官」を殺害した人物の銃殺刑には読者が飛びつくと考えたからで、新聞各社は執拗に尹奉吉を追った。

尹奉吉は神戸港の和田岬の海上で小船に乗り移り、三菱造船所の裏の桟橋から上陸させられた。その後、尹奉吉を真ん中にした三台の車は大阪に向かった。「淀川大橋に姿を現したのが午後四時三五分ごろで、待ち構えていた各新聞社の自動車がソレとばかりに追跡する。野田阪神前あたりから憲兵隊と新聞社側の十数台の自動車が物凄い競争を展開」「大手門を避け玉造門を入る、ここでも待ち構えていた各社の写真班記者三〜四〇名は車を捨て、徒歩で憲兵隊側の自動車を死にもの狂いで追いかけた」。(26) 尹奉吉の姿を写真に収めようとする新聞記者たちの努力も虚しく、憲兵隊の三台の車は大阪衛戍刑務所の門に入ってしまい、結局、新聞に掲載された写真は、車から降りる人物の後ろ姿であった。

〔三〕なぜ大阪で処刑しなかったのか

尹奉吉が収監された大阪衛戍刑務所（衛戍とは軍隊が長く駐屯すること）の宮井（所長）は新聞記者に対して、陸軍大臣の「許可があり次第五日以内の期限内に同刑務所で執行されることになっている。陸軍における死刑（必ず銃殺）執行は内地においては尹が三人目だといわれ、大阪衛戍刑務所としても…最初である」[27]と、許可が下り次第、大阪衛戍刑務所で刑が執行され、それは同刑務所で初めて行われる銃殺刑であることを強調している。

上海派遣軍の日本への帰還と解散により、上海での軍法会議を引き継いだのが金沢師団（第九師団）であることから、第九師団が陸軍大臣に刑の執行を申請した。ただ、第九師団本部がある金沢市には「拘禁所」はあるが、「刑務所」はなかった。よって、これまで九師団軍法会議で審理中の軍人は、金沢の拘禁所に入れられ、刑が確定した段階で大阪の衛戍刑務所に押送、収監されていた。宮井（所長）の発言は、こうした慣行に基づくもので、当初より、尹奉吉の刑の執行申請は九師団が行い、執行そのものは大阪衛戍刑務所で行われることになっていた。

当時（三四年）の地図を見ると、大阪城の大手口を入ると北側に師団司令部が、南に倉庫と衛戍刑務所の建物群があり、その横（大阪城外）には陸軍造兵廠大阪工場が並び、この工場群に隣接して城東練兵場の広い敷地があることから、銃殺刑を公開にしようが非公開にしようが、銃殺を行う場所の問題はなかった。ところが、尹奉吉は一カ月間、大阪衛戍刑務所に拘置されていたにもかかわらず刑の執行は行われなかった。

○在日朝鮮人と反帝同盟

その理由の第一は、大阪には在日朝鮮人が多く住んでいたからとされる。大阪には一四万二七七人の在日朝鮮人が住み（三三年）、日本で一番多く（全国では五〇万六三七人）、そのうち東成区に二〇％が住み、徐々に郊外にも居住場所が広まっていた[28]ので、尹奉吉の処刑に対して、在日朝鮮人がどのように反応するのか予測できなかったことが背景として考えられた。

さらに、こうした漠然としたものではなく、第二の理由として、反帝同盟が「朝鮮が生んだ反帝国主義者、尹奉吉の銃殺に反対する運動を捲き起こせ」との印刷物を配布したことが挙げられる。

反帝同盟とは、二七年の山東出兵に反対する「対支非干渉全国同盟」を出発点とし、二九年に反帝同盟となり、アジアで唯一の帝国主義国日本において、反帝（帝国主義反対）と民族解放（植民地民族の独立運動の支持）を目的とする大衆組織であった。当時にあっては、帝国主義国家日本の民衆が、自国の帝国主義が他民族を支配、抑圧していることを自覚し、その支配と抑圧に反対し、他人事ではなく「自らの解放」の問題であると認識することは極めて困難なことであった。そのような状況にあって反帝同盟は朝鮮、台湾の植民地の人々と連帯しながら、「反帝」と「反戦」を闘おうとした。

だが、三〇年代初めの多くの反体制運動がコミンテルンと日本共産党の影響を強く受けたように、反帝同盟もまた民族解放の問題よりも階級闘争を優先させるようになり、革命を起こせば全てが解決すると、「被抑圧民族との連帯、独立の支持」という独自の課題を大きく後退させていた。

その例として、一月八日の李奉昌の桜田門事件に対して、反帝同盟中央の機関紙「反帝新聞」（三二年一月二九日）は、「李は憲兵の名刺を利用し、投げた爆弾は日本軍のもの」で「事件の背後にはファショがいる」と断じた。この記事からすると、李奉昌が憲兵の名刺を持っていたこと（タクシーの助手から貰ったもの）、爆弾の威力が小さかったことから、事件は日本軍が弾圧の口実をつくるために李奉昌に実行させた「やらせ行為」ではないかと、反帝同盟は疑っていたことになる。

ところが半年後、李奉昌の死刑が近づくと、「この民族革命家に対する死刑に反対する」と態度を変えた。これは事件の背景が理解され、反帝同盟内で在日朝鮮人の意見が反映された結果、「李奉昌は民族解放のために闘った」と表明されたものと推測できる。

　尹奉吉の銃殺に反対する行動を呼び掛けたのは反帝同盟の中央ではなく、反帝同盟大阪地方委員会であった。この大阪地方委員会は、三一年に共産党系の日本人によって組織された。しかし、三二年二月、弾圧により組織は壊滅した。内務省によると、その後「鮮人を主とする在阪極左分子は自発的に再建闘争を開始し、(三二年)三、四月頃、孫漂基の外、数名により再建準備会を結成」した。そして、「七月頃新たに大阪地方委員会の再建確立を見るに至」り、八月頃には「東亜通航組合員五五名が加入」したほか「極左鮮人分子多数」あり、九月下旬、泉南地区委員会(責任者朴某)結成。その後の検挙により組織は壊滅したが、一二月頃には再び組織は整い「約四百有余の加入鮮人」があったと『社会運動の状況』(内務省警保局)は述べており、この在日朝鮮人を主とする組織が「朝鮮が生んだ反帝国主義者尹奉吉の銃殺に対する反対運動を捲き起こせ―と題する印刷物を各方面に配布した」。(29)

○渡航朝鮮人

三二年一〇月一五日、中国の新聞「中江日報」に、「韓人愛国団団長、金九、韓国烈士李奉昌の義挙顛末を宣布する」と題する声明文が載った。この声明文は、以前、金九が配布した「尹奉吉の自筆略歴」*の末尾に、桜田門事件の李奉昌については追って発表するとあったことから、金九が自らの存在をアピールするために、この時期を選んで発表したものと領事館警察は考えた。

　この声明文は一一月二一日付で上海の石射(総領事)から内田(外相)へ報告されている。同じものは内務省にも、陸軍にも通知されたはずであり、尹奉吉を大阪に受け入れたばかりの大阪憲兵隊と大阪衛戍刑務所に、金九の存在を大きく意識させせものになったと見ることができる。

　この頃、憲兵隊とともに治安対策を行っていたのが内務省警保局であった。地方警察の特高課は中央の警保局と直結しており、情報の一元化が図られていた。三二年には各県の特高課の拡充、増員が行われ、三三年には治安維持法で検挙、起訴された人数がピークを迎えた。前述の反帝同盟大阪地方委員会の動きを特高警察が逐一把握していたように、日本国内の反体制組織の監視は徹底して行われていた。

この監視の網をすり抜けるのが、李奉昌のような外からやって来る人物で、上海から、朝鮮から、あるいは満州からやって来た朝鮮人の、誰が豊富な資金と爆弾を所持しているのか判別は難しかった。したがって、陸軍は尹奉吉の処刑にあたり反帝同盟だけではなく、臨時政府が派遣する可能性がある渡航朝鮮人からも、妨害行為を受ける可能性も考慮する必要があった。

*自筆略歴―尹奉吉の爆弾事件の後、金九は「尹奉吉義士の自筆略歴及び遺言」と題する印刷物を各地の朝鮮人に配布した。これを入手した憲兵隊は、逮捕した尹奉吉に対して「これは自身が書いたもので間違いないか」と聴取し、尹奉吉は「そうだ」と答えている。

○新聞記者の目

大阪で処刑しなかった三つ目の理由として新聞記者の存在があると考える。陸軍にとって新聞各社は戦争報道では大いに利用価値があったのだが、ランチを貸し切ってまで尹奉吉の写真を撮ろうとして大洋丸に乗り込んでくる大阪の新聞記者の行動力は、秘密裡に何かをしようとするときは邪魔になった。

このあと、尹奉吉は石川県金沢市へ連行されるのだが、処刑のあとに地元、金沢の新聞各社を集めて記者会見した軍当局は、「遺体は火葬にし、引取り人に渡す」と虚偽の発表をした。金沢にはこれに注目する新聞記者はいなかった。しかし、競争の激しい大阪の記者は、遺骨を「誰が引き取りに来るのか?」「引取り人の正体は?」と興味を持ち、記事にしようと待ち構える可能性が考えられた。最後のシーンを秘密にしたい陸軍は、新聞記者の目を強く意識せざるをえず、大阪は秘密裡に何かを行うには適当な場所ではなかった。

〔四〕金沢へ

三二年一一月二二日、金沢の地元紙「北國新聞」は、尹奉吉が神戸に護送された後、大阪衛戍刑務所に収容され、大阪で銃殺されると伝え、「第九師団軍法会議では同人の護送、受け取りには別に係官を派遣しなかった」(30)と、九師団（金沢師団）とは無関係だと報じた。

ところが一二月四日になると「最近、右事件につき更に取調べを要する点を生じた」ことから「第九師団法務部長は先月二五日大阪に出張、右事件について詳細な打ち合わせを行った」「犯人の死刑は当分行われない」「取り調べの都合によっては、第九師団軍法会議へ犯人が渡されることになるかもしれない」(31)と伝えた。この記事中の「先月」とは一一月のことで、この一一月二五日に第九師団の根本（法務部長）が大阪に出向いて、詳細な打ち合わせをした結果、大阪での死刑執行を取りやめ、金沢で行うことが決められたと考えるのが合理的だろう。

一二月一五日、陸軍大臣から第九師団に死刑の執行命令が通知された。法により執行は五日内に行わなければならなかった。一八日、尹奉吉は大阪発、午前六時二五分の列車で金沢へ護送された。周囲を取り囲むのは大阪憲兵隊の憲兵四人。全員が私服で一般客に紛れての護送であった。

これより半年前の六月には、大阪から金沢へ向かう国鉄北陸線の線路上を、上海から帰還した第九師団の兵士と植田（師団長）が乗った夜行列車が走った。新聞は「喜びの昂奮、感激のるつぼ」「松葉杖の将軍、大元気」との見出しで、夜中にもかかわらず途中の各駅では小旗を振る人々であふれ、列車が停車するたびに勝ち酒や果物の贈呈があり、「植田師団長は遂に一睡も出来ず、一等寝台の中から椅子を車窓の下に持ち出して、一々熱狂の群集に答礼していた」(32)と、植田がなぜ松葉杖の姿になったのか、その原因には一切ふれることなく「戦勝」

を祝う人々の熱気を伝えた。

それから半年後、植田に傷を負わせた尹奉吉もまた金沢に向かっていた。金沢駅の手前、松任駅で金沢憲兵隊の憲兵一人が乗り込み一行に合流した。この憲兵の案内で乗降客の多い金沢駅を通りすぎ、森本駅で下車。一行は待機していた車に乗り込み、金沢市の北部から、市の中央、金沢城内にある九師団司令部に向かった。これは「新聞記者等の探索、その他衆目に触れるのを避け、不逞者の不穏行動、その他見物等を絶対に警防」(33)するための慎重を期した行動であり、一行は「新聞記者」「不逞者」の目を警戒し、金沢駅では降りなかった。

尹奉吉は、午後五時五分、師団司令部のそばにある金沢衛戍拘禁所に収容された。取り調べは大阪で済んでいたので、本人確認が行われただけであった。伊藤博文を殺害した安重根は義兵戦争を戦った軍人として軍法会議で審理し、捕虜として扱うよう求めたが叶わず、民間人として旅順の地方法院（普通裁判所）に起訴された。それでも五回の公判が開かれ、大勢の傍聴人に対して「暗殺は独立戦争の一環」と「東洋平和論」を訴え、死刑になる前には二人の弟とも面会している（一〇年三月）。違法にも軍法会議で裁かれた尹奉吉は、非公開の一審で判決が下され、処刑のために遠い異郷に連行され、誰ひとり知り合いのいない金沢の地で最後の一夜を迎えた。

[五]「剛胆沈着なり」

金沢にはこの一泊だけで、三二年一二月一九日の朝六時三〇分、冬の凍てついた空気の中を憲兵に連れ出された尹奉吉は車に乗せられ、金沢衛戍拘禁所をあとにした。

刑場は金沢市郊外の山間部、三小牛山《みつこうじ》にある陸軍作業場に臨時につくられていた。ここは九師団が実践的な訓練をする場所で、通常は民間人の立ち入りは禁止されていた。刑場に至る道路の分岐点に見張りの兵士が立つ中、午前七時一五分、尹奉吉は刑場に到着した。待っていたのは死刑執行の責任者である第九師団の根本（法務部長）とその部下、そして一四人の立会人で、既に十字に組まれた木製の刑架が設置されていた。

陸軍刑法は銃殺刑執行の手順を細かく定めていた。「死刑の言い渡しを受けたる者、心神喪失の状態のときは執行を停止する」とあることから軍医が健康診断を行い、「心神に異常は認められない」と法務部長に告げた。執行の手順も、「通常衣に上履きを用い」「十字架の前で執行を告げる」「布で目を覆う」「十字架の下でひざまずいて正座」「布で両手を十字架に縛り」「射手は一〇メートルの距離から眉間に射撃」と決められており、全ては法に則って行われ、七時二〇分、射手（中野吉三郎軍曹）が引き金を引き、一発目を眉間に命中させ、軍医が尹奉吉の絶命を確認した。

この死刑執行に関して注目すべきは、憲兵隊のトップである憲兵司令官から陸軍大臣あての報告書（「憲兵司令官報告」）[34]に書かれた文言である。尹奉吉に対して遺言の有無を訊ねたところ「犯人は、死刑を覚悟していたので、この期に臨み、いうことはないと申述した。その言葉、日本語をもって明瞭、やや微苦笑を為し、その態度極めて剛胆沈着なり」と書いてある。尹奉吉は最後まで堂々としていたので、その態度が立ち会った軍人たちの心を打ち、報告書にもこうした言葉が書き添えられたわけだが、このような表現は現場にいた人物しか書けないと思われ、調べてみると、金沢憲兵隊長の曽野芳彦が朝鮮各地の憲兵隊に、処刑を知らせるために書いた通牒（報告書）と文言が同じであった。憲兵司令官は金沢憲兵隊長が書いた文書をコピーして、陸軍大臣宛の報告書としていたのである。

曽野（金沢憲兵隊長）は、処刑が行われた一二月一九日の日付で金憲高秘第五一七号「上海爆弾犯死刑囚尹奉吉死刑執行の件通牒」を、次いで、一二月二二日付で金憲高秘第五二二号「上海爆弾犯人尹奉吉死刑執行に関する件報告・通牒」を書いている。この二通の文書は韓国の高麗大学アジア研究所が所蔵する『朝鮮総督府秘密文書』*の中で見つかったもので、朝鮮各地の憲兵隊に死刑の執行を知らせるために書かれたものであった。一通目は、処刑が終了したことを通知し、詳細は後日報告するとしたもので、二通目が、その報告ということになり、死刑執行の準備段階から、執行、そして埋葬までが詳しく書かれている。

この、一二月二二日に曽野（金沢憲兵隊長）が書いた「報告・通牒」が、一二月二六日付の「憲兵司令官報告」として、同じ内容で陸軍大臣に報告されていた（ただし、現地立会人の名前と所属の項だけ削除されている）。つまり、「剛胆沈着」とは、処刑の現場にいた曽野が、そう感じたということであり、尹奉吉の態度は金沢憲兵隊長が感心するほど堂々としていたということになる。

＊朝鮮総督府秘密文書―総督府が設置された一〇年から四〇年代までの抗日独立運動を調査した記録で、特高警察の取り調べ調書や、検察の裁判記録など一四五巻、一三万ページに及ぶ資料であり、高麗大学による解読作業が終了した九五年に公開された。この中に、金沢憲兵隊長が書いた手書きの通牒が二通あった。この二通目の通牒と同じ文言が「憲兵司令官報告」で使われており、この司令官報告は「アジア歴史資料センター」で閲覧できる。

〔六〕隠された遺体

尹奉吉の銃殺刑は少数の軍人により、山中の谷間で、法が定める手順通りに行われた。その後、遺体は三小牛山から直線で約一キロメートル離れた野田山に運ばれた。野田山は特異な場所で、上部には加賀藩前田家代々の墓が、中腹に広い陸軍墓地（現、石川県戦没者墓苑）があり、その下に金沢市営の一般墓地が裾野まで広がっており、山全体が墓地のようになっている場所で、現在も同様である。

野田山に運ばれた尹奉吉の遺体は、墓地に埋葬されることなく、陸軍墓地の崖下に埋められた。陸軍墓地よりも三メートル程低い崖下には細い道路があり、その道が陸軍墓地と市営墓地の境界をなしていた。

尹奉吉 最後の写真（Wikimedia Commons）

「憲兵司令官報告」、すなわち「金沢憲兵隊長の報告・通牒」は埋葬に関して、「納棺の上、法規に基づき金沢市共同墓地西側に深さ約六尺を掘開、同所に埋葬」としている。ここでいう「法規に基づき」とは陸軍刑法によるもので、同法は死刑執行後の処置として、一、親族、知人が死体を請えば下付する。二、引き取りのない死体は埋葬する。三、埋葬は陸軍墓地の一隅に土葬すると定めていた。だが実際には、法規は一切無視され、尹奉吉の遺体は憲兵司令官報告が書く「金沢市共同墓地」にすら埋葬されず、軍人用の「陸軍墓地内」にも埋葬されず、陸軍墓地の外の「崖下」に埋められた。

尹奉吉の処刑を朝鮮の新聞が伝えたのは一二月二一日で、「父と弟の尹南儀《ユンナムギ》は、尹奉吉義士の遺骨だけでも故郷に葬れるようにしてほしいと関係機関に血書で請願した…（二人は）礼山警察署を通じて涙ぐましい訴えを繰り返した。しかし遺骨の返還どころか、冷遇と虐待しかなかったし、その上、父には様ざまな体罰が加えられた」[35]とされるように、遺骨の引き取りの申し出は明確に行われており、法に則るならば朝鮮に住む遺族に遺骨を引き渡さなければならなかった。

日本陸軍は、政治的な理由から遺族に遺骨を引き渡すつもりがなかったとしても、軍法会議で裁いて、法で定めた銃殺刑を執行した以上は、法に則り陸軍墓地に埋葬すべきであった。民間人である尹奉吉を軍人用の陸軍墓地には埋葬できないとするのなら、共同墓地に埋葬することもできたはずである。しかし、「共同墓地西側に埋葬」と偽装したうえで、実際には違う場所に隠した。

尹奉吉の遺体は、憲兵隊と墓地管理人しか知らない場所に秘かに埋葬された。そこは陸軍墓地管理事務所の裏手から常時、見下ろし、見張ることができる場所で、陸軍墓地の端の崖下であった。崖の上の一軒家である墓地管理事務所には管理人の夫婦が常駐し、当時としては貴重な電話が設置されていた。

また、一時期、憲兵が崖下にあるゴミ箱を見張っていたという目撃談があることから、遺体を埋めた場所の上に大きなゴミ箱を設置した可能性がある。それは万一にも情報が洩れて、遺骨を掘り出されそうになったとしても、ゴミ箱があれば掘り出すのに時間がかかり、その間に管理事務所から連絡を受けた軍警が駆けつけられるようにと、念を入れたのだとしたら、軍は死者を冒涜してまで遺骨の「奪取」を警戒し、そのために思いもよらない場所に秘匿しようとしたことになる。

〔七〕遺骨を奪おうとする者

極秘の埋葬が終わったのが三二年一二月一九日午前一〇時三〇分。一一時から第九師団の根本（法務部長）は石川県庁に記者団を集めて刑の執行を発表した。記者発表には根本のほか、特高課長、検事正、県警部長、憲兵隊長が顔を揃えた。記者の質問に、特高課長は「第九師団当局は秘密主義だったらしいので、私も多くは問わず、従って何も知りません」と語り、検事正、県警部長も同じことを言っており、九師団は治安当局者にさえ詳細を知らせなかったことが窺える。

この発表を受けて新聞各社は「日本で三度目の銃殺刑」を伝えた。「北國新聞」は根本（法務部長）の話として「犯人を連れて来るのに、もし外部に漏れて不祥なことでも起ってはと少なからず心配していたが、これで僕も一安心した。犯人の遺骸のことや、その他についても今は一切言われない」とし、「金沢で火葬か」の後に、遺骸は「憲兵隊の付き添いで警戒しているが、死体引取り人として家族がきていないので、金沢市設火葬場で火葬に付してから遺骨の処分方法を講ずる」としている。

「北陸毎日新聞」は、「金沢憲兵隊は、昨夜以来、全員一睡もせず時の至るのを待ち、拳銃に実弾が充てんされる等、緊張ぶりを見せ…死体は〇〇火葬場においてダビに付されたようで、遺骨は共産党員の奪取を恐れ、某所に安置されているが、近く引取り者に送付されるはずである」と書く。

「大阪朝日新聞」は「看守の話によると、さすがの彼（尹奉吉）も同夜は一睡もしなかったようで」「死体は直ちにその場で火葬に付した」と短く伝えた。（新聞はいずれも三二年一二月一九日の夕刊）

「北陸毎日新聞」だけが、「共産党員の奪取」と書いているのだが、そのような当局発表があったのなら各紙が書くはずだから、これは独自の取材によるものだろう。警備に動員された憲兵たちは上層部から「遺骨の奪取」がありえることを知らされた上で、拳銃に実弾を入れ、緊張感をもって任務にあたったのであり、そうした憲兵からの取材ということが類推できる。

では、「北陸毎日新聞」が伝える遺骨を奪いに来る共産党員とは、誰なのか？　金沢憲兵隊長の報告・通牒（「憲兵司令官報告」）は次のように述べている。「土葬の実施は発表前に完了し、かつ墓地の所在は極秘裡に付してあるので、目下、墓地等に対する策動はないが、日数を経るに従い、自然に一般の知るところとなるので相当の警戒が必要となる。要注意者は特に、鮮人左傾分子、または不逞分子の動静に関して憲警が密接な連携を保ち厳重視察中だが、目下のところ異常はない」と、「策動」の恐れがあるので、遺体を埋めた場所は極秘にしてあるとした。

ここに出てくる、遺体を奪おうと策動する「鮮人左傾分子」とは、日本共産党傘下の在日朝鮮人であろう。石川県の場合は、在日朝鮮人の土建労働者を中心とする「石川県自由労働組合」が、全協（共産党系労働組合の全国組織）に加盟する最大の組織として反体制運動の中心的な役割を担っていた。この全協は三二年に共産党支持を表明し、大衆組織であるのに共産党と同じ「天皇制打倒」を行動綱領にしたため、特高警察により徹底的に取り締まられ、その後、逮捕を免れた人々によって再建されたが、組織は少人数で、しかも再建途上であり、とても尹奉吉に関心を寄せられる状態ではなく、残された史料（『昭和七・八年石川県特高警察資料』石川県社会運動史刊行会編）に尹奉吉の名前は出てこない。そうなると、左傾分子とは、大阪で「尹奉吉の銃殺に反対せよ」という印刷物を配布し、組織力もある反帝同盟ということになるが、ビラ配布後の反帝同盟の動静は伝えられていない。

〔八〕抗日独立運動への怯え

一方、「不逞分子」とは大韓民国臨時政府（臨時政府）のことで、日本側は臨時政府のことを「上海不逞団」とか「上海仮政府」と呼んで不逞者の集団とみなしていた。日本側が尹奉吉の遺骨を奪いに来る可能性があるとして最も怖れたのは、この臨時政府であろう。

尹奉吉の事件後、日本の軍警は臨時政府の金九を逮捕しようとフランス租界へ踏み込んだ。しかし、逮捕できないまま、金九は中国人の間で名声を高め、多額の活動資金を手にした。さらに、尹奉吉の行動は単発なものではなく、李奉昌の桜田門事件に続くもので、さらに関東軍司令官を狙った二人が尹奉吉と同じ爆弾を所持していたため、尹奉吉で終わりではなく、次なる行動を予感させた。

日本側は、金九を逮捕できなかったため、金九が次に何をやるのか、残りの爆弾を何に使うのかと、抗日独立運動に細心の注意を払わなければならなくなった。さらに陸軍は、金九の仲間が遺骨を奪い、朝鮮に持ちかえり、独立運動に利用する可能性を考え、遺骨を奪われないようにするために、遺体を秘密裡に隠さなければならなかった。

隠すよう命じたのは憲兵司令部で、場所の選定は地元の金沢憲兵隊に任されたものと推測する。憲兵司令部の意向を理解し、地元の地理に詳しい金沢憲兵隊が尹奉吉の遺体を埋めて隠したのは、陸軍墓地の外の崖下であり、陸軍墓地管理事務所から見下ろす形で常時、監視できる場所であった。

当時の治安当局の対朝鮮認識は、「現下、おおむね静穏で民心は安定に向かいつつあるが、朝鮮人一般の胸底に流れる民族的自覚は依然として深刻なものがあり、特に海外における弱小民族の運動は朝鮮に異常なる刺激を与え、暗流となって存在しているので必ずしも楽観できない。日韓併合と同時に旧来の政治を改め、一視同仁により新政を施行して二三年にもなり、長足の進歩をとげ、二千万民衆は恩恵に浴しているのに、朝鮮人でこれを肯定するものはいない。五千年の歴史と文化を有していると誇る朝鮮人の亡国の悲哀は、彼等の胸底深く潜在し、独立の夢想から離れられないのも事実である（『最近に於ける朝鮮治安状況―三三年』）」(36)というもので、日本の治安当局は「独立の夢想」から離れない、朝鮮人の胸深くに生き続けている民族意識を怖れ、その民族意識が何かのきっかけで一気に表面化することを危惧した。

だから、独立運動に火が点く恐れのある、あらゆるものを排除しなければならならず、「上海戦で日本軍司令官を倒した尹奉吉」の遺骨が朝鮮に渡ることは、何としても避けなければならなかった。もし、遺骨が朝鮮に持ち込まれれば、一目見ようと大勢の人が集まり、収拾がつかなくなる恐れが考えられた。そのために、日本軍は尹奉吉の遺体は思いもよらぬ場所に隠し、闇に葬り去ろうとした。

[九] 生き延びた臨時政府

臨時政府が行った上海爆弾事件の目的は三つあった。第一に、独立運動の火が消えていないことを朝鮮民衆に知らせ、民族意識を鼓舞すること。第二に、日本の支配層に打撃を与えることであった。この二点については、表れた成果として大きな効果は見られなかった。成果が得られたのは三つ目の「中国との関係改善」で、中国人は万宝山事件によって、「朝鮮人は日本人の手先」と見るようになっていたのだが、尹奉吉の行動によって、その見方を一八〇度転換させ、朝鮮人と中国人は共通の敵と闘う抗日戦線の共闘者であることを確認するに至った。

中国人が「朝鮮人は日本の手先」という見方を変えず、日本の侵略の伴奏者とみなし続けていたならば、上海の激しい抗日運動の対象は日本人のみならず朝鮮人にも向けられ、中国において「朝鮮人排斥」が起きる可能性があった。そうなると、臨時政府だけでなく中国各地に存在する朝鮮独立運動組織は維持できなくなる可能性があり、在中朝鮮人の生活も苦しくなり、中国人から差別や迫害を受ける可能性も否定できない状況にあった。

しかし、激しい上海戦を体験した中国人は、尹奉吉の行動が上海での抗日戦争の戦闘の一形態であり、かつ、大きな成果があったことを認めたからこそ、日本の手先とした朝鮮人に対する見方を変え、同じ被抑圧民族として朝鮮独立運動への支援を開始したのであり、これによって中国人と朝鮮人は共に〝抗日〟の地平に立つことになった。

尹奉吉の成功によって、資金難にあえいでいた中国各地の朝鮮独立運動組織に中国側からの支援が寄せられるようになると、これを機に統一戦線を結成しようという機運が生まれ、韓国独立党（上海）、韓族同盟会（北京）、朝鮮革命党（満州）、義烈団（南京）、韓国革命党（上海、南京）の五党によって「対日戦線統一同盟」が結成された。しかし、金九は「同床異夢の統一運動には参加できない」と、この動きに反対したため「三二年五月から三五年初秋まで金九は左右合作に批判的だったことから臨時政府からも排除」(37)され、金九はすべての肩書を失った。

その後の臨時政府の動向はというと、三五年、連絡組織であった対日戦線統一同盟は「民族革命党」へと発展した。多くの独立運動家がこの党に集まったために、臨時政府は存続の危機に陥り、このときの臨時政府を守っていた宋秉祚《ソンビョンジョ》らは金九に助けを求めた。再び独立運動の表舞台に登場した金九は、三・一独立運動で生まれた臨時政府の歴史と伝統を守るために、政府の体制を整え、「民族革命党」に対抗して「韓国国民党」を結成すると、政府機関を杭州から南京へ移した。この情報をつかんだ日本は、南京へ暗殺団を送ると同時に、中国国民政府に対して金九の引き渡しを求めた。

日中全面戦争が始まると南京も日本軍の空爆を受けるようになり、臨時政府は長沙に移った。長沙では湖南省主席になっていた張治中（元、五軍の軍長）が暖かく迎えた。この地で民族主義者の再結合を目指す三党合同（朝鮮革命党・韓国独立党・韓国国民党）の話し合いが行われていた席上、金九は朝鮮革命党の李雲漢《イウンハン》に撃たれ、重傷を負った。

日本の武漢作戦が始まると、長沙も危険となり、傷の癒えた金九は張治中の紹介で広州に移った。広州で金九ら臨時政府一行を迎えたのは広東省主席となっていた呉鉄城（元、上海市長）で、宿舎を提供するなど温かく迎えた。第一次上海事変で十九路軍とともに上海戦を戦った五軍の張治中や、上海市長として日本と交渉にあたった呉鉄城の脳裏には、尹奉吉の事件が強烈に焼き付いていたからこその厚遇であった。その後、広東作戦が始まると金九らは首都になっていた重慶に移り、蔣介石の用意した家に落ち着いた。

このように、三・一独立運動を契機に生まれた臨時政府は二三年の分裂以降、急速に衰退し、三〇年代初めには消滅の危機にあった。これを救ったのが李奉昌と尹奉吉であり、二人の行動は日本の侵略に直面していた中国人の共感を呼び、朝鮮独立運動への支援をもたらし、臨時政府だけでなく、数多くの独立運動組織が中国各地で抗日運動を存続させることになり、朝鮮人と中国人は同じ被抑圧民族として、日本の侵略と支配からの解放を求めて共に闘うことになった。

【出典】（第二部）

（1）梶村秀樹訳注『白凡逸志―金九自叙伝』一九八〇年　平凡社　二六二、二六四、二六五頁
（2）佐々木春隆『朝鮮戦争前史としての韓国独立運動の研究』一九八五年　国書刊行会　二八九頁
（3）信夫淳平『上海戦と国際法』一九三二年　丸善　二三三頁
（4）樋口雄一『皇軍兵士にされた朝鮮人』一九九一年　社会評論社　一二頁
（5）金学俊『評伝・尹奉吉』二〇一〇年　彩流社　一九一頁
（6）前掲（1）『白凡逸志』二六四頁
（7）山口隆『尹奉吉―暗葬の地・金沢から』一九九四年　社会評論社　一〇三頁
（8）ハインリッヒ・シュネー『「満州国」見聞記』二〇一五年　講談社　一五一、一五二頁
（9）前掲（3）『上海戦と国際法』四七三、四七九頁
（10）北博昭「軍法会議の裁判権」『日本歴史五三四号』一九九二年一一月号　九四〜九九頁
（11）『外務省警察史』は一九三二年六月四日付、村井総領事から斉藤外相宛報告。『外務省警察史』は、不二出版が一九九六年より全五三巻別冊一巻として順次刊行した。本書では、アメリカ議会図書館所蔵のマイクロフィルム版の『外務省警察史、支那の部、在上海総領事館、朝鮮民族運動』を使用した。
（12）内務省保安課『昭和七年上海に於ける尹奉吉爆弾事件顛末』国立公文書館所蔵　三六頁
（13）岡部直三郎『岡部直三郎大将の日記』一九八二年　芙蓉書房　五四頁
（14）『外務省警察史』一九三二年六月二〇日付、村井総領事から斉藤外相宛報告
（15）尹健次『孤絶の歴史意識』一九九〇年　岩波書店　二三、二四頁
（16）吉見義明『草の根のファシズム』二〇二二年　岩波書店　一二六頁

(17)黒羽清隆『十五年戦争史・上』一九八四年　三省堂　一〇九～一一二頁
(18)上野英信『天皇陛下万歳—爆弾三勇士序説』二〇〇七年　洋泉社　一九三、一九四頁
(19)満密八九六号三三、一九三二年八月五日付「尹奉吉に関する訴訟記録提出の件」(第九師団長から陸軍大臣宛)に添付の第九師団軍法会議、根本荘太郎から植田師団長宛の同名の報告　アジア歴史資料センター一二四二
(20)『外務省警察史』一九三二年一一月一八日付、石射総領事から内田外相宛報告
(21)大阪毎日新聞　一九三二年一一月二一日朝刊
(22)大阪毎日新聞　一九三二年一一月二〇日朝刊
(23)大阪毎日新聞　一九三二年一一月二一日朝刊
(24)大阪毎日新聞　一九三二年一一月二一日朝刊
(25)南博社会心理研究所『昭和文化一九二五－一九四五』一九八七年　勁草書房　二六六、二六七頁
(26)大阪毎日新聞　一九三二年一一月二一日朝刊
(27)大阪毎日新聞　一九三二年一一月二一日朝刊
(28)西成田豊『在日朝鮮人の「世界」と「帝国」国家』一九九七年　東京大学出版会　六三頁
(29)内務省警保局編復刻版『社会運動の状況・四昭和七年』一九七一年　三一書房
(30)北國新聞　一九三二年一一月二二日朝刊
(31)北國新聞　一九三二年六月七日朝刊
(32)北國新聞　一九三二年六月七日朝刊
(33)満密八九六号二七、憲高秘第一八二〇号「上海爆弾犯死刑囚尹奉吉死刑執行ならびに憲兵の警戒に関する件報告」一九三二年一二月二六日付(憲兵司令官から陸軍大臣宛)、アジア歴史資料センター一二五六
(34)前掲(19)アジア歴史資料センター一二五六
(35)前掲(5)『評伝・尹奉吉』一二三九頁
(36)朝鮮総督府警務局『最近に於ける朝鮮治安状況—昭和八年』一九六六年　巖南堂書店　一頁
(37)前掲(1)『白凡逸志—金九自叙伝』二八二頁

第三部　抗日に向き合う

第一章　埋葬地跡が示すもの

はじめに

かつて日本はアジアを侵略した。それゆえに、侵略されたアジアの人々は、日本への抵抗としての「抗日戦争」を戦った。それは中国、朝鮮だけでなく、ベトナム（ベトミン）、タイ（自由タイ）、シンガポール、マラヤ（マラヤ人民抗日軍）、ビルマ（パサパラ）、フィリピン（抗日人民軍）など、抗日の戦線はアジアで広く展開された。しかし、日本ではいまだに「先の戦争はアジアを解放するためのものであった」との言説や、侵略に伴う不都合な事実を無かったことにする歴史修正主義がはびこっている。これらの主張は「日本は、間違ったことなどしていない。だから、もう一度やろう」と言っているのと同じ結果を生み、相手（アジア）から受け入れられないだけでなく、視点が「過去の正当化」にしか向いていないので、「未来を語る」ことはできない。

アジアの未来を構想するためには、日本は過去に何を行ったのかを誤魔化したり、修正したりするのではなく、すべてを明らかにし、侵略の歴史に向き合い、加害者としての責任を自覚することが必要であり、それなくしては相手から信頼を得ることはできない。過去の事実を明らかにした段階で、初めて歴史はつくられる。私たちは過去があるからこそ現在を手にし、未来を語ることができる。過去の事実を歪曲することは、歴史を明らかにすることではなく、単に物語を主張しているにすぎない。

ここでは、個別、具体的な事例として、「尹奉吉の遺体が隠された〝場所〟を加害の歴史の具体例として残そう」とする市民運動が、歴史の何を問題にしたのか、そして日本と韓国の歴史が交錯する〝場所〟を、どのように語ったのかを振り返り、市民運動が何を目指し、何を獲得し、何が達成できなかったかを検証する。

具体的なものを獲得しようとする市民運動は、市民の自発的参加と、合議の上で進められ、目標が達成された段階で解散するものだろう。その後、その運動をどのように継承したり、語り継いだりするのかは様々な形態で行われるのだが、私たちの運動はそれらを重要視しなかった。その結果、生じた事態を明らかにすることで、これから歴史と向き合おうとする人たちへの問題提起とし、一つの歴史的事象に対する新たな価値判断を促す材料になればと思う。

〔一〕臨時政府の帰還

第一次上海事変（上海戦）の最終段階において日本軍は、この戦争の「戦勝」を、中国人と租界の外国人に対して誇示しようと、上海市街で軍事行進を行った。軍事行進は「天長節」（天皇誕生日）を祝う式典に合流し、式典の壇上には日本軍司令官らが並んだ。そこで爆弾を投げ、日本軍司令官らを殺傷した尹奉吉の行動は、中国人から喝采を浴び、朝鮮独立運動に対する支援を生んだ。それと引き換えに、上海を拠点としていた大韓民国臨時政府（臨時政府）は、日本軍警の追及を受け、上海を追われた。

その後、上海に戻ることはなかった金九らの臨時政府は、日中戦争の激化に伴い中国の内陸部を転々と移動し、一九四五年、日本の降伏を西安で迎えた。金九は街に繰り出し、抗日戦の勝利に歓喜する中国人を横目に、先々のことを考えると沈鬱な気分であったという。「数年間の努力を費やして（対日）参戦の準備をし…（参戦）計画が、全てアメリカ陸軍省と打ち合わせ済みになっていたのに、それを一度も試してみないうちに（日本が降伏し）…せっかくの苦労がもったいない気がした。それよりも心配だったのは、われわれがこの戦争で何の役割も果たしていないために、将来の国際関係において発言権が弱くなるということだった」。[1]

金九《キムグ》が危惧した通り、アメリカは臨時政府を朝鮮内との結びつきを欠いた単なる海外朝鮮人の一団体とみなし、「政府」として認めることを拒否した。金九らは個人の資格での帰国を余儀なくされ、一九四五年一一月、ソウルに帰還する。その金九一行を数十万という民衆が出迎え、なかには〝臨時政府歓迎〟と大きく書かれた旗も掲げられ、人々は独立の精神と組織を維持し続けた執念と忍耐に敬意を示した。

翌年四月、金九は尹奉吉《ユンボンギル》の実家を訪問し、「わたしは当時日本の東京にいた朴烈《パクニョル》同志に依頼して、尹奉吉、李奉昌《イボンチャン》、白貞基《ペクジョンギ》＊の三烈士の遺骨を祖国に奉還させた」と自伝にあるように、三月二日に臨時政府の要員が石川県金沢市にやって来ている。

＊一九三三年、上海で有吉公使の暗殺を企てたとして逮捕され、三六年に長崎刑務所で獄死。

〔二〕朝連

日本の植民地支配によって土地を奪われ、職を失った朝鮮人は食べるために、北部の人々は満州へ、南部の人々は日本へと渡った。その後、アジア太平洋戦争の激化とともに、これらに国民徴用令等で日本へ強制連行されてきた人々が加わり、一九四五年の敗戦時、日本には二〇〇万人から二五〇万人の朝鮮人が在留していた。

祖国の解放に伴い、これらの人々は家族や親族の待つ国へ帰ろうとする人と、祖国での生活基盤が無くなり帰るに帰れない人とに分かれた。どちらにしても、戦後の政治的混乱と食糧不足の中で、生き抜く必要に迫られた朝鮮人たちは、生きるために団結しようと各地に自主的な団体をつくり、日本の降伏から三カ月後には、これらを結集させて在日本朝鮮人連盟（朝連）を組織した。

朝連は、帰国準備の一環として民族学校をつくり、一年間で五二五の初級学校、四つの中学校を自力でつくり、民族教育をスタートさせた。朝連は各県に本部を、各市に支部を設けた。県本部には保安隊がつくられ、朝鮮人の安全確保と朝鮮人間の秩序の確立とを目指した。石川県でも一九四五年一一月に、朝連石川県本部の結成大会が開かれた。

一九四六年三月、朝連は日本で初めて合法的な「三・一独立運動記念式典」を開いた。石川県でも金沢市公会堂に多くの在日朝鮮人が集まり、式典が行われた。東京において開かれていた記念式典中央集会には石川県代表が出席しており、翌日、この代表は臨時政府東京事務所の四人を伴って金沢市に戻ってきた。

〔三〕在日朝鮮人の活躍

四人は「尹奉吉義士遺骸奉還団」と名乗り、集まった石川県下の朝鮮人青年（保安隊）に対して、尹奉吉と、その事件について説明した。当時、一九才で保安隊員だった李健雨《イコンウ》は「朝連二階で、初めて聞いた尹奉吉とその事件の話は強烈な感動だった」とする。金沢市在住の在日朝鮮人が尹奉吉の事件を「初めて聞いた」ということは、憲兵隊による秘密保持が完璧であったことを示す。その後、奉還団の四人は金沢市野田山の地図を広げ、「この山のどこかに遺体が埋められているはず。何日かかっても見つけ出さなければならない」と協力を求めた。

朝連の人々は、尹奉吉の遺体が埋められた場所の手掛かりを求めて、石川県庁や金沢市役所に行った。しかし、行政では何の情報も得られなかった。処刑と埋葬の当事者である第九師団（金沢師団）司令部は敗戦により解散となり、残務整理が行われていたが、ここでも遺体の埋まっているところは分からないと言われた。

一九四六年当時の、こうした動きを記録として残している唯一の日本人が大戸宏《おおとこう》（当時、新聞記者）で、彼によると、地元紙である北國新聞社に朝連に属する三人の在日朝鮮人が訪ねてきたという。彼らは尹奉吉の遺体が埋められている場所について、軍も警察もダメだったので新聞社の方で何か知らないかと上山社会部長に尋ねた。この時、野田山で発掘を行っている朝連の動きは、墓地管理事務所から駐在所へ、そこから本署へ、そして県の保安課に通報されており、進駐軍（ＣＩＣ・米軍諜報部）からは「承知しているので警察は傍観するように」との連絡が届いていた。(2)

この新聞社でも何の手がかりも得られなかった朝連は、法に則れば銃殺刑のあとには陸軍墓地に埋葬することになっているが、日本軍が陸軍墓地内に葬るはずがないだろうから、陸軍墓地の周辺の空き地だろうと推測し、「陸軍墓地の管理事務所の周辺に警官らしき人が立っていて、人を寄せつけない時期があった」との話を聞き込んだことから、陸軍墓地の管理事務所から見下ろせる市営墓地にある「空地（墓のない所）」を手当たり次第に掘ってみることになる。

これまで、在日コリアン一世の朴仁祚《パクインジョ》が『ノルティギ通信』（後述）に寄稿した「あの時の話」*や、自ら編集・発行していた冊子『キョレイトンシン（ハラカラ通信）』（不定期刊）で活字化された当時の様子が、「発掘に参加していた私が見た、発掘作業の三日間の話」とされ、この「体験談」が「発掘参加者の証言」となり、彼の「証言」が通説として広がり、その話に疑義を挟む者はいなかった。

このほど、彼は発掘には参加していなかった可能性があることが明らかになり、「発掘作業に参加した私が見た」

発掘写真A
発掘開始（一九四六年三月四日　野田山）

とする「証言」に疑問符を付けなければならなくなった。よって、彼が「証言」として書いた「あの時の話」には依拠せずに、当時の様子を知るには写真に基づくのが最善であろう。

当時を記録した一五葉のセピア色の写真が残されており、この写真こそが尹奉吉の遺体が、金沢で発見、発掘された証拠となるもので、これまでの大阪説（大阪で処刑され、埋葬された）を覆す貴重な写真であった（一五葉の写真を「発掘写真」とする）。

発掘写真Aは、林の手前の空き地を大勢の人がスコップ等で掘り返しているもので、そこは現在も杉の木がある空き地になっており、管理事務所から見下ろすと、墓のない空間として真っ先に眼に入る土地に間違いないだろう。

写真Bは、大きな杉の木の付近を掘っているもので、畑の土を掘るのとは違い、木の根のあるところを掘る作業は非常に困難であり、逆に遺骸を埋めるのも難しかったことから、ここには遺体はないと判断したと考えられる。

この発掘作業には約五〇人の在日朝鮮人が参加しており、現場責任者が朴東祚《パクトンジョ》（朴仁祚の長兄に当たる）で、朴聖祚《パクソンジョ》（朴仁祚の次兄に当たる）も参加していた。発掘参加者の最年少者とさ

発掘写真B（野田山）

れる李健雨は、当時のことを次のように手記に書いている。

「戦時中の防空壕を掘るような又は戦地の塹壕のように掘り返したのだ。そして第一日目は終わった。自分たちは疲れて家に帰って休んだが、熱心な同胞の中には東奔西走、尹先生の情報を求めて歩いていたようだった。二日目も空しくすぎた。もう手には豆ができ、潰れてきた。野田山の墓地ではない荒れ地を掘り返していたのである。無縁墓地にも共同墓地にも入れてもらえなかったのである。辺り一面は掘り返し、埋め戻したところが大きく広がっていった。いろいろ考えたりした。つまり大きな木の下あたりは掘らなく、小さい木ならと可能性を考えて掘ったりしたものだ。三日目も又掘った。皆、手に豆ができ、疲労の色が見えてきた。そんな時、近くの田舎の人が場所を教えてくれた[**]」。

この記述は二葉の発掘写真の解説として読めるだろう。ただ、李健雨はずっと土を掘る作業に取り組んでおり、遺体の埋められていた場所を教えた人物を見ていなかったので、「近くの田舎の人が場所を教えてくれた」として、「誰なのか、よくわからない人」が教えてくれたと書くことになったものと推測する。では、三日間、辺りを掘り返しても見つけられなかった遺体の埋葬場所を指し示して、遺体のありかを教えたのは誰なのか。

＊朴仁祚の手記「あの時の話」は、金沢指紋の会の「ノルティギ通信」編集部が発行した冊子『ユン・ボンギルと天長節事件始末』（一九九二年）に寄稿されたもので、それを本人の了解を得て、拙著『尹奉吉　暗葬の地・金沢から』に、李健雨ら四人の手記とともに転載した。

＊＊李健雨は、自らは無論、当時の在日朝鮮人も認める発掘参加者で、ノルティギ通信の『ユン・ボンギルと天長節事件始末』に「あの時の思い出」と題する手記を寄稿していた。冊子に掲載された手記は要約であったため、ここでは、ノルティギ通信編集部に保存されていた原稿用紙六枚の原本から引用した。

〔四〕埋葬場所を教えたのは誰？

発掘作業三日目にして、ある人物が指し示す場所を掘ったら、そこから遺体が発見された。その場所こそが、遺骨が奪われて独立運動に火が点くことを怖れた金沢憲兵隊が、遺体を隠した場所、すなわち埋葬地ということになる。もし、この人物がいなかったら、隠された遺体を発見できなかった可能性もあり、この人物が誰なのかが重要なポイントになる。それが誰なのかについては諸説ある。

○尼僧説

「あの時の話」を書いた朴仁祚は、発掘二日目に元憲兵を連れてきた。しかし、その憲兵が教える場所を掘ったが何も出てこなかった。三日目に、「埋葬時に近くの尼さんが読経をあげていた」という話を聞き込み、覚尊院の尼僧、山本了道を連れて来た。彼女が、みんなが休憩場所として使っていた「道の真ん中」を指さし、「そこだ」というので一同大いに驚いて、あわてて掘り返したら、そこから遺体が出てきた―と説明し、これが広く信じられて「通説」となっている。

陸軍（第九師団）は法に則って行った処刑については、記者会見を開いて公表した。しかし、埋葬については秘密裡に行われ、遺骨が持ち去られないよう、金沢憲兵隊は遺体を「ある場所」に隠した。隠し終えた後に行った記者会見では、「すでに火葬にし（遺骨は）遺族に引き渡す」と嘘の発表までしていることから、憲兵隊がわざわざ尼僧を呼んで読経をあげさせたとは、秘密保持の観点からすると考えにくい。ただ、昔、野田山は自殺の名所で、特に心中が多かったので、これらを供養していた尼僧がいたとの話はある。

これまで、埋葬場所は尼僧が教えたとする説は、朴仁祚が「発掘に参加した私が見たこと」と主張したので、遺体は「道の真ん中」から見つかったとする説と合わせて、現在《いま》もなお信じられている。だが、彼は発掘には参加していなかったとしたら、尼僧を見ていないことになるので、この説は怪しくなる。

ところが、朴賢沢《パクヒョンテク》（朴仁祚の兄である朴聖祚の子—長男）は、一九九二年に市民運動が野田山で行った、埋葬地跡の「石碑の除幕式」を記録したビデオテープが韓国にあったので、それを翻訳すると、式典で挨拶する朱鼎均《チュヒュンギュン》（当時、医大生で遺骨を穴から取り上げ、洗骨した人物）は「山本僧侶がこの位置だと言ったので掘ったら出てきた」と朴仁祚と同様のことを語っているという。このことから、尼僧説を全否定することはできない。

○憲兵＋管理人説

金沢憲兵隊長、曽野芳彦の報告書（「朝鮮総督府秘密文書」所収）は、尹奉吉の遺骨が奪われて独立運動に利用されることを恐れ、遺体は見つからないように隠したと書いていることから、隠し場所（埋葬地）を知っていたのは憲兵と陸軍墓地管理人だけだったと考えられる。

映像作家の辛基秀《シンギス》は「ゴミ捨て場にあった尹奉吉の遺体」（『青丘文化』一九八七年一二月号）と題した論考の中で、「（辛基秀の著作である）『映像が語る日韓併合史』の読者からの連絡で、義士尹奉吉の遺体発掘の写真が金沢に残されていることを知り、一〇月、早速、金沢にかけつけた。遺体の発掘に参加した、朴仁祚、朴聖祚、崔順伍（崔ではなく崔か?）、金正均、李健雨の各氏に会って直接、話を聞くことができ、石川県戦没者墓地管理事務所の木村とみさんからは、戦前、戦後の証言をしていただいた」と書き、「三日間、まんじりともせず、発掘作業を見守っていた住職の木村清吉さんもやっと決心がついて、ゴミ捨て場を教えた。元法務官だった憲兵たちもゴミ捨て場を指さした」とし、「管理人＋憲兵」だとしている。

ちなみに墓地管理事務所の木村夫人の名前は「とみ」「とめ」という説があり、木村清吉は、その夫で陸軍墓地管理人と僧職を兼ねていた。この二人は尹奉吉が処刑―埋葬された一九三二年当時は管理人ではなかったが、一九四六年の在日朝鮮人による発掘時には管理人として立ち会っていた。

○管理人説

この他にも、陸軍墓地管理人の木村清吉が発掘三日目にしてようやくゴミ捨て場に埋められていることを教えたとする単独「管理人説」（一九八七年一一月一三日付・「統一日報」）がある。

○看守説

二〇一〇年に出版された『評伝・尹奉吉』（金学俊《キムハクシュン》・彩流社）では、「近隣の墓地全体を掘り返そうとすると、かつて看守をしていた重原という人がこれに驚いて夜中に宿舎を訪ねて来て、こう教えてくれた。『あそこのゴミ焼き場を掘ってみたらどうでしょう。私は一九四〇年にここに赴任しましたが、上海事件の重大犯罪人の尹奉吉が八年前に銃殺され、あのゴミ焼き場に埋められたという噂が伝えられています』、この言葉が決定的な手掛かりとなった」[3]とする。なお、重原とはどういう人物で、どこの看守だったかは記されていない。

○新聞記者説

発掘当時、新聞記者であった大戸宏は、尹奉吉が大阪から金沢へ連行され、処刑されるまでを描いた小説『処刑のあとさき』（大和印刷社・一九九一年）を出版した後、地元の月刊誌に「抗日の韓国人闘士尹奉吉の遺体発掘」（アクタス・一九九五年二月号）と題して、遺体を発掘できたのは「刑事が書いた地図」を「新聞記者が現場に届けた」からだとしている。

大戸は第九師団の参謀本部にいた軍人で、敗戦により司令部が解散となったので、この年の一二月に北國新聞社に入社、社会部で進駐軍を担当していた。彼の書いた「抗日の韓国人闘士尹奉吉の遺体発掘」によると、遺骨を探す朝連の三人が、手掛かりを得られぬまま北國新聞社を退出した後、上山社会部長は、かつて第九師団に出入りしていたので、ただちに手を回し、一時間後に広坂警察署の公安刑事、前田弥左衛門が覚書として書いた地図を入手した。それを持参したところ、発掘の現場では「新聞社から届いた地図を頼りに、示された箇所、ゴミ捨て場の赤土斜面を鉄棒で刺していくうちに、五尺地下の泥のあたりに、コツコツと触れる木棺のようなものに行きついた」とし、その後、刑架が出てきて、次いで棺を発見したと、順番も記している。

私（山口）は、大戸に二度会ったことがある。刑事の前田弥左衛門が書いた地図のことを聞くためで、大戸が国立金沢病院に入院されている二〇〇四年のことであった。最初は表敬的な訪問で、病室を訪ね、話を聞ける状態であることを確認し、後日の訪問を約束した。

二度目は病室から談話室に移り、具体的な話をした。私が、刑事が書いた地図はどのような経緯で書かれたのかと質問すると、「前田は特高刑事で軍とのつながりがあり、軍から譲り受けた資料を持っていた。その資料の記憶をもとに略図のような地図がつくられた。その地図が正確だったので遺体を発見できた」と大戸は言った。

この野田山での発掘の件は、大戸が新聞記者になって初めて担当した事件で、なおかつ、自身が書いた発掘の記事を新聞に載せようとしたところ、米軍（ＣＩＣ）のコンディ少佐より差し止め命令を受けたため記事にはならず、自身にとって忘れられないものになったという。また、記事との関連取材を行い、処刑地である三小牛山《みつこうじ》に住むＹ老人が、「尹奉吉は謙虚で意志の強い青年だった。格好は貧しかったが、軍人と対等に話し、軍人も大切に扱っていた。立派な人だったと軍人が言っていた。この話は、当時、箝口令が敷かれていたので、これまで誰にもしゃべらなかった」という話を取材で聞き込んだという。

私は、大戸に対して「貴方が執筆した小説『処刑のあとさき』には第九師団が出した文書や憲兵、警察の動きが詳しく記載されているが、裏付けとなる資料はあるのか」と尋ねると、大戸は「もちろんある。私は第九師団の出身者であり、なおかつ新聞記者として段ボール一箱分の資料を集めた。自宅にあるが見に来るか？」と言われ、「刑事の地図を含め、ぜひとも拝見したい」と答えると、大戸は大きく頷いた。その後、退院の予定日を伺い、病院を後にした。

退院予定の前日に私は病院へ出向いた。病室は空になっており、病院によると大戸は数日前に亡くなられたという。その後、自宅を訪ねてみたが人の気配はなく、隣家の人は、大戸が亡くなった後は空き家になっていると教えてくれた。

このような経緯から、私は「刑事の地図」を見ていない。また、朴仁祚が市民運動の過程で「新聞記者は発掘現場には一人も来なかった」と強く否定していたことから、これまで大戸の説は顧みられることはなかった。しかし、先に引用した李健雨の手記（原文）の最後の方で「新聞記者も来ていたことをおぼえている。こうして五〇人の青年達の三日間の汗ながしは終わったのである」と書いていることから、大戸が発掘現場にいた可能性は高い。

だが、この「刑事の地図」が見つかっていない以上、断定はできない。仮に、大戸が架空の話を創作したとしたら、どのような理由で、それを行ったのだろうか。考えられるのは「発掘できたのは日本人のおかげ」と言いたかったからであろう。私は二度しか会ってはいないが、大戸からは、そのようなことをいう偏狭な国家主義は感じられず、むしろ尹奉吉に対する尊敬のようなものを感じた。

これに対して朴仁祚は、遺体の発見を「手柄」と考えたのではないだろうか。「日本人に手柄を渡したくない」と意識的に大戸の説を無視し、なおかつ朴仁祚自身、かつて日本軍の特攻隊員であったことから憲兵を嫌い、憲兵の指し示す場所を掘ったが見つからなかったと、あえて「憲兵説」を否定した上で、遺体が見つかったのは「道の真ん中」とするため「尼僧説」を創作したのではないだろうか。もちろんこれは推測でしかなく、すべての当事者が死亡している今、確認する術はない。

このように「尼僧説」「憲兵説」「管理人説」「看守説」「新聞記者説」のどれも全否定することはできず、決め手になるものもないことから、現時点では、「誰が遺体のある場所を教えたのか」については、不明というしかない。よって、これは未解明事案として残ることになる。ただし、発掘場所（尹奉吉の遺体が埋葬されていた場所）に関しては、発掘に参加していなかった可能性がある朴仁祚の主張する尼僧説のみが「道の真ん中」とし、他の説は総じて「崖下のゴミ捨て場」を発掘場所とし、遺体は「ゴミ捨て場」「ゴミ焼き場」もしくは、そこにあった「ゴミ箱の下」から発見されたとしていることから、埋葬場所は「崖下のゴミ捨て場」になる。

［五］処刑された場所

大阪から護送された尹奉吉は、金沢には一泊しただけで、翌日の早朝、銃殺刑に処せられた。要するに日本軍は、処刑した後に、遺体を隠すために、尹奉吉を金沢へ連行してきたことになる。銃殺を行った刑場は金沢市の郊外、三小牛町に現在《いま》もある陸上自衛隊の演習場（射撃訓練場）の中だとされてきた。広い草地が広がる演習場は日曜日だけは地元に人たちのために開放されていたので（一九九〇年代）、私たちは県外や韓国から来た人を案内し、演習場敷地の真ん中あたりで「ここで尹奉吉は処刑された」と説明し、花束を置いて手を合わせていた。そこは、見晴らしの良い高台であり、遠くに県境の山（医王山）が遠望できた。

ここを処刑地だとする根拠は、一五葉の発掘写真の中に二葉、高台に立つ一本の大きな木の前で撮った集合写真（一葉は服装が立派な八人。もう一葉は腕章をした保安隊と思われる三〇余人が並んで写っている）があり、これこそが処刑地の跡で撮った写真であり、背景に写る山々と合致するのは自衛隊の演習場内にある射撃訓練場しかないからだとされてきた。

しかし、死刑を執行した第九師団の報告書である「死刑執行始末書」には、刑場は「三小牛地内、金沢陸軍作業場、西北谷間」で「東方に高さ七メートルの断崖あり、断崖の前方三メートルに刑架を建て」「西北一〇メートルに射手の位置を設け」と詳細に記されており、添付の地図「刑場要図」も谷の先端部において谷を挟んだ形で、一方に尹奉吉が、一方に射撃手がいたことを明らかにしていた。

陸軍は、遺体の埋葬については極秘裏に行ったが、銃殺刑の執行については「法に則って行った」と詳細を記者会見で公表していることから、処刑が終わってしまった刑場については隠すつもりはなく、隠す必要もなく、報告書に書いてあるとおり「西北谷間」において刑は執行されたのではないかと考えられた。この点について、朴仁祚は、発掘写真こそが真実を語るものであり、日本の官憲資料は信じられないこと、処刑を伝える地元紙（一九三二年一二月一九日付・「北國新聞」夕刊）の写真も高台で撮られていることから、間違いなく高台であるとし、「谷間説」は否定されてきた。

私は、二葉の集合写真は、遺体の発掘が成功裡に終了したことから、足場のよい高台に移動し、記念写真を撮った可能性があること（二葉の集合写真が処刑地で撮られたことを証拠立てる根拠は何もなかった）、また、「北國新聞」の写真については、陸軍は早朝、午前七時一五分に処刑を終わらせると、遺体を秘かに隠した後、午前一一時には石川県庁に各新聞社を集めて記者会見を行っていることから、会見が終了した後で、新聞社は夕刊に間に合わせようと、処刑が行われたと発表された三小牛山へ車を飛ばし、付近の風景を撮った（新聞の写真には雑木林しか写っていない）のではないかと考えた。とはいうものの、私は「西北谷間」がどこであるのかを示すことはできなかった。

二〇〇八年、韓国のテレビ局ＳＢＳが、尹奉吉が上海―神戸―大阪―金沢へと送致された軌跡をたどり、最後の地である「処刑された場所」を特定する目的で来日した。見解を求められた私は、処刑地は「西北谷間」である可能性が高いことを説明した。ＳＢＳのクルーは当時（一九三三年）の地図を探し出し、軍の報告書に添付されていた「刑場要図」の等高線と合致する地点を見つけ、緯度と経度を確定し、ＧＰＳを使って現地調査を行った。その結果、言われていた自衛隊の射撃訓練場ではなく、自衛隊の敷地と民有地の境界を流れる中尾山川の最上流部の谷間に行きついた（北緯三六度三一分三一秒、東経一三六度四〇分一七秒）。この経緯は「ＳＢＳスペシャル・尹奉吉の処刑」として韓国で放映された（二〇〇八年六月三〇日）。

その後、金沢で「尹奉吉義士処刑地調査チーム」が結成され、何度となく現地調査が行われ、周辺の土地がどのように手を加えられたかも調べられ、処刑地は自衛隊の敷地（国有地）と民有地との境界を流れる中尾山川の上流部であると結論付けた。その場所はＳＢＳが特定したのと、ほぼ同じ地点であった。このように処刑地がどこであったのかは、ほぼ特定されている。

〔六〕埋葬地跡を歴史として残す市民運動

（1）金沢指紋の会

一九八七年、金沢大学の学生だった一人の在日コリアンが指紋押捺を拒否した。逮捕される可能性があったので*、彼を支援するために市民が集まり「指紋押捺問題を共に考え学ぶ金沢市民の会」を発足させた。在日コリアンと日本人が集まったこの会は、指紋押捺なしでの彼の外登証の交付を勝ち取ると、その後、国民体育大会の参加資格に国籍条項があったので、その撤廃を求め、地域の朝鮮人差別を問題にする中で、「金沢指紋の会」と名称を改めた。

その後も、在日コリアン一世の調査（聞き書き）を行い、行政の職員採用に伴う国籍条項撤廃や定住外国人の参政権運動を進めた。この会は、人権無視の入管体制などの制度上の外国人差別を問題にすると同時に、日本社会の就職差別や入居差別を告発し、「心の国際化を求めて」という集会を連続して開くなど、差別されている人々とともに行動することで、少数者の人権を確立するだけでなく、多数者の人権も確かなものにすることを目指した。この会は会報として季刊『ノルティギ通信』**を発行し、全国発信していた。

この会に「尹奉吉」の話を持ち込んできたのは在日一世の朴仁祚であった。銃殺された尹奉吉の遺体発掘に際して、埋められていた場所が分からず苦労したことを熱く語った朴仁祚は、「発掘時、私の一番上の兄、朴東祚が作業隊長、二番目の兄、朴聖祚は聞き込み班、三番目の私は記録班だった」と私たちに説明した。

私たちは初めて聞く「尹奉吉」という名前に戸惑いながらも、事件とその歴史的背景を知ることが必要だと勉強会を始めた。上海事変や事件についての長い学びの後、一度、現地を見てみようということになり、遺体が埋められていたという野田山に向かった。

朴仁祚は、私たちを野田山の中腹にある石川県戦没者墓苑と金沢市営墓地の境界にある道路に案内し、「ここに埋められていた」と「道の真ん中」を指さした。人間の遺体を人が歩くところに埋めたのは日本軍で、そこに露骨な差別と悪意を感じた私たちは、この場所を日本の植民地支配の負の歴史として忘れてはならない場所と考えた。しかし、現場は何もない道の真ん中である。このままでは忘れ去られてしまうだろうから、何とか「形」にして残せないものかと話し合った。

どのような形で残すにしても、金沢指紋の会だけでは力不足であり、広く市民に協力を呼びかけることにした。しかし、ほとんど知られていない尹奉吉のことを一から説明するのは容易ではなく、事件と埋葬のことを解説した冊子『ユン・ボンギルと天長節事件始末―金沢野田山・暗葬の地より』(ノルティギ通信発行・定価五百円)作成し、この冊子を売ることで運動の原資を得ると同時に、尹奉吉のことを知ってもらおうと考えた。


*少数の在日コリアンなどによる指紋押捺を拒否する先駆的な闘いの後、指紋押捺拒否者の全国的な出現によって、指紋押捺拒否罪、登録証不携帯罪は二〇〇〇年に全廃された。

**ノルティギとは朝鮮の「板跳び遊び」のことで、一枚の長い板の中心に支点になるものを置き、その板の両端に乗った二人が交互に飛ぶ遊び。ともに遊ぶことから始めようという意味と、一人では出来ないという意味を重ねた。

(2) 暗葬《あんそう》の会

埋葬地跡は金沢市の所有地だったので、何をするにしても土地の利用については市の許可が必要なため、四つの団体と在日コリアンと日本人の個人が集まって「ユン・ボンギルの暗葬地跡を考える会」(暗葬の会)*を結成した。

同会は金沢市に対して、(一) 埋葬地跡を人が踏まないようにすること (二) ここが尹奉吉の埋葬されていた場所であることを明示することを求めた。この頃、外に向かって目を開き、国際交流を活発に行っていた金沢市は交渉に応じ、何回かの話し合いの後、(一) は市が行い、(二) は会が行うことに決まった。

一九九二年六月、金沢市は埋葬地跡に人が入り込めないように竹を組み、常緑樹 (ネズミモチ) で取り囲む生垣をつくった。これを見て、猛烈に反発したのが朴仁祚で「こんなみっともないものはダメだ。生垣は枯れたら無くなる。永久に残るものにしなければならない」と主張。日本人の側は「歴史の証言として残すには、現状に手を加えない方がよいのでは」と反論した。

「独立運動の英雄が埋められていた場所であり、もっと立派なものを」との在日コリアンの思いは、「埋められていた場所を人が踏まないようにしよう」と考えていた日本人の側に、それは内向き (日本人向け) の発想でしかなく、外がまったく見えていないことを教えた。この地は、尹奉吉の遺体を道に埋めた日本軍の非人道性を指摘すれば事足りる場所ではなかった。在日コリアンにすれば韓国の人々に独立運動家、尹奉吉の足跡を示す重要な場所であり、日本人に対しては、日本の植民地支配の歴史の中で、支配に対する抵抗があった事実と、その結果を示す貴重な場所であった。これまで差別、人権問題に取り組んできた日本人の側に歴史認識の問題が突き付けられたわけで、植民地支配責任をいまだに果たせていない日本社会の中で、私たち日本人は何をしなければならないかを自らに問いかけた。

朴仁祚の指摘を受け、暗葬の会のメンバーは現地に行って幾度となく話し合った。在日コリアンは少数で日本人の方が数は多かったが、徐々に在日コリアンの言葉が説得力を持ち始め、埋葬地跡を永久に保存するために周囲をコンクリートで囲む工事を行うことを決めた。見積もりを取ったら工費は二〇〇万円。私たちは募金活動をすることにした。

＊四つの団体とは、金沢指紋の会、アジア太平洋地域の戦争犠牲者に思いを馳せ心に刻む金沢集会世話人会、真宗大谷派有志、カトリック金沢教会「正義と平和委員会」有志。「暗葬」とは非常識な葬り方を意味する「アムジャン」の訳語。

（3）石碑の建立

金沢市に対しては、ありのままを話し、方針を変更して周囲をコンクリートで囲む工事をしたいこと、市が設置した生垣は撤去すること、工事費用はすべて会が負担するので石碑の工事を許可してほしいと要請し、工事の許可を得た。

募金活動は難航した。幾人もが「爆弾事件」に拒否反応を示した。なかには「爆弾テロには賛成できない、だが埋葬の仕方には同情するから募金する」という人もいた。それでもメンバーの努力と多くの人の協力により、日本人と外国人、約三〇〇人から二四六万円が集まった。

石碑の設計と施工管理は朴仁祚が行い、埋葬地跡を高さ一メートルほどのコンクリートで囲み、中に「尹奉吉義士暗葬之跡」と刻んだ半円形の自然石を置いた。この過程で、尹奉吉に「義士」をつけるかつけないか等の多くの軋轢があった。特に問題となったのは、ここがどのような場所であるかを案内する「説明板」の内容であった。事件の概要、日本軍が行ったこと、この石碑がどのようにして作られたのか、限られたスペースで伝えなければならず、私たちは次のような「説明板」の文案を決めた。

尹奉吉義士暗葬之跡

ここは韓国独立運動の英雄、尹奉吉義士〈一九〇八－三二〉が暗葬されていた地です。尹奉吉は上海事変直後の一九三二年四月二九日、上海虹口公園で行われた旧日本軍戦勝祝賀式典の檀上に爆弾を投げ、日本軍司令官らを殺傷しました。彼はその場で逮捕され、軍法会議で死刑判決後、上海派遣軍の主力であった第九師団が置かれていた金沢へ連行され、同年一二月一九日、内川村三小牛山（現金沢市）で銃殺されました。しかし、その遺体は陸軍刑法通りに処理されることなく、道路であったこの地に秘かに埋められ（暗葬）目印もないまま一三年間、何も知らない多くの人たちによって踏みつけ続けられました。敗戦後の一九四六年三月、二〇〇余名の在日朝鮮人によって、遺体は捜し出され、故国に帰ることができました。現在韓国では、尹奉吉義士と呼ばれ、国民的英雄として多くの人に知られています。この暗葬の事実を風化させることなく伝えようとする日本人と、祖国独立運動の英雄の足跡を残そうとする在日韓国・朝鮮人からなる本会は、両民族の和解と末永い友好の一歩となることを願い、一九九二年一二月、この地の保存工事を行いました。

ユン・ボンギルの暗葬地跡を考える会

長い議論の末、このような文がまとまり、これと同じ内容のものを韓国語に訳して、日本語と韓国語を並べた説明板をつくろうとしたとき、反対したのが朴仁祚であった。「この文章は冷たすぎる。こんなものでは韓国人には何も伝わらない」というのが理由で、「確かに冷たい」とか、「熱い文章にする必要などない。客観的な事実を簡潔に説明すればよい」という意見も出て紛糾は続いた。結果、「同じ文章を並べるという常識にとらわれる必要はない。朴さんの思いを表現してもらおう」ということになった。朴仁祚は次のような文章を作成した（本文は韓国語であり、その日本語訳）。

尹奉吉義士とは少年時代日本の植民地教育に屈辱を覚え自主退学後、寺子屋や塾に入り四書三経（儒教の経典）、漢文を修身し農民運動に情熱を注いだ後、国の独立のために中国に亡命、一九三二年四月二九日上海虹口公園で挙行された天長節兼戦勝祝賀式典に爆弾を投擲し日本軍国主義を懲らしめた韓国独立運動の闘士であった。軍法会議で死刑の判決後、上海派遣軍の主力であった第九師団の本拠地金沢に連行され、三小牛山工兵作業場にて同年一二月一九日午前七時四〇分銃殺刑、壮烈なる二四歳六カ月の短い生涯は刑場の露と消えた。遺体は軍法を無視し秘密裡に暗葬、墓碑も無く一三年間知らざる多くの人達に踏まれてきた。嗚呼、怨恨の多かりし遺体は一九四六年三月在日同胞のべ二〇〇余名の真心のこもった努力により、淋しきこの地より発見され、韓国に同年七月七日英雄として国民葬として安葬された。この暗葬は植民地支配がもたらしたもので、事件の証拠隠滅と歴史からの抹殺であった。この事実と尹奉吉義士の精神を継承し、韓日間の過去の歴史を深く肝に銘じ友好親善を願い、史蹟として保存工事を行った。この保存工事には次の協力があったことを付す。揮毫、在日書芸家漢詩作家水堂申仁弘氏、尹奉吉義士農村運動母体である韓国の月進会会長尹圭相氏　朴仁祚

こうして日本語と韓国語、それぞれ内容が違う二つの文章を並べたステンレス製の「説明板」を立て、石碑の工事は完成した。ちなみに、この年の四月二九日（上海での事件の日）には、この石碑より南西に二〇〇メートル離れた高台に、韓国の「梅軒尹奉吉義士義挙六〇周年紀念事業推進委員会」と民団によって、大きな『尹奉吉義士殉国紀念碑』（殉国碑）が建立されていた。これで野田山には尹奉吉に関する二つの碑が建つことになり、埋葬を問題にする市民運動の『暗葬之跡碑』は、事件を顕彰する『殉国碑』に呼応するものとして意義深いものになった。

一九九二年一二月一九日、尹奉吉が処刑されて六〇年目の命日に、石碑の除幕式を行った。韓国から当時、発掘の現場責任者だった朴東祚、遺骨を収集、洗骨した朱鼎均、尹奉吉がつくった農民組織「月進会」の現会長、尹圭相《ユンギュサン》を招き、厳かな式典が行われた。

この除幕をもって、目的を達成した市民運動の「暗葬の会」は解散し、保存会がつくられ、碑の維持と募金の残金の管理は保存会に移された。朴仁祚が保存会の実質的な代表者になることが決まると、同氏は「保存会の会員となる者は毎日、現地に行き、参拝の上、清掃活動をすること」との条件を付けたため、仕事を持つ人、車のない人は保存会に加われなかった。仕事を持っていた私も保存会には加われなかった。

（4）書き換えられた説明板

市民運動によって石碑が建立した後、管理が保存会に移されると、朴仁祚は石碑の清掃を精力的に行い、韓国風の飾りつけをし、命日には法要を、事件の日に尹奉吉の故郷（韓国忠清南道礼山郡徳山）で行われる、義挙を顕彰する祭典に参列するなど日韓親善運動に尽力した。二〇〇九年に病気で亡くなった後は、故人の遺志を受け継ぐとして、日本人と在日コリアンによる「尹奉吉義士共の会」が結成され、石碑の維持、日韓親善友好運動を続けており、活発な相互交流が行われている。

こうした友好運動とは関係ない所で、朴仁祚は生前、石碑の前に立つ「説明板」の日本語版の方を勝手に書き換えて、石碑建立までの事実を歪め、石碑の設置者の名前まで変えてしまったのだが、このことは、ほとんど知られていない。

〈朴仁祚によって書き換えられた説明板（日本語版）の後半部分〉

この暗葬の事実を世に出した尹奉吉義士研究家の主導で、国内唯一の尹奉吉義士遺跡を永久保存する為多くの同胞と日本人の浄財で工事を行いました。後に、韓国の義士関連団体と在日同胞の支援で、暗葬地跡周辺と内部を再整備致しました。一九九二年一二月一九日　梅軒尹奉吉義士顕揚会（日本）

ここから、市民運動によって碑建立工事が行われたと読み取ることはできない。これは「保存会」から「梅軒尹奉吉義士顕揚會（日本）」に名称変更したので書き換えられたとされているが、市民団体の名前は完全に消されてしまっている。

その後、二〇〇八年に「顕揚會」は「月進会日本支部」に名称変更し、説明板は再度、書き換えられた。

〈朴仁祚によって再度、書き換えられた説明板（日本語版）〉

（尹奉吉の事件と処刑を述べた後）その遺体は陸軍刑法通りに処置される事なく、この参道に秘かに埋められ、目印も無く、一三年間何も知らぬ人々に踏みつけられました。敗戦直後、延べ二〇〇余名の在日同胞が悪戦苦闘の末、遺体を発掘、本国に奉還され、一九四六年七月七日、ソウル市で国民葬が行われ、孝昌公園内国立墓苑で永眠。現在韓国では学校教科書にも登場し、国民的英雄として尹奉吉義士と呼ばれ、知らない人はいません。暗葬は植民地支配に起因した事件の証拠隠滅と歴史の抹殺でありました。遺体発掘に関与した朴仁祚尹奉吉義士研究家は、半世紀間この事実を胸に秘めていましたが一九八七年に公開しました。義士の愛国愛族精神の継承、日韓間の不幸な過去史を反省し、友好親善の場となるを願い、多くの在日同胞と日本人からの浄財を頂き、暗葬地跡の永久保存工事が始められました。工事は、朴仁祚の主導の努力で一九九二年一二月一九日に竣工となりました。以後、維持管理母体の変遷に伴い、恒久的見地から暗葬の地跡は韓国農漁村公社のご尽力で、関係役所に永久賃貸として登録されました。暗葬の碑は日韓友好親善の交流を広げました。相互の努力で当地の顕揚会は韓国の月進会と合併し、韓国月進会日本支部に改名しました。今後、尹奉吉義士共の会と協力し史蹟の維持管理に励みます。　二〇〇八年一二月一九日　韓国月進会日本支部二〇〇八年に、このように説明板は書き換えられ、二〇〇九年に朴仁祚は病気で亡くなられたのだが、現在もこの文面のままになっている。

この説明文は朴仁祚が自ら書いたもので、ここでは、「一三年間何も知らない人々に踏みつけられた」と「道の真ん中」説を示し、自らが「遺体発掘に関与した」と書き、自分の名前を二度明記している。初めて石碑を訪れた人がこの説明板を読めば、朴仁祚がこの石碑をつくったと思うであろうし、市民運動の存在など、ここからは想像もできないだろう。実際に韓国では、石碑は「朴仁祚が私財をなげうって、一人で建てた」と信じられているという。

〔七〕抵抗とテロリズム

石碑の工事費用を募金してもらうためには、趣旨を説明し、納得してもらわなければならない。「尹奉吉？知らない。何をやった人？」「独立のために爆弾を投げ、日本軍首脳を殺害した人」「それじゃあ爆弾テロリストじゃないか」――こうした会話が繰り返された。

現代社会において、テロリズム＝悪とする考えは多くの人が持つもので、政治家の暗殺、ジャーナリストの口封じ、軍による民間人の殺害だけでなく、ハイジャック、誘拐、自爆、なかには自己中心的な殺人や個人的な動機による破壊行為までもテロリズムとして語られ、その定義は極めて難しくなってきている。かつては、テロリズムとは「無差別なものではなく、明確な政治的目的を持ち、組織的かつ計画的な行為」との定義がなされる場合もあったが、もはやこの範疇で語ることはできない。

さらに現代社会では、「テロに屈してはならない」というのが大義名分となっている。ここにおいては、差別や貧困、格差や不平等を広げ、人間の尊厳をないがしろにする社会の存在よりも、それに反発する「行為の否定」の方に重きが置かれており、行為の原因を探ろうとすれば「テロを容認し、助長するもの」と非難されることになる。原因となる「社会の存在」を解決しないかぎり〝絶望〟は次々と生まれ、テロリズムをなくすことはできない。

テロリズムの歴史は古く、自分たちはテロリストであり、その行為はテロリズムであると自認し、公言したのは、一九世紀後半のロシアのナロードニキだとされている。都市部の青年が「ヴ・ナロード（人民の中へ）」と農村部へ入り、帝政の打倒を訴えたが、無関心な農民の前に挫折を味わい、都市に戻ると専制支配者を直接殺害する方法に転じた。暗殺の対象者は慎重に選ばれ、不必要な血は流さないことを信条とした。一八八一年、ナロードニキは皇帝アレクサンドル二世を暗殺したために、徹底した弾圧を受け、組織は壊滅した。しかし、この事件はロシアの帝政を終末に向かわせただけでなく、後に日本や朝鮮社会にも影響を与えた。

当初は、ナロードニキのような革命を目指す組織が、権力者の暗殺を目的にした行為をテロリズムと呼んでいたのだが、一九三〇年代になると様変わりし、国家指導者が自国民を弾圧する手段がテロリズムと呼ばれるようになる。イタリアのファシスト党、ドイツのナチス親衛隊、ソ連の秘密警察、日本の特高警察などが「国家の敵」とみなした人物を殺害するなど、あからさまな暴力を行使した。テロリズムは国民に恐怖を与え、確実に服従させる手段となり、広く実施された。

第二次世界大戦が終わるとアジア、アフリカ、中東、ラテンアメリカ、カリブにおいて植民地からの独立を求める民族解放運動が広まると、専制支配者が民衆を弾圧する手段であったテロリズムは、再び、下からの革命の意味を持つようになる。宗主国が植民地の独立を認めないことに反発する人々が独立運動を始め、それが武力を伴う反乱に発展すると、支配国はこれをテロリズムとみなし、軍事弾圧を強めた。このとき支配国はテロリズムという言葉を否定的な意味で使用し、民族解放運動を行う人々を暴力の行使者であり、テロリストだとして、弾圧を正当化した。

一方、独立と民族解放を求める人々は「植民地支配者から自由と独立を取り戻す闘いはテロリズムではなく、従ってわれわれはテロリストではない」と主張した。解放運動の側もテロリズムを否定的に捉え、テロリストのレッテルを貼られることを拒否することで、自らの正当性を示そうとした。だから、反乱を起こした側は自らをゲリラ、コマンド、闘士と呼び、反乱を弾圧する側は反乱者をテロリスト、殺し屋、過激派と呼んだ。

さらに、九・一一（同時多発テロと呼ばれ、二〇〇一年ハイジャックされた旅客機がワールドトレードセンタービル等に突入）以降、特に、戦争とテロリズムが混同される傾向が強くなった。これは、当時のアメリカ大統領であったブッシュが「テロとの戦争」を叫び、アフガニスタンに侵攻したことによるもので、後に、ありもしない事実をでっち上げてアメリカはイラク戦争を行うことになる。

九・一一がアメリカの中枢を狙ったテロリズムとなれば、それを阻止できなかった安全管理の問題となり、大統領の責任が問われる政治上の大問題になるのだが、戦争とすれば、軍隊を送り込んで勝利するという軍事の問題にすり替わり、大統領の責任は回避される。だからブッシュは政治問題であるテロリズムを軍事の問題であるとし、中東への軍事侵攻を正当化した。

しかし､テロリズムはあくまでも政治問題であり､戦争は軍事問題であった｡だから､レジスタンス､パルチザン､ゲリラ、便衣隊は、民間人による抵抗運動であると同時に、戦争に伴って出現した戦闘の一形態であり、テロリズムではない。

尹奉吉の行動も「もう一つの抗日戦争」として、上海戦の一環として位置づけられるもので、日本側が死亡した白川（軍司令官）を戦死と認めているように、戦闘の一形態であって、テロリズムではなかった。

ところが、上海戦における軍事的行動という面を切り離し、植民地支配に抵抗する独立運動という側面だけを見れば、尹奉吉の爆弾事件は政治の問題となる。政治的に対立する支配と被支配の関係の中で、植民地を支配する側に立てば、彼は支配を覆そうとする犯罪者であり、テロリストになる。一方、支配される側から見れば、彼の行為は支配に対する抵抗であり、彼は独立運動家として大きな成果を挙げた人物となる。このように同じ行為であっても、立場によって判断は変わることになり、テロリズム＝悪と思考を停止させる前に、どちらの側に立つのかという自らの歴史認識を問う必要が出てくる。

〔八〕歴史認識の対立

テロリズム＝悪とする現在の日本では、尹奉吉の行動を「爆弾テロ事件」と否定的に見るのが一般的だろう。韓国では全く逆で、「独立運動の最大の功労者」になる。行為は一つであるにもかかわらず、その評価は、植民地支配者であった側と支配された側とでは、大きく異なってくる。

このようなあり方は、日本と韓国の間だけでなく、日本における日本人の間でも、植民地支配を「正当とする側」と、「不当とし、反省する側」とでは見方は逆転する。歴史的経緯をどのように考えるのかという歴史認識によって、植民地支配を肯定すれば、尹奉吉は「凶悪爆弾犯人」になり、植民地支配を負の歴史とするならば「独立運動で活躍した人物」になる。

では、侵略（その結果の植民地支配も含む）の加害者と被害者の歴史認識は相反したまま、交わることがないものなのだろうか？　侵略した側が侵略したことを認め、その侵略によって被害者に多大な苦痛と損害を与えたことを認めない限り、平行線は続くことになる。仮に、侵略したことを認めた場合でも、それが建前でしかなく、本音で認めていなければ、被害者に見透かされる。現に、日本と韓国の間に存在する「歴史問題」（植民地支配の加害責任、従軍慰安婦、徴用工問題など）において、正面から自らの〝非〟を受け止め、事実を明らかにしようとしない日本の多くの政治家、日本社会の大勢に対して、多くの韓国人は「日本は加害者としての責任を受け止められない国で、歴史的責任から逃げ続けている」と見ることになる。

こうした日本側の誤魔化しや不作為が、いつまでも続く原因は、日本の中に過去を正当化するだけでなく、美化する思想が根強く残っていることにある。「先の戦争は欧米の植民地からアジアを解放するための聖戦であった」とする主張がその典型である。

日本は戦争遂行に必要な資源と労働力、そして兵士不足や食糧不足を補うために、「アジア解放」を名目に南進した。当初、「解放」を信じたアジアの人々は日本軍に協力する場面もあったが、結局、日本は欧米に代わる植民地支配者となり、資源だけでなく生活、文化、言葉まで奪った。当然、人々は抵抗を始め、抗日軍を組織した。

このように「アジア解放論」は、実態とは大きくかけ離れたものにすぎない上に、この主張には大きな矛盾がある。日本がアジアに兵を進めたのは「アジアの植民地を解放するため」であるなら、その前に、日本が植民地としていた台湾と朝鮮の独立を認め、真っ先に解放しなければならなかった。なのに、日本は最後までこれらを放棄せず、支配し続けた。自分が持つ植民地は解放せずに、欧米が持つ植民地を解放すると主張しても、それは詭弁にすぎない。

なぜ、日本は台湾、朝鮮の植民地を解放しなかったのか？

当時、日本は台湾、朝鮮を植民地ではなく、日本の領土の一部であると考えていた。だから朝鮮人による独立運動は大日本帝国の領土の一部を奪おうとする行為であり、統治権の侵害だとして、これを徹底的に弾圧した。当時の日本は、朝鮮を植民地支配していること、そして日本人は支配者であることを明確に認識した上で、朝鮮人に民族性を捨てさせ、日本人になるよう強要した。同化を強制しながらも、日本人とは明確に区別し、身分から戸籍まであらゆる場面で差別した。差別しながら、あくまでも朝鮮は日本の一部であり、植民地ではないと都合よく考えて、独立を認めようとはしなかった。植民地を「植民地ではなく、支配もしていない」という虚構にすり替えたのだが、これは「支配意識なき植民地主義」として、なお尾を引くものである。

このように「アジアの植民地を解放する」という大日本帝国のスローガンは、欧米の支配に代わり、日本が支配者になり、植民地にするという意味でしかなかったのに、今も、日本人が「日本がアジアを解放した」と主張することは、過去の日本の侵略と支配を正当化しようとするだけでなく、日本や欧米諸国と独立戦争を戦って、独立を勝ち取ったアジアの人々を愚弄し続けることになる。

こうした欠陥を持つアジア解放論が、声高に主張されることは減ってきているが、代わって台頭したのが歴史修正主義で、総論は避けつつ、日本にとって都合の悪い歴史の一部分を切り取って、その部分を歪曲し、あるは正当化して、戦争責任、植民地支配責任を回避しようとする動きが続いている。この歴史修正主義とアジア解放論は同根であり、歴史修正主義は、先の侵略戦争や植民地支配において日本が行った加害行為、非人道的行為について、日本人自らの手で事実関係を解明し、検証しようとすることを頑なに拒否し、反対する。これは、歴史的責任から逃れようとするだけでなく、道義的負担感からも逃れようとするもので、それによって何とか自己の優位性を保とうとする行為にすぎない。

かつて、「日本は世界に類を見ない優れた国」という極端な自国優越思想の下、相手を見下し、世界を相手に戦争を行った。その結果は明らかなのに、同じような優越意識に基づき、侵略の被害を受けた人々からの批判を拒絶し続けても、孤立を深めるだけになる。国際協調なくして国際関係は成立しない。すべての国家は国際関係の中でのみ国家でありえるのだから、国家の存続を願うのであれば国際協調を求めなければならない。

しかし、日本は国家として、国際協調を崩そうとする歴史修正主義やヘイトクライムを規制しないだけでなく、逆に助長している。これは、侵略の被害を受けた国家と国民に対して、追い打ち的な加害行為を行っているのと同じになる。だから、歴史の修正や過去の正当化を見逃し、助長している国家の責任は極めて重大だと考える。

〔九〕尹奉吉の思想と行動

個別、具体的な課題としての「尹奉吉の抗日」と向き合うには、事件の内容と時代背景だけでなく、尹奉吉がどのような思想をもち、どのような決断をしたのかを考える必要があろう。

朝鮮では一九二〇年代になると、日本の植民地収奪（土地調査事業、産米増殖計画等）によって疲弊した農村を救済しようと、農村啓蒙運動が行われた。これは都市部の学生に「農民の中に入ろう」と呼びかけたもので、呼応した学生は農村に入り、農民に文字を教え、生活改善を指導し、協同組合運動などを進めた。運動の中心となったのが新聞社と宗教団体で、一九二九年に「朝鮮日報」が、三一年に「東亜日報」が「ヴ・ナロード（人民の中へ）運動」を展開した。当時、これに賛同して農村に入った学生は五〇〇〇人以上になり、農民も学生を受け入れ、文字を学ぶだけでなく民族意識を高めた（よって総督府は一九三五年にこの運動を中止させた）。

尹奉吉はヴ・ナロード運動に参加して農村に入ったわけではなく、自身が朝鮮中部の農村で生まれた農民であった。ただし、植民地支配に反発する気概は幼い頃より持っており、三・一独立運動を見て、日本人校長が君臨する公立小学校を自ら退学し（一二才）、書堂（私塾）で学び、新聞や雑誌から知識を吸収すると、一九才でもう学ぶものはないと書堂を卒業した。彼は、都市の学生として農村に入ったわけではなく、当初から農村に住み、農民の中にいた。ただ単に中にいただけでなく、「ヴ・ナロード運動」を自ら実践していた。

書堂を卒業した尹奉吉は、書堂で学んだ友人とともに、自宅に夜学を開き、子どもたちに文字を教えた。貧しいゆえに公立学校にも書堂にも通えない子どもは、昼間は農家の働き手でもあった。だから夜学にしたのだが、子どもよりも親の説得が大変で、特に女子に教育の機会を与えることに反対し、夜の外出を禁じる親に対して、尹奉吉らは親の意識改革から始めなければならなかった。

二〇才の時、尹奉吉は農民運動の教材にするために『農民読本・全三巻』を書いた。第一巻は残っておらず、第二巻は「啓蒙編」として一般教養を教え、その中の朝鮮地図では朝鮮全体を一三道（当時）に分け、自分たちの住んでいる場所を教えるだけでなく「祖国」をイメージさせた。第三巻は「農民の前途」で、二五課からなっていたが七課までしか残っていない。労働者と農民、両班と農民、自由などに分け、農本思想と平等思想を分かりやすく説いていた。(4)

夜学が軌道に乗ると、尹奉吉は村の青年を集め、農村に新しい息吹を吹き込もうと、集会所として「復興院」を建設しようとした。これは、彼が書いた『農民読本』を実践に移す場であり、増産運動、共同購買組合、国産品愛用、副業の奨励、生活環境の改善を目指した。これこそ新聞社や宗教団体が呼び掛けたヴ・ナロード運動であり、このヴ・ナロード運動を尹奉吉は認識していたはずであるが、これをどの程度意識し、そこからどのような影響を受けたのかは明らかではない。

彼は農民仲間とともに増産やスポーツ振興などで具体的な成果を挙げつつあった。しかし、農民を啓蒙し、増産に努めても農村は貧困から抜け出すことはできず、「まだ勤勉が足りないのか」「勤勉であれば貧困から抜け出せるのか」と自問する日々が続き、必然的に彼の目は植民地支配の仕組みに向かおうとしていた。

農民たちが共同作業で建築していた復興院が完成した日、落成を祝う学芸会が開かれ、村中の人が集まった。そこで夜学の子どもたちがイソップ寓話の「ウサギとキツネ」の劇を公演した。ずるい狐が兎の餌を横取りする話は、尹奉吉や夜学の先生たちが考えたもので、朝鮮の現状を暗示していた。

翌朝、尹奉吉は警察に呼び出された。尹奉吉は、禁止されている集会ではなく学芸会であること、劇はイソップ寓話にすぎないと弁明し、帰宅を許されたが、以後、警察の監視がつくようになった。それでも彼は農民組織「月進会」を結成し、事業に乗り出した。会員には副業として畜産業を起こし、荒れた山林で果樹の栽培を行い、定期的に勉強会を開いた。こうした活動によって近隣に名前を知られるようになった尹奉吉のもとへ、ソウルの雑誌社（時兆社）の記者、李黒龍《イフンニョン》が尋ねてきた。彼は独立運動（大韓独立軍）のメンバーで、満州の独立軍のために資金を集め、人員を送り出していた。尹奉吉は彼から朝鮮社会の現状を聞き、満州での独立運動の存在を知った。

このような経緯から、農村に基盤を持つ農民運動家の尹奉吉は、部分的改良を重ねても、植民地支配が続く限り貧困は解決できないとの考えに到り、なおかつ、警察の監視対象者になったこと、李黒龍という独立運動家と交流を重ねることで、農民運動の限界を感じ、抗日武装闘争を行うため満州へ旅立った—となるのだが、旅立つまでには大きな葛藤があったと思われる。

ロシアのナロードニキも、ヴ・ナロード運動が農民に受け入れられず、都市へ戻った後、直接行動により権力者を打倒するしかないとする派と、あくまでも農村を基盤とすべきとする派に分裂し、前者は皇帝を暗殺し、組織は弾圧され、壊滅。後者はマルクス主義に接近してロシア革命の源流となったように、尹奉吉の場合も、農村に基盤を置いて農民運動を続けるのか、全てを捨てて武装闘争に身を投じるのかという選択は簡単なものではなかったと思われる。金学俊も「当時、故郷の村で農村啓蒙活動に熱中していた梅軒（尹奉吉の号）が、こうした思想（抗日武装闘争論）をどのように受け入れていたのかは、はっきりと分からない」(5)としている。

このまま農民運動を続ければ、いずれ植民地支配権力である日本の官憲の弾圧を受けるであろう。そうなると家族は迫害を受け、仲間も逮捕されるかもしれない。植民地圧政下の朝鮮では何をやっても周囲に迷惑がかかるとして、迷惑をかけずに独立運動を行う方法として、国外脱出を選択したのではないかと推測することができる。

尹奉吉は、「もう戻ることはない」との遺書と、妻子、父母を残し、秘かに家を出て満州に向かった。その後のことは第二部（もう一つの抗日戦争）で述べたが、上海で爆弾を投げたとき、尹奉吉は威力の大きな弁当箱型の爆弾を投げれば壇上の全員が死ぬことになる、目標は日本軍の二人の首脳だからと威力の小さい水筒型の爆弾を投げた。彼のこの判断は、ロシアのナロードニキのメンバーが、権力者が乗る馬車に爆弾を投げようとしたとき、馬車の中に子どもの姿が見えたので、投げるのをやめたという例があったように、この頃は、まだ、世の中を変えようとして、自らの命を捨てる覚悟で、他者の命を奪おうとする者には、ある種の共通する矜持のようなものがあったと考えることができよう。

以上のように尹奉吉の思想と行動を述べてきたのだが、実績のある農民運動家が抗日武装闘争を目指すようになった経緯。満州の革命軍ではなく、上海の臨時政府を選んだ理由。上海において、日・中が激突した上海戦の過程をフランス租界から見ていたときの思い。そして、日本で処刑される際に日本の軍人が感嘆するほど堂々としていた、その胆力はどこから来たのかなど、分からないことがあり、私は尹奉吉という人物の全体像を把握するに至っていない。

第二章　未来に何を残すのか

[一] 重大な疑念

二〇〇九年、朴仁祚は病気のため他界された。私も、かつての市民運動のメンバーとともに葬儀に参列した。式では彼の業績が高く評価された。

その後、ある在日二世より、朴仁祚は尹奉吉の遺体の捜査・発掘に参加した五〇人の在日一世には入っていないという話が飛び込んできた。発掘参加者として自らの体験を語り、市民運動を引っ張った彼は、実は発掘には参加していなかったのだという。

朴仁祚は戦争中、特攻隊に志願し、少年飛行兵になった。「半島人の先陣を切った」と新聞にも載り、称えられたという。しかし、生き延びたため、金沢に戻り、死んだ戦友を慰霊するために僧侶になろうとして寺で修行をしていた。一九四六年の遺体の捜査・発掘のときは金沢市寺町の高岩寺で修行をしており、発掘に参加したのは彼の二人の兄だけで、彼自身は参加していなかったという。

市民運動の過程で、私たちも朴仁祚から特攻隊での「武勇伝」を聞いたことはある。が、寺での修行の話は聞いたことはなかった。彼は「発掘当時、私の長兄の朴東祚《パクトンジョ》は現場責任者で、次兄の朴聖祚《パクソンジョ》は聞き込み班、三番目の私は記録係であった」と説明し、「発掘に参加した私が見たこと」を熱く語ってくれた。だから彼の言葉は「発掘参加者の証言」となり、「尼僧が教えてくれた道の真ん中を掘ったら遺体は出てきた」という彼の説明は広く信じられ、この説明をもとに市民運動は動き、彼のいう「道の真ん中」に石碑を建立した。

しかし、彼が遺体の捜査・発掘には参加していなかったとなると、彼の話は「証言」ではなくなり、彼の「証言」をもとに動いた市民運動の前提が崩れるだけでなく、彼の話を何処まで信用してよいのかという疑念が生まれる。

もちろん、当初より朴仁祚自身が「私は発掘には参加していなかったのだが、調べた結果、このようなことが起きていたと思う」と説明していれば何ら問題はなく、ともに事実を探求しようとする動きが生まれていたと思う。

しかし、「私は発掘に参加しており、その私が見たことは」と語り始めたため、彼の目撃談は「目撃証言」となり、(見ていない者としては)彼のいうことに異論は挟めず、従わざるを得ない状況がつくり出された。それが「尼僧説」と、尹奉吉の遺体は踏みつけにし、辱しめるために人が歩く「道の真ん中」に埋められていたとする「差別論」であった。当時の彼の口癖は「酷い仕打ちをされた」であった。

〔二〕差別論の功罪

石碑の建立以前に、尹奉吉の埋葬地跡を訪れた人の多くは、朴仁祚に「遺体は道の真ん中に埋められていた」と教えられ、強い衝撃を受けたという。人間の遺体を人が歩くところ、それも道の真ん中に埋めたのは、「踏みつけるためであり、朝鮮人を差別し、死後まで辱しめようとしたもの」と受け止めた人々は、この地を差別と非人道的行為があったことを示す場所として記憶し、保存しなければならないと考えた。

この「差別するために道の真ん中に埋めた」とする差別論が、市民運動の大きな推進力になったのは事実である。特に、募金活動では力を発揮し、目標を超える金額を集めた。募金をした人の中には「爆弾テロ事件には賛成しないが、埋葬には同情するので募金する」という人がいたように、事件（独立運動）と、その結果（埋葬）とが分けられてしまう場面もあった。「踏みつけるために」と、埋葬の非人道性を強調する差別論は、募金を集めるのに役立つ一方で、事件の方を見えなくし、埋葬の方に目を向けさせる役割を果たした。

「爆弾テロには反対。非人道的な葬り方には同情」とするのは、差別論は受け入れるが、爆弾を使った独立運動は認めないとするものであり、この考え方は、独立運動を否定し、それを行った尹奉吉をも否定することに繋がる。

事件と結果は切り離すことはできない。尹奉吉は日本が朝鮮を植民地支配したから、それに抵抗し、上海戦で爆弾を投げたのであり、その結果、処刑され、遺体は遺族に引き渡されることなく隠された。日本軍司令官らを殺傷した尹奉吉は、死してなお、独立運動家として朝鮮民衆に大きな影響力を持つと判断した日本軍は、遺骨が朝鮮に渡った場合に起こりうる事態を想定し、独立運動に火が点く恐れがあるとして遺体を隠した。

このように「事件」とその結果の「埋葬」には明確な因果関係が存在するのに、今を生きる私たちが、「テロには反対」との現代的な価値基準に基づいて、「爆弾を投げた行為」を否定することは、独立を求める行為としての独立運動を否定することになる。植民地支配した側、支配者であった側が独立運動を否定することは何を意味するのか。それは、独立を認めず、支配の継続を求めているのと同じになり、結果的に植民地支配を正当化することに繋がる。

このたび、「発掘に参加していた」と公言していた朴仁祚が、発掘には参加していなかった可能性が出てきたため、彼が主張した「踏みつけるために道の真ん中に埋めた」とする差別論に疑義を挟まざるを得なくなった。「埋葬場所を教えたのは誰か」で述べたように、「憲兵説」「管理人説」「看守説」「新聞記者説」のどれもが共通して、遺体の発見場所を「崖下のゴミ捨て場」としていた。これに対して朴仁祚だけが「道の真ん中」とした。これまで、「発掘参加者である」朴仁祚の証言に疑問を持つ者はおらず、必然的に「崖下説」は無視されてきた。しかし、彼は発掘に参加していなかった可能性が出てきた以上、なぜ、彼だけが「道の真ん中」と主張したのか、その理由を考えなければならなくなった。

理由として考えられるのは、朴仁祚は、埋葬地跡を訪れた人に「日本軍は人間の遺体を人が歩く道の真ん中に埋めるという非道なことをした」との衝撃を与え、そういう場所に埋めた日本人の悪辣さを強調し、尹奉吉に対する同情を引き出すために、あえて「道の真ん中」と言い出したのではないかということである。

もし、そうであるなら、彼の作為は五〇人の在日朝鮮人が三日間、汗を流し、土を掘り返した結果を捻じ曲げることになる。それだけでなく、彼の主張する「道の真ん中」説は、死者に対する酷い仕打ちを強調することで、酷い仕打ちをされた尹奉吉に対する憐れみと同情を生み、結果的に彼を悲劇の主人公にしてしまうことになる。それは、彼の独立運動家としての面を矮小化し、差別の被害者としての面を際立させることになる。

尹奉吉は処刑される直前でも堂々としており、その剛胆さに驚嘆したと金沢憲兵隊長が報告しているように、自らの行為に誇りを持っていた彼は、卑屈な態度を一切見せなかった。そんな彼を悲劇の主人公にするのは間違いであり、独立運動家として胸を張って死んでいった彼を貶めることになる。

〔三〕 発掘写真

尹奉吉の処刑地であり、埋葬地である金沢では、これまで、尹奉吉に関する「未解決事案」が三点存在し、何人かの有志がこれらを解明しようとしていた（本来は四点とすべきであったのだが、四点目の「埋葬地は本当に道の真ん中か？」と、朴仁祚の主張に疑問を持つ者はいなかったため、三点となる）。

まず、「埋葬地を教えたのは誰か」が第一点目で、これは未解決のままである。「処刑地は高台か」が二点目で、これについては中尾山川の源流部であることが確認されている。「一五葉の発掘写真が撮影された経緯」が三点目で、写真そのものは金昌律《キムチャンユル》によって撮られたものと判明していたが、「どのような経緯で写真が撮られたのか」についいては不明であった。

私は市民運動の過程で、発掘写真の所有者は朴仁祚であるとの主張を疑うことはなく、彼に質問したことがある。物資が極端に不足し、紙すらなかった敗戦直後（一九四六年）の日本で、「撮影機材を持っていた金昌律は臨時政府の随行員だったのか？」と。朴仁祚は、私の質問には答えようとはせず、「金昌律は私の親しい友人であり、発掘当時の記録係だった私に（写真を）プレゼントしてくれた」と言い、写真の所有者は朴仁祚自身なので、許可なく他に転載することを固く禁じた。そのために転載を断念する者もいた。

写真を撮った金昌律が臨時政府の随行員として、東京から来たのではないことは明らかであろう。もし、臨時政府が関与していたのなら、遺骨と一緒に写真も韓国に渡っていたはずであり、写真が渡らなかったゆえに、韓国では長い間「尹奉吉は大阪で処刑された」と考えられていたことになる。

在日朝鮮人の統一組織として生まれた在日本朝鮮人連盟（朝連）は、この後すぐ（一九四六年）に一部が在日本朝鮮居留民団（一九四八年に民団となる）として分離し、後継団体が在日本朝鮮統一民主戦線〈一九五五年に総連となる〉になったことから、分裂寸前の朝連が組織として撮影を依頼したのかどうかは分からない。仮に、朝連が組織として対価を払い、記録を残そうとして写真撮影を依頼したのなら、写真は朝連か後継団体に保管されていたであろう。そうではなかったことから、次のように推測する。

大阪で写真業を営んでいた金昌律は、空襲から逃れるために写真機材を抱えて金沢へ疎開してきた。彼は金沢で日本の敗戦と朝鮮の解放を迎えた。翌年、野田山で尹奉吉の遺体の捜査、発掘が行われることを知り、個人的判断により発掘の現場を写真に撮った。金沢在住の在日二世の話によると、子どもの頃、朝鮮人集住地区で葬式があると頼まれもしないのに写真屋が現れ、何枚かの写真を撮り、後日、現像した写真を持って家に現れ、買うように要求し、親がそれを買っていたのを憶えているという。金昌律がそう言った商売のやり方をしていたのなら、発掘参加者五〇人に売れると見込んで、自らの意志で現場に赴き、写真を撮ったと見ることができる。

〔四〕 写真が示す発掘場所

尹奉吉の遺体が隠された場所を「誰が教えたのか」については、「憲兵説」「墓地管理人説」「看守説」「新聞記者説」と意見は分かれているものの、いずれの説も共通して埋められていたのは「崖下のゴミ捨て場」としており、埋葬地は「崖下」であることが共通認識になっていた。なのに、朴仁祚だけが「道の真ん中」と主張した。なぜ彼だけが、そのような主張をしたのか。

理由の第一に考えられるのが、前述した「差別論」を展開するためである。遺体は「奪われないように崖下に隠された」とするよりも、「朝鮮人を差別し、踏みつけさせるために道の真ん中に埋めた」とする方がインパクトは大きく、日本軍の非人道性を際立たせ、また、日本人の朝鮮人に対する差別を明らかにし、悲劇性も増すだろうと考えた朴仁祚は、この考えを展開するために「道の真ん中」と主張した。彼の説は現地を訪れた人々に衝撃を与え、尹奉吉への憐れみと同情を生み、彼を悲劇の主人公にした。反面、それは埋葬の在り方に関心を向けさせてしまい、彼が行った独立運動へ目が向くのを阻害する結果を生んだ。

二点目として考えなければならないのは、朴仁祚が発掘には参加していなかったとしたら、彼自身が発掘場所を知らなかった可能性があることである。市民運動のメンバーに「発掘に参加した」と言った手前、その場所を示さなければならなくなり、彼は手元にあった発掘写真を手掛かりに場所を特定しようとしたのではないだろうか。

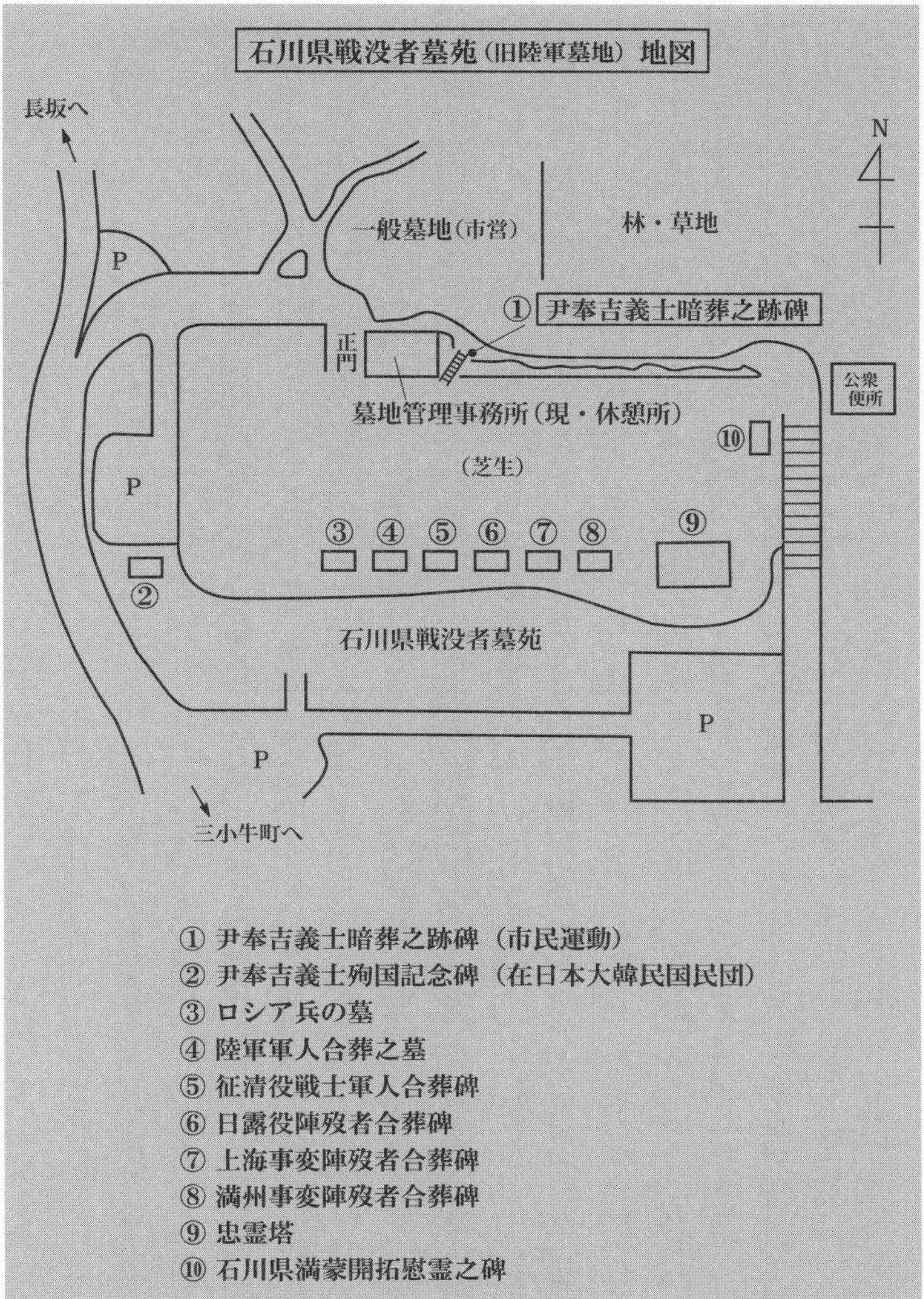

石川県戦没者墓苑（旧陸軍墓地）地図
拙著『尹奉吉 暗葬の地・金沢から』の地図を改訂

発掘写真C　後ろには陸軍墓地と管理所（野田山）

一五葉の発掘写真のうち、埋葬地を特定できそうな写真が三葉ある。写真Cは、まだ埋葬場所がわからず、在日朝鮮人が市営墓地側の道路の法面を掘り返しているものである。この写真の崖の上（高台）の左側、柵にかこまれている林が陸軍墓地で、同じく崖の上の右側の柵で囲まれた木造の家屋が墓地管理事務所になる。この陸軍墓地と管理事務所の中間から崖下の道路へ降りる細い階段があるのだが、この写真では人々の陰に隠れていて見えない。陸軍墓地と管理事務所と道路の位置関係が分かる写真はこれしかない。この写真では判断しようがないが、実際には管理事務所は陸軍墓地よりも一〇メートルほど直角に出っ張っており、崖下には長方形に近い空間がある（二二八頁の「石碑設置場所の平面図」参照）。その空間に立つ大勢の人が、道路の法面を掘る人々を眺めている写真がCである。現在では、この空間が広い道路となり、石碑が建つ場所になっている。

写真Dは、Cの写真で大勢の人が立っていた、その場所を掘っているもので、崖下に近い。土を掘る人々の背後にある木造家屋が墓地管理事務所で、そこから下の道路へ降りる階段も見える。写真Eは、遺体を発見したようで、多くの人が集まり一点を覗き込んでおり、ここが遺体の発見場所となる。背後の建物

発掘写真D（野田山）

発掘写真E　遺体を発見（野田山）

は墓地管理事務所で、一番左端に立つ人物の横に階段も見える。DとEを比べると、カメラの角度が違っているだけで、同じ場所を撮っているようにも見えるし、そうではなくEの方がより崖の方へ近づいているようにも見え、どちらなのか判断は難しい。

この写真D、Eに写る墓地管理事務所、石垣、階段の位置から現在、石碑が建っている

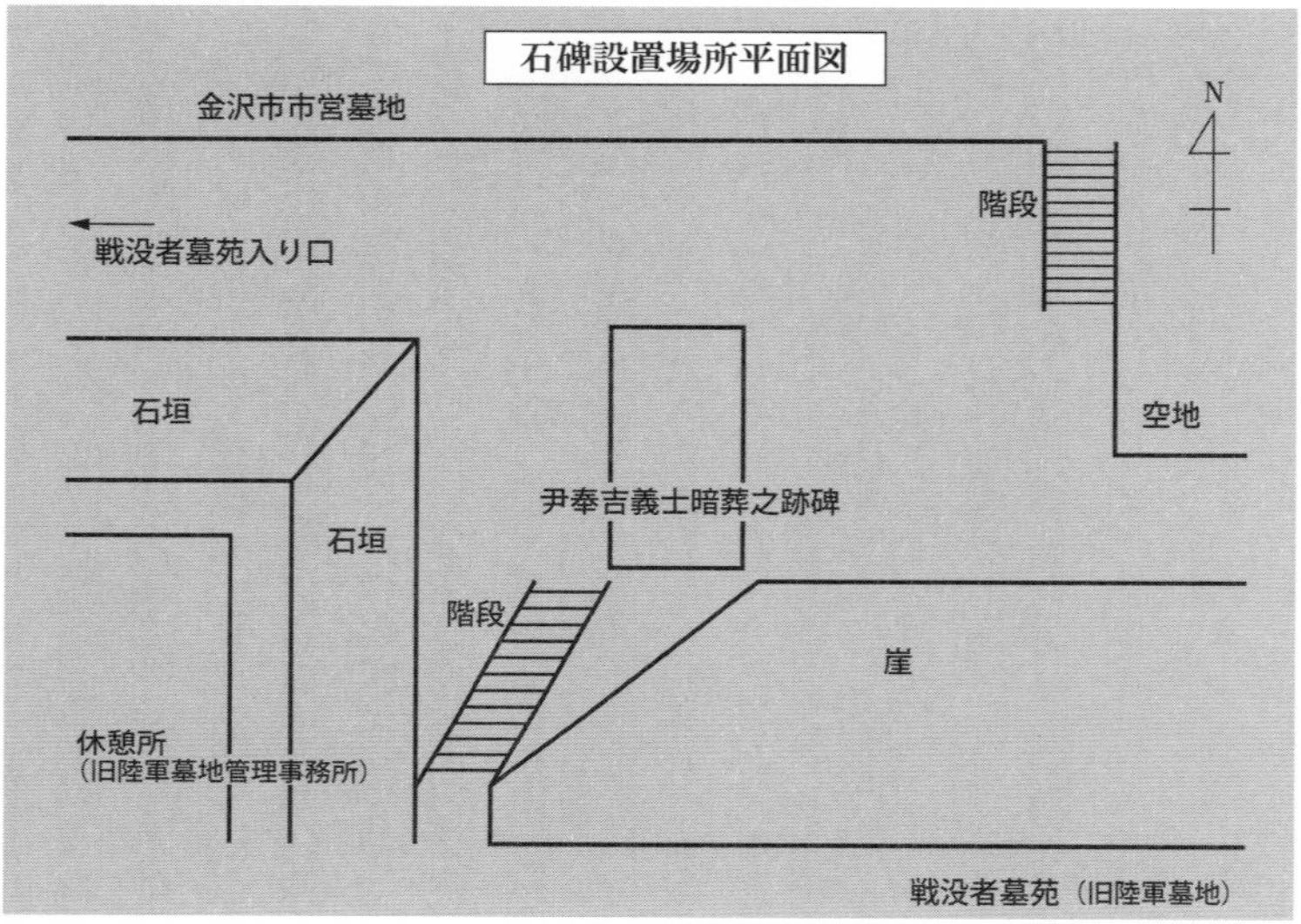

石碑設置場所（埋葬地跡）平面図

場所付近が遺体の発見場所であることは間違いない。ただし、「崖下」であるのか「道の真ん中」であるのかを確定するのは、写真が少なすぎて不可能である。

発掘場所を知らなかった朴仁祚は、この三葉の写真によって大体の見当をつけ、発掘場所は「管理事務所の横の階段を下りた道路の真ん中」と推定したと考えることもできる。ただし、この推論の前提になるのが、彼は何も知らない白紙の状態であったということで、発掘に参加した二人の兄から、当時の様子を全く聞いていなかったとは考えられず（聞いていたからこそ発掘の三日間を記した詳しい手記「あの時の話」を書けたのだろう）、だからこの推論は成立しない。

なお、発掘写真A～Eの出所は、拙著『尹奉吉　暗葬の地・金沢から』（社会評論社刊）となる。

[五] 四五年間の変化

写真Fは、一九九一年に撮られたもので、市民運動のメンバーが初めて野田山の現地を訪れたときに撮ったものである。この写真の中央が、石碑が建つ場所になり、朴仁祚のいう「道の真ん中」で、階段を下りてくると必然的に踏みつける場所になる。だから朴仁祚の説は説得力を持ち、この地を訪れ、この場所を見た人は、「こんな所に人間の遺体を埋めたのか」と心を痛めたのである。

この一九九一年の写真Fと一九四六年の発掘当時の写真D、Eと見比べると、写真Fの方が墓地管理事務所から降りる階段は短く、傾斜もゆるくなっている。また、管理事務所の土台の石垣も低くなっているのが分かる。四五年の間に崖上の陸軍墓地（県戦没者墓苑）から土砂が流れ込み、堆積したものと推測でき、一九四六年当時と比べ、土地の形状がかなり変化していることになる。

また、一九四六年当時は、現在のような広い道路ではなく、細い山道しかなく、山菜がよく採れる場所だったという話もあり、朴仁祚が「踏みつけるために道の真ん

写真F　一九九一年の埋葬地跡付近

中に埋めた」としたのは後付の理屈、すなわち、当時の状態に基づくものではなく、一九九一年時の道路の形状から判断して、誰が見ても「踏みつけるために埋めた」と分かるように、広い道路の中央とした可能性が高い。

このように時間の経過とともに土地の形状は変わり、本来の埋葬地である「崖下」は土砂に埋もれている可能性があり、尹奉吉が崖下のどこに埋められていたのかを厳密に特定することは極めて難しい。尹奉吉が処刑された場所（刑場）がGPSを使って特定されたように、正確な埋葬地跡を特定するために、科学的手法（写真解析、土壌分析など）が用いられて解明されるまで、今ある石碑をもってして、「尹奉吉が埋められていたのは、この辺りである」とするのも、多少のズレはあるだろうが、あながち見当違いの場所を示すことにはならない。

だが、問題は、このような場所的なことではなく、発掘に参加していない朴仁祚が、参加したと嘘を言い、「道の真ん中」説を主張した可能性が高まったことで、この説の真偽を問わなければならなくなったことである。

〔六〕「道の真ん中」説の矛盾

石碑（暗葬之跡碑）は、市民運動が「道の真ん中」説に基づき、「この地を忘れてはならない」と募金を集め、建立したもので、いまなお「踏みつけるために道の真ん中に埋めた」とする差別論は通説として、広く信じられている。

しかし、朴仁祚が発掘には参加していなかったとなると、彼の主張は目撃証言ではなくなり、どこまで信用できるのかという疑念が生まれる。「発掘に参加していた私が見た」と言われれば、それに従わざるを得なかったのが今までであり、これからは、この「証言」の呪縛から解放され、彼の論の真偽の検証が必要となる。

○踏みつけるのが目的なら

朴仁祚は、日本軍は尹奉吉の遺体を踏みつけさせ、辱しめる目的で「道の真ん中」に埋めたという。そうであるなら、墓地管理事務所の裏手になる人通りの少ない、淋しい場所ではなく、もっと人通りのある場所に埋めなければならないだろう。そうすることで、司令官を殺された日本軍として復讐し、報復を行ったことになる。しかし、実際には人通りが少ない淋しい場所に埋葬した。ということは、踏みつけさせることが目的ではなかったということになり、目的は別にあったことになる。

○隠すのが目的なら

埋葬の当事者であった金沢憲兵隊長の報告書が「遺骨が奪われないように隠した」としている以上、目的は「踏みつける」ことよりも、「隠す」ことにあった。この場合、目につきやすい道の真ん中に隠せば、偶然に見つかる可能性は高くなる。そうした危険性を低くし、なおかつ長期間見つからないようにするためには、「道の真ん中」ではなく、「崖下」に隠したと考える方が合理的である。

○文献は語る

「遺体が隠されていた場所を教えたのは誰か」については諸説があり、そのどれもが共通して、遺体の発見場所は「崖下のゴミ捨て場」としており、朴仁祚だけが「道の真ん中」とした。彼を信じていた私たち市民運動のメンバーは、異説があるのを知りながら、それらを無視した。例えば、澤地久枝が「ゴミ捨て場に埋葬したのではなく、一般墓地とのさかい目にあった埋葬地が、一三年の歳月の後にゴミ捨て場に化していたものと思われます（『二・二六事件在天の男たちへ』別冊文藝春秋・一九八八年）と書いているのに対して、私は、埋葬地はゴミ捨て場ではなく「道の真ん中」であるとし、「彼女の論は現地を知らないから」と拙著（『尹奉吉　暗葬之地・金沢から』）で批判した。これは、朴仁祚の説を「発掘参加者の証言」として絶対視していたためで、今回、彼は発掘には参加していなかった可能性が出てきたことから、ようやく異説にも目を向けることができ、異説では「崖下」が共通認識になっていたことに気付けた。

もし、人間の遺体を道の真ん中に埋めるというショッキングなことが行われていたのなら、澤地久枝の文も含め、憲兵説、墓地管理人説、看守説、新聞記者説のどれかが、そのことに触れるであろう。しかし、どの文献も「道の真ん中」とは書いていない。だから、これは、朴仁祚が悲劇性を高めようと考え、つくり出した説と言える。

ちなみに、ある古老の話によると、戦前、崖下には大きなゴミ箱が置かれていた時期があり、お彼岸やお盆に市営墓地に墓参に来た人が、墓の掃除をして出たゴミを、そこに捨てていたという。もちろん、その時期や期間は特定できないが、金沢憲兵隊は遺体を崖下に埋めた後、その上に大きなゴミ箱を置いたとも考えられる。それは、もし情報が洩れて、遺骨を掘り出そうとする者が現れたとしても、まずゴミ箱をどけなければならず、掘り出すのに時間がかかり、その間に墓地管理事務所から連絡を受けた軍が出動できるからで、念には念を入れたとの仮定に基づく推測である。ただ、どの話も共通して崖下にはゴミ捨て場、もしくはゴミ箱があったことを示している。

○小さなつぶやき

朴聖祚《パクソンジョ》は朴仁祚の兄で、発掘当時は聞き込み班として遺体が隠された場所の手掛かりを求めて走り回った人物である。同じく発掘参加者の李健雨《イコンウ》が手記で「(土を掘り返していた) 自分たちは疲れて家に帰ったが、同胞の中には (家に帰らずに) 情報を求めて歩いていた」と書いている、その同胞の一人であった。私は、この朴聖祚の息子である朴賢沢《パクヒョンテク》から、次のような話を聞いたことがある。

「二〇〇九年に朴仁祚が病死したので、翌年二〇一〇年一二月一九日、野田山の石碑の前で行われた尹奉吉の命日の法要に、父を初めて連れて行った。このとき、初めて石碑を見た父は『この場所ではない。もっと崖寄りのところだ』と小声で言った」という。発掘参加者である朴聖祚が、なぜ二〇一〇年になって初めて石碑〈一九九二年建立〉を見たのか。

朴聖祚は昔、失火によって朴仁祚の子どもを死なせてしまったことから、兄弟の上下関係は逆転し、ずっと彼は弟に従属させられていた。だから、弟である朴仁祚が存命中は尹奉吉に関わることは一切許されず、石碑を見ることもなかったという。（朴聖祚は二〇二〇年に亡くなられた）

以上のことから、「道の真ん中」説は矛盾だらけで、成立し得ないことは明白であり、この説は、朴仁祚がつくり出した物語ということになる。朴仁祚は、「崖下に埋められていた」とするのではインパクトがない、「道の真ん中に埋められていた」とした方が衝撃を与え、注目を集めるだろうと考え、「道の真ん中」説を主張した。「発掘参加死者」とされた彼の言葉は信じられ、通説となり、彼の目論見は見事に成功したと私は考える。

では、埋葬地が道の真ん中ではなく、崖下であったとしたら、道の真ん中に建てられた石碑はどうなるのだろうか。

私は、現状のままで問題はないと思う。理由は、現地は狭い空間であり、多少のズレはあるが、狭い空間に収まっているからである。ただし、差別論は否定されなければならない。差別論は創作された物語であるだけでなく、尹奉吉を悲劇の主人公にしてしまい、彼の事績を矮小化する結果を生むからである。だから、差別論を排した新しい説明板を設置して、本来の埋葬地は崖側であることを明示し、説明責任を果たす必要がある。

こうした説明板の設置だけでは不十分で、次世代の人たちが誤解を生まないようにし、明確な形で判断できるようにする必要があるとするならば、現有の石碑を崖側に回転させ、戦没者墓苑（陸軍墓地）の崖に接するようにしなければならない。崖にくっつければ崖下の埋葬地跡を、ほぼカバーできることになる。

これには大規模な工事が必要となることから、より現実的な方法として、現有の石碑を動かすことなく、南側の戦没者墓苑側の先端から、崖に沿って幅一メートル、長さ二メートル程の土地をコンクリートで囲み、石碑をL字型に拡張すればよいのではないだろうか。現有石碑（幅二メートル、長さ三・八メートル）は動かさずに、崖側に構築物をつくり、現有石碑に接着すれば崖下の埋葬地跡も含まれることになり、次の世代に目に見える形でほぼ正確な歴史を伝えることになる。

［七］顕彰と自省

石碑を建立するための市民運動に参加した日本人の多くは、差別論に基づき、非人道的な埋葬を実行したのは日本軍であるから、これは「日本人の問題」として、「加害の歴史」として記憶し、残さなければならないと考えた。これに加え、日本の植民地支配に対する抵抗運動を通して、日本の「植民地支配責任」の追及に繋げなければならないと考える人も少なからずいた。「植民地支配責任」という概念すら一般的になっていない日本社会の中で、責任を自覚し、責任を果たさなければならないと考えることは貴重なことであった。

ここにおいて発生した問題は、在日コリアンの「独立運動の英雄を顕彰したい」との気持ちと、日本の侵略の歴史、植民地支配の歴史と向き合う場所として位置づけようとする日本人の意識とを、どのように折り合いをつけるかということであった。在日の側の「顕彰したい」気持ちを否定することなく、日本人の側が植民地支配の歴史と責任を認識する場所とするにはどうしたらよいのか、話し合いは続いたが、結局、折り合いはつかなかった。「顕彰の場」か「自省の場」か、それとも両方を兼ね備えるにはどうすればよいのか。結論が出ないまま石碑の完成を迎え、市民運動は解散することになり、結局、石碑をつくったことに満足して終わってしまった。ようするに「造りっぱなし」状態にしてしまった。結果、石碑は「顕彰の場」になった。

その後、尹奉吉を媒介にする日韓友好運動や石碑の維持を行う団体（尹奉吉義士共の会）が新たに生まれ、この団体に碑建立時の市民運動の成果と問題点が伝わることはなかった。これは、石碑建立の市民運動を担った私を含めたメンバーの責任であると同時に、保存会を率いた朴仁祚が石碑建立時の市民運動の人々を排除したことも原因の一つとなった。建立までの過程で多くの軋轢があったことや、残された問題点を知る人がいなくなった後、建立の経緯を知らない人々に対して、朴仁祚は「差別論」と「顕彰論」を強調したと聞いている。だから、いつしか彼の主張が独り歩きを始め、その結果、石碑は尹奉吉ではなく、彼自身の業績を称えるものに変えられ、「朴仁祚は立派な人で、大きな功績を残した人物」との評価が定着した。

〔八〕植民地支配責任を

アジア太平洋戦争中に、ベトナムは抗日戦争を戦い、全土一斉蜂起と日本の敗戦によって独立を宣言した。しかし、旧宗主国であるフランスが戻って植民地支配を続けたため、長い対仏独立戦争を戦ったように、日本も朝鮮との間で独立戦争が発生する可能性があったと考える。なぜなら、日本は「朝鮮は日本の一部であり、朝鮮独立の主張は日本の領土を奪い、主権を侵害するもの」と考え、決して独立を認めなかったのだから、いずれ独立戦争が起きるのは必須であった。だが、独立戦争は起きなかった。それは一九四五年の日本の敗戦により、連合国によって植民地を放棄させられたからで、日本は決して自らの意志で放棄したわけではなかった。

植民地を放棄させられたことによって、日本は「対日独立戦争」を免れた。同時に、植民地支配をした責任までもすり抜けてしまった。責任の自覚のない日本人は植民地支配の歴史を忘却し、さらに今、支配そのものが無かったことにしようとしている。

こうした状況に一石を投じるのが尹奉吉である。日本が植民地を放棄する一三年前に、尹奉吉と臨時政府によって独立戦争が戦われ、日本軍司令官らが死傷した。この事実をもって、日本の植民地支配の歴史と、それに対する抵抗があったことが明らかとなり、その後、日本軍が尹奉吉に対して何を行ったのかを示すことによって、植民地支配の実情が浮かび上がる。こうした具体的な事例から、日本人の側が、植民地を手放さなかったとしたら、植民地の人々から独立戦争の銃口を向けられる可能性があったことを想像する必要があり、想像を糧に植民地支配した日本の過去の検証に繋げなければならない。

現在、金沢市野田山には尹奉吉に関する碑が二つある。一九九二年に韓国の建立委員会と民団によって建てられた高台にある「殉国碑」（梅軒尹奉吉義士殉国紀念碑）は、狭い埋葬地跡ではなく、海の向こうの祖国を望める位置に建てられたもので、尹奉吉の義挙を顕彰するものである。この碑は、訪れる韓国人や在日コリアン、日本人に対して事件の意義を伝え、それをなした尹奉吉を称えるものである。

一方、同じ年に埋葬地跡に建てられた市民運動による石碑（尹奉吉義士暗葬之跡碑）も、同じように義挙を顕彰するものであるのなら、同じものが二つあることになる。もし、このように重なっているとしたら、実にもったいないことで、せっかく四月二九日の「事件の日」と、一二月一九日の「処刑の日」に建てられた二つの碑があるのだから、役割を分担して、顕彰するのは「殉国碑」とし、「暗葬之跡碑」は事件と埋葬の在り方を問題とし、日本の植民地支配の歴史と、その責任を問うものにした方がよいのではないだろうか。そうすることによって相乗効果が生まれ、二つの碑の価値は高まると考える。

「戦争責任」があるように「植民地支配責任」がある。「戦争責任」を果たす第一歩として、侵略戦争を二度と繰り返さないとの誓いの上に立つのが日本国憲法（九条）であろう。同じように、苛酷な植民地支配をしたことを反省し、二度としないと誓うのなら「植民地支配責任」を果たさなければならない。そのためには、かつての宗主国としての日本は、支配した事実を認め、謝罪と補償を行うだけでなく、支配した民族の尊厳と名誉を認め、二度と侮辱してはならないとする民族的人格権を法として確立しなければならない。そうすることにより、植民地支配を正当化する行為を禁じ、今なお続く追い打ち的な加害行為を根絶しなければならない。

そうする一方で、各地に存在する植民地支配の歴史遺構やモニュメント、墓碑、残された史料などにより、加害の歴史を知り、責任を自覚する契機にしなければならず、その具体例の一つが石碑「尹奉吉義士暗葬之跡碑」になる。

【出典】（第三部）
（1）梶村秀樹・訳注『白凡逸志―金九自叙伝』平凡社　一九八〇年　三一一、三一二頁
（2）大戸宏「抗日の韓国人闘士尹奉吉の遺体発掘」『アクタス』一九九八年二月号
（3）金学俊『評伝・尹奉吉』彩流社　二〇一〇年　二四一、二四二頁
（4）前掲（3）『評伝・尹奉吉』七一、七二頁
（5）前掲（3）『評伝・尹奉吉』一一〇頁

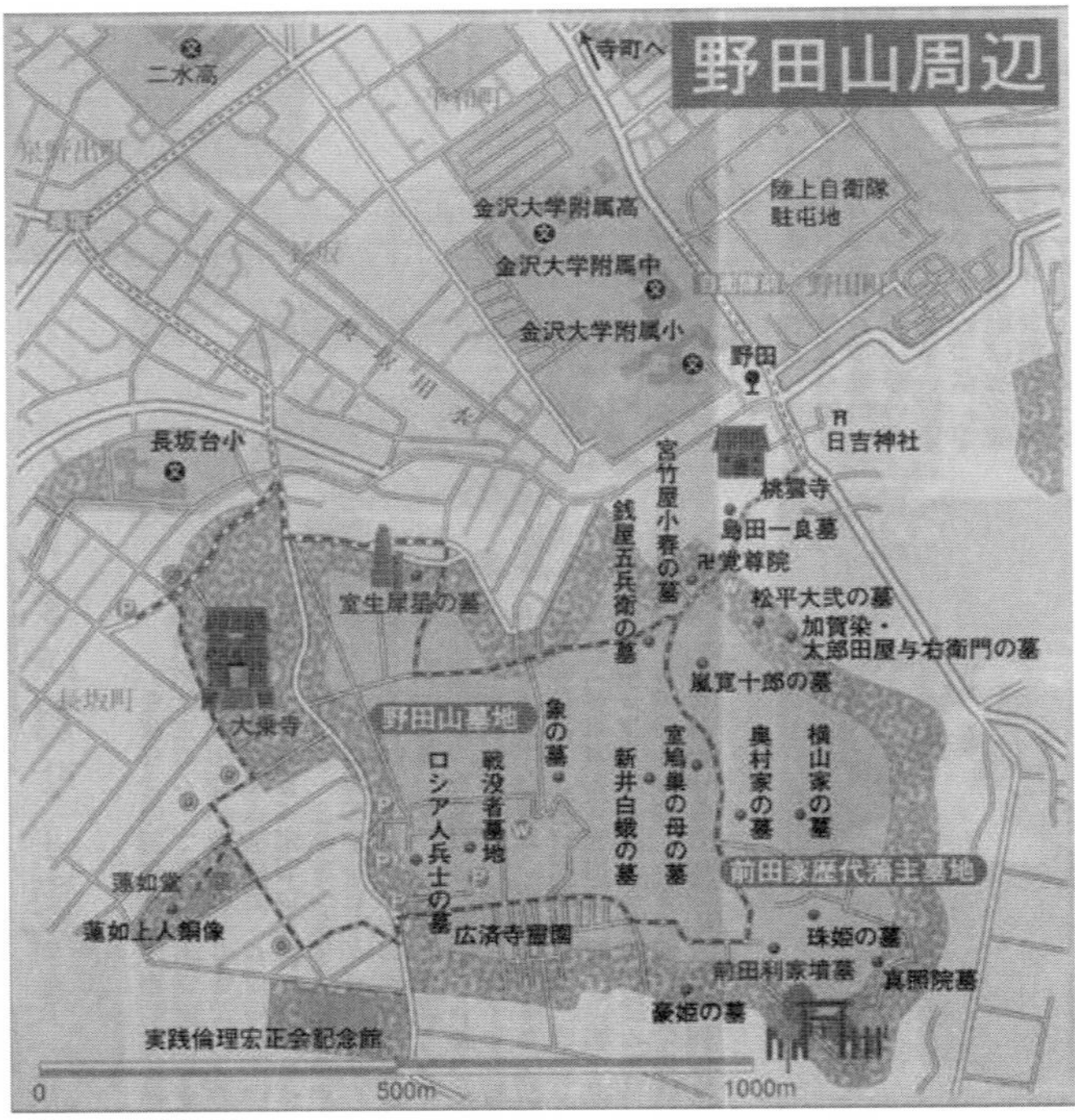

野田山周辺図
金沢市産業局観光交流課「金沢城下町見て歩き地図」より

あとがき

某日、東京在住の映画監督、呉徳洙《オドクス》（長編映画『在日』や『指紋押捺拒否』などを製作）から電話があった。「ある会合で在日二世と出会った。金沢の出身だというのでキミの話をした。そうしたら是非とも連絡先を教えてほしいというので教えた。尹奉吉のことで話があるそうだ」と言われた。すぐに電話があり「貴方が書いた本には嘘が書いてある」と言われた。

本とは、拙著『尹奉吉《ユンボンギル》　暗葬の地・金沢から』のことで、尹奉吉の遺体の発掘に参加した在日コリアン一世の四人の手記を載せており、一番の長文が朴仁祚《パクインジョ》のもので、「発掘に参加した自身が見た三日間の様子」が詳しく書かれていた。電話は、この朴仁祚は発掘には参加していないのに参加したとの嘘が書いてあるとの指摘であった。私は「手記は本人が書いたもので、私はタッチできないし、していない。朴仁祚が発掘に参加していなかったとは初めて聞く話で大変驚いている。とはいえ、自著に彼の手記を記載することを決めたのは私であり、その責任は負わなければならない」と答えた。「どう責任を取るのか」と問われ、答えに窮していると、「発掘に参加していない人が、参加したと嘘をいうのはもちろんのこと、それを証言として後世に残すのは、もっとよくない」と言われ、確かにそうだと思った。しかし、彼は既に亡くなっており、どのような形で訂正したらよいのか、その方法を示すことはできなかった。

かつて私は『尹奉吉　暗葬の地・金沢から』（社会評論社・一九九四年）を上梓した。この本は尹奉吉の埋葬地跡に石碑を建てた市民運動の記録であり、日本軍による差別の実態を明らかにしようとするものであった。だから、多くの部分で朴仁祚のいう「差別論」に依拠しており、遺体は「道の真ん中」に埋められていたと書いた。

その後、韓国において、尹奉吉を処刑し、遺体を埋葬した当事者である金沢憲兵隊長の報告書が発見された。それには、日本軍は尹奉吉の遺骨が奪われて、朝鮮に渡り、独立運動に火が点くことを怖れ、遺体を隠したと書かれていた。この文書の発見により、「差別するために遺体を道の真ん中に埋めた」とする差別論では捉えきれない、政治的な背景があったことが明らかになった。私は前著を乗り越えようと『四月二九日《エンペラーバースディ》の尹奉吉―上海抗日戦争と韓国独立運動』（社会評論社・一九九八年）を書いた。日本においては、過去に苛酷な植民地支配があったと、日本の支配により朝鮮人が受けた被害の歴史に力点が置かれていることに対して、本書では支配に対する抵抗の歴史もあったことを提起しようとした。しかし、この本においても、遺骨が奪われることを怖れた日本軍は遺体を秘かに隠したとしつつも、隠した場所は「道の真ん中」であったと書いた。差別論を乗り越えようとしながら、差別論の基になる場所（踏みつけるために道の真ん中に埋めた）を示したのは、発掘に参加したとする「朴仁祚の証言」を信じていたからであった。

もし、電話での告発のように、朴仁祚が発掘に参加していなかったとしたら、彼は見てもいないことを見たと言ったことになり、前々作で「発掘に参加した在日一世の証言」として彼の手記を載せた私は嘘を広めたことになる。前作でも「遺体は道の真ん中に埋められていた」と書いた私は、それを訂正しなければならなくなった。そうしなければ事実でないことを次の世代まで残すことになり、嘘を歴史にしてしまうことになる。このことは上海戦や独立運動とは関係ない事柄だが、「尹奉吉」をタイトルにした拙著二冊の一部分に疑義が生じたこと認め、今回、三度《みたび》活字にして問題点を明らかにし、別の可能性を示すことで責任を果たそうと考えた。

そのためには、彼が発掘に参加していなかったという確たる証拠が必要であった。しかし、裏付けとなるものが得られなかったため、「発掘に参加していなかった可能性が高い」としか書けなかった。だが、この告発電話は、「発掘参加者の証言」として絶対視されていた朴仁祚の主張に疑念を抱かせる契機となり、彼の主張には矛盾があることに気付かせてくれた。

多くの文献のどれもが、発掘場所を「崖下」としているのに対し、朴仁祚だけが「道の真ん中」としたこと。金沢憲兵隊長が「遺骨が奪われないように隠した」とする以上、「道の真ん中」に隠せば偶然にも発見される可能性が高くなり、そうした危険性を避けるには「崖下」に隠したと考える方が合理的であることから、「道の真ん中」説の矛盾が明らかになり、さらに、発掘参加者である朴聖祚《パクソンジョ》の息子である朴賢沢《パクヒョンテク》より、「野田山に父親を初めて連れて行ったとき、石碑を初めて見た父は『この場所ではない。もっと崖寄りのところだ』と小声で言った」という話を聞いたとき、朴仁祚は発掘に参加していたとしても、参加していなかったとしても、「道の真ん中」に埋めたとする差別論は矛盾だらけで、意図して創作された物語だと考え、本書において、尹奉吉を悲劇の主人公にしてしまう差別論は否定されなければならないと書いた。

だが、これには懸念材料が一つあった。差別論を否定することで、日本軍の行為（道の真ん中に埋めなかったこと）を擁護しているかのようにとられかねないことである。私は日本軍こそ差別者だと思っている。尹奉吉の場合、差別することよりも政治を優先させたにすぎず、崖下のゴミ捨て場に遺体を隠すこと、そのこと自体が差別であり、非人道的行為になる。さらに、崖下であっても、ゴミを捨てに来た人に踏みつけられたわけであり、そこには死者への尊厳の欠片もない。だから私は、「崖下」に埋め、「道の真ん中」に埋めなかった日本軍を評価するつもりは一切ない。ただ、悲劇性を増すような物語がつくられ、それが今なお通説となっていることを問題にしているだけである。

私は、二冊目の『四月二九日の尹奉吉―上海抗日戦争と韓国独立運動』を書いた後も、上海事変の歴史的位置付けと、戦争目的に疑問に持ち、調査を続けていた。また、尹奉吉の死刑判決書の日付と内容に強い作為を感じ、その意味を考え続けていた。今回、前作の拙著の記述に疑義が生じたことを明示するとともに、この二点を追及してみようと考え、この二点については問題提起に終わらず、結論を示すことに挑戦してみた。

今を生きる者は、これから生まれてくる者や死者を含めた時間の繋がりの中で生きているのだから、今を生きる者は、死者に思いを馳せつつ、誰もが将来において、自由に判断を下し、客観的な評価を下せるよう記録を残しておく必要があると思う。本書が、そのような記録の一つとして、次の世代の人々の検証の材料になるよう願っている。

二〇二四年六月一〇日

山口　隆

【年表】

一九三一年

四月一三日　浜口雄幸内閣総辞職―若槻礼次郎内閣（第二次）成立

五月一六日　蒋介石、第二次掃共戦開始

五月二八日　中国国民党分裂（広東派による国民政府樹立）

六月二七日　中村震太郎事件（参謀本部特派の中村大尉が蒙古地方で中国兵に殺害、八月一七日に公表）

七月　蒋介石、第三次掃共戦を開始

七月一日　万宝山事件

七月一三日　上海で反日援僑大会、対日ボイコット始まる

八月二六日　浜口前首相死去

九月一八日　柳条湖事件―満州事変

九月二二日　上海で反日大会、上海抗日救国委員会結成

一〇月一一日　上海で日本居留民大会。解散後、日本居留民と中国人乱闘

一〇月一七日　十月事件（軍、右翼によるクーデター計画未遂）

一〇月一八日　上海で中国人による反日運動が激化

一一月二七日　中華ソビエト共和国臨時政府樹立（主席、毛沢東）

一二月一〇日　国際連盟、満州問題調査のためリットン委員会を設置

一二月一一日　若槻内閣総辞職―犬養毅（政友会）内閣成立

一二月二八日　関東軍、錦州を攻撃

一九三二年

一月三日　関東軍、錦州を占領
一月八日　李奉昌による桜田門事件
一月九日　上海の「民国日報」の「不敬記事」で上海総領事が上海市長に抗議
一月一八日　上海で僧侶殺害事件
一月一九日　報復のため、日本居留民、三友実業社を襲撃
一月二〇日　日本居留民大会。解散後、租界巡捕と衝突
一月二八日　第一次上海事変（日本海軍陸戦隊と中国十九路軍が衝突）
二月二日　日本海軍、第三艦隊（野村吉三郎司令官）を編成。陸軍第九師団（植田謙吉師団長）の上海派遣を閣議決定
二月五日　関東軍、ハルビン占領
二月七日　日本政府、陸軍の上海派遣を発表
二月九日　井上準之助前蔵相、血盟団により暗殺
二月一六日　国際連盟理事会、日本に上海での戦闘停止を警告
二月二〇日　第九師団、第一次総攻撃を開始―失敗
二月二四日　上海派遣軍（白川義則最高司令官）の増派を決定
二月二九日　リットン委員会が来日
三月一日　「満州国」建国宣言。上海派遣軍、上海上陸
三月二日　十九路軍と五軍が総退却を開始
三月三日　白川派遣軍司令官、停戦を声明
三月四日　国際連盟総会、上海において六カ国による停戦協議を行うよう決定
三月五日　団琢磨（三井理事長）、血盟団により暗殺

＊年表

四月二〇日　リットン委員会、満州に入る
四月二八日　上海における停戦協議がまとまる
四月二九日　尹奉吉による上海爆弾事件
五月五日　上海で停戦協定書に調印される
五月一五日　五・一五事件（犬養首相暗殺）――斉藤実内閣成立
五月二五日　尹奉吉、上海派遣軍軍法会議で死刑判決
五月三一日　陸軍の全部隊、憲兵隊を残して引き揚げ
六月一〇日　蒋介石、第四次掃共戦を開始。対日妥協政策を決定
九月一五日　日満議定書締結。日本、「満州国」を承認
一〇月一日　リットン委員会が日本政府に報告書を通達
一一月一八日　尹奉吉、上海から神戸港、陸路、大阪へ護送
一二月一八日　尹奉吉、大阪から金沢へ移送
一二月一九日　尹奉吉、金沢で処刑。その後極秘裏に野田山に埋葬。

【参考文献】

上海居留民団編『昭和七年上海事変誌』一九三三年、二〇〇二年大空社より再版
ハリエット・サージェント『上海・魔都一〇〇年の興亡』一九九六年・新潮社
藤原恵洋『上海・疾走する近代都市』一九八八年・講談社
高橋孝助、古厩忠夫『上海史』一九九五年・東方書店
杉村陽太郎『国際外交録』一九三三年・中央公論社
波多野乾一『現代支那の政治と人物』一九三七年・改造社
高橋邦夫『帝国海軍と上海事変』一九三二年・日本評論社
石川禎浩『革命とナショナリズム一九二五〜一九四五』二〇一六年・岩波書店
北博昭『日中開戦』一九九四年・中央公論社
川田稔『昭和陸軍全史一』二〇一四年・講談社
保阪正康『昭和陸軍の研究上』二〇一八年・朝日新聞出版
島田俊彦『満州事変』二〇一〇年・講談社
オーナ・ハサウエイ他『逆転の大戦争史』二〇一八年・文芸春秋
ブルース・ホフマン『テロリズム』一九九九年・原書房
坂野潤治『帝国と立憲』二〇一七年・筑摩書房
小林英夫『大東亜共栄圏と日本企業』二〇一二年・社会評論社
アンドレ・ヴィオリス『一九三二年の大日本帝国』二〇二〇年・草思社
北岡伸一、歩平『日中歴史共同研究報告書二』二〇一四年・勉誠出版
米国議会図書館作成『外務省警察史支那ノ部・在上海領事館朝鮮民族運動第四』リールＳＰ一二九
アジアと小松編集委員会『上海爆弾事件後の尹奉吉義士』二〇二〇年改訂版

＊参考文献

田村光彰『抵抗者ゲオルク・エルザーと尹奉吉』二〇一九年・三一書房
井上學『日本反帝同盟史研究』二〇〇八年・不二出版
重光葵『昭和の動乱・上』一九五二年・中央公論社
石川県社会運動史刊行会編『石川県社会運動史』一九八九年・能登印刷出版部
石川県社会運動史刊行会編『昭和七・八年石川県特高警察資料』一九八一年・北斗書房

◉著者略歴

山口　隆（やまぐち たかし）
1947年生まれ、金沢市在住。
著書『尹奉吉　暗葬の地・金沢から』1994年・社会評論社
『4月29日の尹奉吉～上海抗日戦争と韓国独立運動～』1998年 社会評論社
『他者の特攻～朝鮮人特攻兵の記憶・言説・実像～』2010年　社会評論社
『片吟鳥戦記』2016年　同時代社

侵略と抵抗
上海事変と尹奉吉（ユンボンギル）

2024年7月16日　初版第1刷発行

著　者：山口　隆
発行人：松田健二
発行所：株式会社 社会評論社
東京都文京区本郷2-3-10
tel.03-3814-3861　Fax.03-3818-2808
http://www.shahyo.com
装幀組版：Luna エディット .LLC
印刷製本：倉敷印刷 株式会社